Inhalt

Veröffentlichungen
der Vereinigung der Deutschen Staatsrechtslehrer
Heft 13

Der deutsche Staat im Jahre 1945 und seither

Die Berufsbeamten und die Staatskrisen

Berichte
von

A. Freiherr von der Heydte
Richard Naumann
Günter Dürig
Hans Spanner

und
Aussprache zu den Berichten
in den Verhandlungen der Tagung der deutschen Staatsrechtslehrer
zu Tübingen am 14. und 15. Oktober 1954

Berlin 1955
Walter de Gruyter & Co.
vormals G. J. Göschen'sche Verlagshandlung - J. Guttentag, Verlagsbuchhandlung
Georg Reimer - Karl J. Trübner - Veit & Comp.

Archiv-Nr. 24 89 55
Satz: Walter de Gruyter & Co., Berlin W 35
Druck: Berliner Buchdruckerei Union GmbH, Berlin SW 29

I. Eröffnung der Tagung am 14. Oktober 1954

Eröffnung durch den Ersten Vorsitzenden, Professor Dr. Jahrreiß

Meine Herren Kollegen, unsere lieben Gäste!

Ich eröffne hiermit unsere diesjährige Tagung und darf sogleich dem Dekan der Tübinger Rechts- und Wirtschaftswissenschaftlichen Fakultät, Herrn Schneider, das Wort geben.

Ansprache des Dekans der Rechts- und Wirtschaftswissenschaftlichen Fakultät der Universität Tübingen, Professor Dr. Hans Schneider

Im Auftrage Seiner Magnifizenz des Herrn Rektors habe ich die Ehre, Sie in den Räumen der Eberhard-Karls-Universität willkommen zu heißen. Zugleich darf ich Sie als derzeitiger Dekan im Namen meiner Fakultät herzlich begrüßen.

Tübingen ist bisher noch niemals der Schauplatz einer solchen Tagung von Staatsrechtslehrern gewesen. Dabei bietet sich Tübingen für eine staatsrechtliche Diskussion geradezu an. Ich meine nicht mit diesem schönen Verhandlungsraum, in dem sonst unsere Senatssitzungen unter reichlichem Zigarrengenuß abgehalten und die Berufungslisten einer jeden Fakultät von sämtlichen fachfremden Professoren durchleuchtet werden. Ich meine auch nicht, daß die Stadt in ihrer idyllisch-soliden Art und in ihrer etwas puritanischen Verschlossenheit wenig Aufregendes bietet, das einen von der Arbeit ablenken möchte. Ein Kongreß tanzt in Tübingen nicht. Ich meine vielmehr das besondere, wohltemperierte geistige Klima und die lange Tradition, in der das Verfassungsrecht hier steht und lebt.

In Württemberg sind Verfassungsfragen von jeher sehr ernst genommen worden. Sie haben in der wenig kriegerischen Entwicklung dieses schönen Landes eine bedeutsame Rolle gespielt, vom Uracher Vertrag von 1473 bis zum Südwest-Staat-Prozeß. Schon im Jahre 1514 hat das Land im Tübinger Vertrag seine erste Verfassung erhalten. In diesem Dokument sind nicht bloß grundlegende Abmachungen über die Mitwirkungsrechte der Landstände an der Regierung festgelegt, es bildet auch die Magna Charta der schwäbischen Freiheiten. Als verfassungsmäßige Grundrechte eines jeden Württembergers sind schon damals festgelegt worden das Recht, nur durch den ordentlichen Richter verurteilt und nur auf seine Weisung hin verhaftet zu werden, das Recht, nur die von den Ständen bewilligten Abgaben zu leisten, nur in Kriegs- und Notfällen wehrpflichtig zu sein und das Recht, Wehr und Waffen zu besitzen.

Während dreier Jahrhunderte hat der Tübinger Vertrag die Grundlage des württembergischen Verfassungsrechts gebildet. Freilich ist diese Verfassung nicht unangefochten geblieben, sondern mußte in harten Kämpfen immer wieder gegen landesherrliche Willkür, aber auch gegen ständischen Übermut verteidigt werden.

Die Tübinger Publizisten haben an diesen Kämpfen ihren guten Anteil. Johann Jakob Moser hat sich als Syndikus der Landschaft um die Verteidigung des alten Rechts besonders verdient gemacht, er hat freilich auch die typische Berufsgefahr unseres Faches mit vollem Ernst erfahren müssen (1759—1764). Aber die landständische Verfassung hat sich behauptet, sie wurde 1770 bekräftigt und sogar — ein erstaunlicher Vorgang — auf Anrufen der württembergischen Stände von Friedrich dem Großen und den Kronen Dänemarks und Großbritanniens förmlich garantiert. Der englische Minister Fox hat später den Satz geprägt: „Nur zwei Länder könnten sich überhaupt rühmen, eine Verfassung zu besitzen, die diesen Namen wirklich verdient: England und Württemberg."

Im 19. Jahrhundert haben Robert von Mohl und August Ludwig Reyscher als Wissenschaftler und Politiker das Verfassungsrecht des bürgerlichen Rechtsstaats groß gemacht. Mohl gilt geradezu als der Erfinder des Wortes: „Rechtsstaat". Beide Männer haben bei ihren Niederlagen und Siegen in der Tübinger Universität mutige Bundesgenossen gefunden. Von der Geschlossenheit der juristischen Professoren in heiklen verfassungsrechtlichen Grundfragen zeugt das kühne Gutachten, das die Tübinger Juristenfakultät 1839 in dem hannoverschen Verfassungsstreit für die Stadt Osnabrück erstattet hat. An Zivilcourage, an freiheitlicher Gesinnung, an Verantwortungsbewußtsein für den Staat und an Liebe zum deutschen Vaterlande hat es diesen Professoren wahrlich nicht gefehlt.

So besitzt Tübingen von altersher einen reichen Schatz verfassungsrechtlicher und staatswissenschaftlicher Tradition. Aber noch eines macht diesen Ort vorzüglich geeignet für die Beratung ebenso brennender wie grundlegender Fragen des Verfassungsrechts — wie sie auf unserer Tagesordnung stehen. Das ist der Geist der Versöhnlichkeit und die Neigung zur Verständigung, die dem Schwabenlande eigentümlich ist, weil in ihm seit je die stärksten Gegensätze und die verschiedensten Talente eng beieinander wohnen, nicht nur im geistigen Raum, sondern auch im geschichtlich-politischen Wirken. Kamen doch aus diesem Lande die bedeutendsten deutschen Fürstengeschlechter. Die beiden größten Preußenkönige haben jetzt unweit dieser süddeutschen Stadt ihre Ruhestätte gefunden.

Bei allen groben Worten und zuweilen auch Taten haben die streitenden Gruppen und Mächte in diesem Lande doch noch stets zueinander gefunden und sich im Wege gegenseitigen Nachgebens verständigt. Auch die anderswo unversöhnlich rivalisierenden politischen Parteien der Gegenwart haben sich in Württemberg noch immer in einem modus vivendi getroffen. Der in die Synthese einmündende dialektische Prozeß gehört gewissermaßen zum Lebensstil dieser vielfältigen Landschaft und ihrer Bewohner. Es hat in Tübingen schon unvorhergesehene Erdbeben gegeben, alte und neue Mauern haben dann Risse davongetragen, aber die Gebäude sind niemals eingestürzt.

Möge auch die Tübinger Tagung der Vereinigung der Deutschen Staatsrechtslehrer im Zeichen dieser Tradition stehen!

Ansprache des Ersten Vorsitzenden, Professor Dr. Jahrreiß

Decane Spectabilis!

Die Vereinigung der Deutschen Staatsrechtslehrer ist großen Dank schuldig geworden und wird ihn von Stunde zu Stunde mehr schuldig dem Rektor dieser Universität und der Fakultät, der Sie vorstehen, besonders aber Ihnen selbst. Wie ist hier von Ihnen in den letzten Monaten für uns gesorgt worden, damit wir in einer betreuenden Umhegung arbeiten und gesellig miteinander sein könnten! Und einen solchen Akt der Umhegung und Umsorgung sehe ich auch in dem, was Sie soeben gesagt haben. In Tübingen, das in diesen unvorhergesehen wunderbaren Tagen sanft-altgolden auf blauer Herbstluft schwebt, steht in Ihnen vor uns ein Mann, ein echter Berliner, Angehöriger jener Rasse, jener aufreizend liebenswerten Rasse — scheuverdecktes, tiefgründiges Gemüt, immer hilfsbereit, nach außen blitzender Verstand und unermüdliche, rastlose Aktivität — und appelliert an uns, so verstehe ich es wenigstens, uns nicht zu zerraufen. Ich meine, wir werden hier weggehen, ohne uns zerbebt und zerrissen zu haben. Ein gewisser Verdacht, daß dies alles geschehen könnte, mag wohl begründet sein und die Themata riechen nach Sprengstoff, obwohl wir sie so gefaßt haben, daß sie viel weiter greifen als jene Urteile, an die wir alle jetzt denken. Als diese Urteile kamen, ist an den Vorstand die Anregung herangetragen worden, ja die Aufforderung, die Vereinigung möge doch Stellung nehmen. Wenn dabei etwa ein Beschluß erhofft wurde, so konnte das gewißlich nicht unsere Sache sein. Aber daß wir das Forum sein müßten, in dem nach Klarheit gesucht würde, das war freilich auch gewiß. Spätestens bei dieser Jahrestagung; ob früher, haben wir uns ernstlich gefragt. Wir haben uns entschlossen: nicht früher. Und ich glaube, wir hatten gute Gründe. Jedenfalls sind wir durch das, was später geschah, in diesem Entschluß bestätigt worden. Die ersten Reaktionen auf jene Urteile waren doch hier und dort nicht ganz frei von Sentiments und Ressentiments, und so glaubten wir, es wäre wohl gut, wenn, wie vorauszusehen war, der eine oder andere von uns Stellung nähme, bevor die Vereinigung zum Diskutieren käme; vielleicht würde sich auch die Praxis rühren, vielleicht auch die Rechtsprechung höherer und höchster Instanz; und es wäre dann die rechte Zeit, hier den Versuch zu machen, die methodisch so schwierige Situation zu klären, insbesondere etwa deutlich zu machen, daß sich Rechtsaufgaben, die aus der Aufeinanderfolge inhaltlich konträrer Ordnungen kommen, nicht wie Rechenaufgaben lösen lassen. So haben wir uns entschlossen, diese Fragen jetzt in ihrem weitesten Umfang zu behandeln. Und wir hoffen, weil inzwischen eine gewisse Beruhigung eingetreten ist, daß wir, wenn auch leidenschaftlich und scharf, so doch ohne jede Gefahr für die Wissenschaftlichkeit diskutieren können. Sollte uns das gelingen, so würden wir damit Ihre Hoffnungen erfüllen, Decane Spectabilis. Ich bitte Sie in diesem Sinne, Seiner Magnifizenz wie Ihrer Fakultät unseren herzlichsten Dank zu sagen für Gruß und Fürsorge.

Und nun ist es an uns, zu begrüßen.

Ich darf damit beginnen, daß ich Herrn Kollegen Jacobi aus Leipzig begrüße, dessen Erscheinen uns eine ganz besondere Freude ist. Nicht minder erfreut sind wir über das Kommen mehrerer unserer österreichischen Kollegen, von denen einer es sich nicht hat nehmen lassen, in dieser wirklich nicht sehr leichten Situation gerade eines der schwierigsten Referate zu übernehmen, Herr Kollege Spanner. Ebenso herzlich begrüße ich Herrn Nef, unseren Schweizer Kollegen. Und ich entspreche am besten an dieser Stelle einer Bitte Giacomettis, wenn ich der Versammlung seinen Gruß und seinen Dank für unsere Einladung und seine herzlichen Wünsche übermittle. So auch haben sich die Herren Kollegen von Waldkirch, Marti und Imboden in Briefen an Herrn Schneider ausgesprochen; ich übergebe auch ihre Grüße mit unserem Dank. Zu einer besonderen Freude wird uns, daß Herr Kollege Wolff nach so langer schwerer Krankheit wieder unter uns ist. Da auch Herr Ipsen und Herr Abendroth unter uns sind, ergreife ich die seit Jahresfrist erwünschte Gelegenheit, dem früheren Vorstand von Herzen unseren Dank zu sagen für all das, was in zwei Jahren von ihm für uns getan worden ist. Ich begrüße schließlich die Herren Redakteure der mächtigen publizistischen Zeitschriften und hoffe, daß sie mit recht viel Anregungen von uns scheiden.

Zum Schluß gestatten Sie mir noch einen Vorschlag: Meine Herren Kollegen! Ich bin nicht der einzige, der das Gefühl hat, daß unsere Diskussionen gelegentlich ein ziemlich unbezogenes Nebeneinander von Monologen gebracht haben. Wir sind nun diesmal technisch in der glücklichen Lage, daß die einzelnen Diskussionsredner nicht hier vorzutreten brauchen, was immer ein Umstand ist; es kann jeder von seinem Platz aus sprechen. Das hat mich auf den Gedanken gebracht, ob nicht bei den Wortmeldungen angegeben werden soll, zu welchen Punkten der Referate gesprochen werden soll. Dann würden wir über Mittag die Rednerliste so einrichten, daß Zusammengehöriges zusammenkommt. Ich kann ja die einzelnen Redner zwei- oder dreimal bitten. Auf diese Weise könnte sich die Diskussion straffen.

II. Erster Beratungsgegenstand:

Der deutsche Staat im Jahre 1945 und seither

1. Bericht von Professor Dr. Freiherr von der Heydte, Würzburg

I.

Die besondere Situation des deutschen Volkes im Laufe der Jahrhunderte wird zum Unterschied von der Lage anderer europäischer Nationen — unter anderem — durch zwei merkwürdige Tatsachen gekennzeichnet: einerseits dadurch, daß die Geschichte Europas weitgehend durch die rechtliche Struktur des Staates bestimmt wurde, der als politische Organisationsform des deutschen Volkes erschien, so daß, wie Ulrich Scheuner aufgezeigt hat, das Problem der deutschen Verfassung immer wieder nicht nur als ein deutsches, innerstaatliches — und damit bloß staatsrechtliches — Problem erschienen ist, sondern als ein europäisches — und damit völkerrechtliches — Problem: Ulrich Scheuner weist etwa darauf hin, daß im Instrumentum Pacis Osnabrugensis der Friedensvertrag selbst zum letzten Grundgesetz des alten Reichs geworden war und daß die deutsche Bundesakte von 1815 in der Akte des Wiener Kongresses zu einem Bestandteil der wieder aufgerichteten internationalen Ordnung erhoben wurde. Andrerseits wird die besondere geschichtliche Lage der deutschen Nation auch dadurch gekennzeichnet, daß der Deutsche stets nur in einzelnen Augenblicken der Geschichte imstande war, ohne Zweifel und Widerspruch das Staatswesen genau zu bezeichnen, das seiner Struktur, seinem Wesen, seinem tragenden Gedanken und seiner räumlichen Ausdehnung nach als die politische Organisationsform des deutschen Volkes, als Deutschland schlechthin, gelten konnte. Zwischen diesen seltenen Augenblicken liegen große Zeitspannen unbefriedigender Teillösungen, Zeitspannen, in denen zwar manchmal ein Staat oder mehrere Staaten den Anspruch erhoben, der eigentliche deutsche Staat zu sein, in denen solcher Anspruch aber stets bald aus dem einen, bald aus dem anderen Grunde von einem Teil des deutschen Volks bestritten wurde. Nicht nur in der tragischen Auseinandersetzung zwischen Großdeutschland und Klein-Deutschland um die Mitte des 19. Jahrhunderts war die Frage: „Was ist des Deutschen Vaterland?" die Schicksalsfrage des deutschen Volks. Auch heute steht die Frage nach der Deutschen Vaterland wieder schicksalsschwer vor uns. Dem Juristen erscheint sie als die Frage nach der Rechtslage Deutschlands — nach dem deutschen Staat — im Jahre 1945 und seither.

„Im Jahre 1945 und seither": In dieser Zeitangabe schon wird angedeutet, daß es sich im Grunde um zwei verschiedene Problemkreise handelt. Zunächst geht es darum festzustellen, welche rechtliche Wirkungen auf den deutschen Staat geschichtliche Ereignisse hatten, in deren Mitte, sei es als ihre unmittelbare Folge, sei es als ihr Ausgangspunkt, die bedingungslose Kapitulation der deutschen Streitkräfte am 8. 5. 1945 steht. Davon aber zu trennen ist die andere Untersuchung, wie sich „seither" das Problem des deutschen Staates entwickelt und welche staatsrechtliche Folgen andere geschichtliche Ereignisse hatten, die in den Jahren nach dem 8. 5. 1945 — damals noch nicht voraussehbar — eingetreten sind.

„Und seither": Diese Zeitangabe deutet weiterhin an, daß es bei dem zweiten, zuletzt genannten Problemkreis nicht um abgeschlossene Fragen geht, die eine eindeutige Antwort ermöglichen. Wir stehen hier vielmehr noch mitten in den Problemen; sie können sich täglich neu und anders stellen und damit eine neue und andere Antwort erheischen. Die Lösungen hingegen, die sich für den erstgenannten Fragenkreis — den Problemkreis, den das Datum des 8. 5. 1945 bezeichnet — anbieten, erscheinen als abgeschlossen und beanspruchen Endgültigkeit. Mit ihnen darf ich mich zunächst befassen.

II.

Ich spreche von Lösungen, die sich anbieten. Doch: Ist die Frage, um die es geht, überhaupt juristisch lösbar? Es gibt Theoretiker, die dies verneinen. Sie halten das Problem nicht für ein rechtliches, sondern für ein rein politisches, das nur durch politische Ereignisse gelöst werden könne. Zweifellos: Bei der Beantwortung dieser Frage spielen politische Momente eine wesentliche Rolle; doch das schließt nicht aus, daß es sich trotzdem um eine Rechtsfrage handelt. In jedem positiven Recht steckt ja ein Stück Politik; jegliches Recht entsteht, lebt und wirkt in der Spannung zwischen der Verwirklichung einer konkreten, zeitgebundenen und nur aus der Zeit heraus zu verstehenden politischen Zielsetzung einerseits und der Verwirklichung einer zeitlos-überzeitlichen absoluten Rechtsidee anderseits. Recht ist stets beides: Verwirklichung eines politischen Ziels und Verwirklichung einer sittlichen Idee.

Wenn ich anerkenne, daß die Beantwortung der Frage nach der Rechtslage Deutschlands wesentlich von politischen Momenten bestimmt wird, dann meine ich damit allerdings keineswegs, daß solcher Antwort ein politisches Wunschbild zugrunde liegen muß oder auch nur zugrunde liegen darf: Wir müssen im Gegenteil versuchen, uns von jedem solchen Wunschbild, so schön es auch sein mag, völlig zu trennen. Die Frage nach der Rechtslage Deutschlands nach dem Zusammenbruch von 1945 kann nur von rechtlich erheblichen Tatsachen her und auf Grund geschichtlicher Fakten, wie es staatliche Hoheitsakte, Erklärungen, Vertragsklauseln sind, beantwortet werden, niemals jedoch von einer politischen Utopie her! Diesen Fakten freilich, von denen wir ausgehen müssen, wohnt, wie Ulrich Scheuner betont hat, notwendig „ein inzidentes politisches Element inne".

Neben der These, die überhaupt die rechtliche Unlösbarkeit der gestellten Frage nach Deutschlands Stellung nach 1945 behauptet, weil es sich hier um ein reines Politikum handle, tritt eine zweite These, die zwischen der völkerrechtlichen und der staatsrechtlichen Seite des gestellten Problems unterscheidet: diese zweite These behauptet nur, daß vom Völkerrecht her die Frage nach der Rechtslage Deutschlands nicht beantwortet werden könne, da keine entsprechende Völkerrechtsnorm vorhanden sei; innerstaatlich hingegen, für den Bereich des deutschen Staatsrechts, entscheide der Wille des Staats — seine Selbstbestimmung — diese Frage. Ich habe mich vor drei Jahren in einem kleinen Aufsatz in der „Friedenwarte" mit dieser These auseinandergesetzt. Es sei mir gestattet, kurz zu wiederholen, was ich damals sagte.

Der völkerrechtliche Ausgangspunkt dieser Auffassung kann ein doppelter sein. Er kann von der Annahme ausgehen, daß es mangels der Gemeinsamkeit wenigstes einiger letzter ethisch-politischer Grundgedanken überhaupt keine allgemein gültige positive Völkerrechtsordnung mehr gebe, die in gleicher Weise die Staaten des abendländischen und des kommunistischen Denkens verbinde und verpflichte, sondern nur noch je ein Völkerrecht des Westens und eins des Ostens. Die Beziehungen zwischen den Staaten des Westens und denen des Ostens wären nach solcher Auffassung folgerichtig nicht mehr durch gemeinsame und beiderseits anerkannte Rechtsnormen, sondern nur durch Erwägungen der Zweckmäßigkeit und der Furcht bestimmt und einigermaßen geregelt. Eine solche These von der Aufspaltung des Völkerrechts ist nur vom Standpunkt eines rein positivistischen Rechtsbegriffs her vertretbar; für ein Rechtsdenken, das von einem objektiven und absoluten Rechtswert ausgeht, der — Gegenstand menschlicher Erkenntnis — unabhängig von dieser Erkenntnis besteht und jedem menschlichen Verhalten im Verkehr mit anderen Menschen Maßstab ist, ist es aus dem Wesen des Rechts und der menschlichen Beziehungen heraus schlechthin unmöglich, menschliche Beziehungen anzunehmen, die nicht von irgendeiner Rechtsordnung geregelt werden. Diese Rechtsordnung mag primitiv sein; sie mag jeder organisierten Zwangsgewalt entbehren; ihre wenigen Normen mögen häufig nicht beachtet werden: trotzdem besteht sie seit dem Augenblick, in dem die Menschen, um die es geht, miteinander in Beziehung traten, und solange solche Beziehungen, in welcher Form immer, noch vorhanden sind; sie besteht wenigstens mit dem notwendigen Mindestinhalt jeder Rechtsordnung, den allgemeinen Rechtsgrundsätzen, die sich aus dem Wesen der menschlichen Person und der menschlichen Gemeinschaft ergeben — Normen, die unabhängig von Rechtsübung, Rechtsüberzeugung und rechtlichem Willen kraft ihres Inhalts verpflichten.

Solange also zwischenstaatliche Beziehungen welcher Art immer zwischen dem Westen und dem Osten bestehen, gibt es im Geiste dieses Rechtsbegriffs, zu dem ich mich bekenne, auch eine Rechtsordnung, die diese zwischenstaatlichen Beziehungen regelt — eine einheitliche Völkerrechtsordnung, die für die Staaten des Westens und des kommunistischen Ostens in gleicher Weise Geltung beansprucht.

Wer aus solchen Erwägungen heraus von der Existenz einer einheitlichen Völkerrechtsordnung überzeugt ist, muß für die These von der Unlösbarkeit der deutschen Frage im Rahmen des Völkerrechts einen anderen Ausgangspunkt suchen: Denn wie jede Rechtsordnung, so primitiv sie auch sein mag, über ihren Geltungsbereich und damit über diejenigen Personen oder Personenverbände eindeutig aussagt, die ihren Normen unterworfen sind, so bestimmt auch jede Völkerrechtsordnung, welcher Personenverband als Staat in ihrem Sinne existiert. Das heißt aber, daß eine einheitliche Völkerrechtsordnung auch Normen über die Rechtslage Deutschlands und über den rechtlichen Status der Bundesrepublik und der sog. DDR enthält — es sei denn, man nähme an, daß diese einheitliche Völkerrechtsordnung Lücken aufweist, die eine Beantwortung der gestellten Frage vereiteln. Dies scheint für den, der den Bestand einer einheitlichen Völkerrechtsordnung auch hic et nunc erkannt hat, der einzige Ausweg, um trotzdem noch die rechtliche Unlösbarkeit der deutschen Frage zu behaupten.

Lücken im Völkerrecht: Wiederum trennt sich das nur positivistische von einem wertphilosophisch verankerten Rechtsdenken. Der Positivist mag echte Lücken einer Rechtsordnung in dem Sinn annehmen, daß sich auf eine bestimmte Situation überhaupt keine Normen anwenden lassen, daß das Recht diese Lage nicht vorhergesehen hat und — von ihr überrascht — versagt, bis — meist zu spät — die Menschen neue Normen schaffen. Der von der Wertphilosophie geführte Jurist kennt dagegen hier nur vom Recht gewollte Lücken. Die gewollte Lücke aber ist rechtliche Regelung; sie ist eine Delegationsnorm, eine Norm, durch die die Rechtsordnung die Rechtsunterworfenen anweist, in bestimmten wertneutralen Lagen nach anderen als in dieser Rechtsordnung begründeten Erwägungen — nach Gutdünken — zu handeln. Die gewollten Lücken spielen im Völkerrecht eine entscheidende Rolle; sie sind meist mit dem Grundsatz der Effektivität verknüpft und finden in ihm ihre notwendige Richtschnur und Schranke. Von einer solchen gewollten Lücke kann aber dort nicht die Rede sein, wo es darum geht, festzustellen, ob in einer bestimmten Lage überhaupt ein Rechtsunterworfener noch existiert. Es scheint jedenfalls undenkbar, daß eine Rechtsordnung diese Frage dem Gutdünken des einen Rechtsunterworfenen anheimstellt, um dessen Existenz es sich handelt.

Ich fasse zusammen: Die Frage nach der Rechtslage Deutschlands nach 1945 ist rechtlich lösbar — und zwar lösbar nicht nur im Sinn einer internen Sprachregelung für den Bereich, in dem der Wille eines Staats, also etwa der Bundesrepublik, sich durchzusetzen vermag, sondern lösbar auch im Rahmen des für alle Staaten geltenden Völkerrechts.

III.

Ich brauche Ihnen, meine Herren Kollegen, nicht die einzelnen Thesen erläutern, die die Doktrin der letzten fünf Jahre aufgestellt hat, um die aufgeworfene Frage rechtlich zu lösen: die Lehre vom Untergang des Deutschen Reiches durch debellatio bzw. durch Wegfall der Staatsgewalt dieses Reiches einerseits und die verschiedenen Abwandlungen der Kontinuitätstheorie, der Lehre vom Fortbestand des alten Deutschen Reichs nach 1945 andererseits. All diese Thesen sind Ihnen zur Genüge bekannt.

All diese Thesen, in so schroffem Gegensatz zueinander sie stehen, ist jedenfalls eines gemeinsam:

All ihre jeweiligen Vertreter berufen sich zur Begründung ihrer Auffassung auf sorgsame Beobachtung der Staatenpraxis, während die gegenteiligen Auffassungen jeweils als allzu theoretisch und wirklichkeitsfremd abgetan werden — und all diese Thesen sind im Grunde nicht aus der bloßen Staatenpraxis heraus, sondern nur von dem rechtstheoretischen, ja rechtsphilosophischen Standpunkt her zu verstehen, von dem aus diese Staatenpraxis von den einzelnen Theoretikern betrachtet worden ist. Die Lehre etwa, daß das Deutsche Reich im Mai 1945 mit dem völligen Zusammenbruch der nationalsozialistischen Zwangsordnung auch als Staat untergegangen sei, ist im Grunde nur die notwendige Konsequenz der Staatslehre Hans Kelsens und jener Nawiaskys. Die jeweils besondere Begriffsbestimmung des Staates durch Hans Kelsen und Nawiasky läßt eine andere Deutung der Rechtslage Deutschlands nach dem Zusammenbruch der rechtlich-politischen Ordnung des Nationalsozialismus kaum noch zu.

Wenn man hingegen den Staat nicht bloß mit Kelsen als ein Normengerüst, sondern als den Inbegriff bestimmter Beziehungen zwischen bestimmten Menschen erfaßt — und ich gestehe, daß ich dazu neige, dies zu tun — wird man die Kontinuität eines Staates bejahen müssen, so lange ihrem Wesen nach gleiche Beziehungen — eben Beziehungen, die in ihrer Gesamtheit den Staat ausmachen — die gleiche Gruppe von Menschen verbinden; mit anderen Worten: so lange Staatsgewalt und Staatsvolk fortbestehen. Eine noch so umfassende Änderung in der Person der Träger dieser Staatsgewalt und in der Normenordnung, in der sich diese Staatsgewalt äußert und jeweils in einer konkreten geschichtlichen Situation aktualisiert, berührt nach *dieser* Auffassung vom Wesen des Staats als eines Inbegriffs bestimmter menschlicher Beziehungen den Staat in seiner *Existenz* noch nicht. Man muß zwischen der Staatsgewalt als solcher und ihren geschichtlichen Erscheinungsformen streng unterscheiden. Die Staatsgewalt ist nicht identisch mit irgendeiner bestimmten politischen Organisation. Sie *braucht* eine solche Organisation, sie schafft sich diese Organisation, sie benutzt sie: Doch sie bleibt als ein und dieselbe Gewalt unabhängig von jeder noch so einschneidenden Veränderung der politischen Organisation, deren sie sich bedient, bestehen. Sie bleibt selbst dann bestehen, wenn ihr vorübergehend eine solche Organisation überhaupt nicht zur Verfügung steht, so lange nur das Staats*volk*, das — von der Staatsgewalt verbunden — Träger und Unterworfener dieser Gewalt ist, noch existiert und nicht desintegriert oder einem anderen Staatsvolk einverleibt ist.

Regelmäßig freilich findet die Staatsgewalt in Norm*setzung* und Norm*vollzug* ihren geschichtlichen Ausdruck: Das alle bindende Gesetz des Staats, der Richter, der es im Namen des Staates in seinem Urteil durchsetzt, und das Organ, das es vollzieht und dabei den Staat handelnd vertritt, stellen jeder für sich zwar niemals die Staatsgewalt selbst, wohl aber eine Integrationsform dieser Staatsgewalt dar.

Der Staat als Inbegriff bestimmter menschlicher Beziehungen ist eine geschichtliche Realität. Es ist zwar Aufgabe des Rechts, die Beziehungen zu ordnen, deren Inbegriff wir als Staat bezeichnen; die Frage aber, ob solche Beziehungen bestehen und ob sie weiterbestehen, ist nicht ein Problem rechtlicher Normen, sondern die Frage nach einem geschichtlichen Tatbestand. So wenig die Rechtsordnung, wenn sie nicht ihre Zuflucht zu einer Fiktion nehmen will, den Tod eines Menschen als rechtens nicht eingetreten und den Toten als lebend im Sinn des Gesetzes erklären oder umgekehrt einen Lebenden als von Rechts wegen überhaupt nicht geboren erfassen kann, ebensowenig kann diese Rechtsordnung den Untergang eines Staates ignorieren, wenn er geschichtliche Tatsache ist, oder an der Entstehung eines neuen Staates auf die Dauer vorübergehen, sobald dieser Staat unbestritten geschichtlich existent ist.

Das Recht vernichtet und schafft nicht die Staaten. Es stellt lediglich die Tatsache des Untergangs oder der Entstehung eines Staats von Rechts wegen fest und knüpft an den festgestellten geschichtlichen Tatbestand bestimmte rechtliche Folgen.

Beides — förmliche Feststellung und der Eintritt rechtlicher Folgen — setzt den geschichtlichen Tatbestand voraus; liegt dieser nicht vor, bleibt nur der gefährliche Ausweg in die Fiktion, die an die Stelle der rechtlichen Feststellung einer geschichtlichen Tatsache tritt, um bestimmte rechtliche Folgen auch dann eintreten zu lassen, wenn die Tatsache, die ihre Voraussetzung sein soll, geschichtlich nicht gegeben ist. Ein gefährlicher Ausweg: Denn nur zu leicht vergißt man über der Fiktion die Realität.

Verzeihen Sie, meine Herren: Ich bin abgeschweift. Ich sprach von dem Zusammenhang, der zwischen der jeweiligen Auffassung vom Wesen des Staats und der Theorie über den Untergang oder Fortbestand eines konkreten Staates notwendig besteht. Ich konnte diesen Zusammenhang hier nur andeuten; um ihn im einzelnen und bei allen Thesen nachzuweisen, die sich mit der rechtlichen Stellung Deutschlands nach 1945 befassen, bedürfte es einen eigenen Referats. Im Rahmen dieses Berichts genügt die Feststellung, daß man vor jeder Antwort auf die Frage, ob Deutschland 1945 als Staat untergegangen ist, jedenfalls erst klären muß, was man unter Staat verstanden wissen will.

IV.

Muß so am Anfang jeder Untersuchung über die Rechtsstellung Deutschlands nach 1945 notwendig die Theorie stehen, so darf sich doch eine solche Untersuchung keinesfalls nur von allgemeinen theoretischen Anschauungen bestimmen lassen. Ich darf noch einmal Ulrich Scheuner zitieren, der betont hat, daß gerade bei der rechtlichen Formung neuartiger Situationen, wie sie heute in Deutschland vorliegen, der staatlichen Praxis eine besondere rechtsgestaltende Kraft zukommt: Den allgemeinen rechtlichen Überlegungen muß daher die sorgsame Beachtung der Staatenpraxis folgen.

In den ersten vier Monaten des Jahres 1945 brachen die Armeen unserer Gegner, deren erklärtes Kriegsziel nicht nur — wie 1918 — war, das Deutsche Reich militärisch, politisch und wirtschaftlich zu besiegen und seine Staatsform zu ändern, sondern die darüber hinaus sich die „endgültige Vernichtung der nationalsozialistischen Tyrannei" und die Umerziehung des deutschen Vokes zum Ziel gesetzt hatten, von West und Ost in Deutschland ein; Anfang Mai 1945 war die militärische Besetzung Deutschlands fast vollendet. Es handelte sich dabei zunächst jedenfalls um eine occupatio bellica im Sinn des Völkerrechts; die Frage, ob für diese occupatio bellica die Regeln der Haager Landkriegsordnung Geltung hatten oder ob etwa die Allbeteiligungsklausel in der Haager Landkriegsordnung eine solche Geltung ausschloß, steht hier nicht zur Diskussion. Es war noch kein Verstoß gegen die Haager Landkriegsordnung, wenn die Besatzungsstaaten — jeder in seinem Machtbereich — die oberste Gewalt im Hinblick auf Deutschland übernahmen: Die Haager Landkriegsordnung selbst spricht von dem tatsächlichen Übergang der gesetzmäßigen Gewalt in dem besetzten Gebiet auf den Okkupanten.

Aus dieser Übernahme der höchsten Gewalt im Hinblick auf Deutschland durch die Allierten — eine Übernahme, die keineswegs erst durch die Proklamation vom 5. 6. 1945 erfolgt ist, sondern die mit dieser Proklamation nur ihre Vollendung findet — aus solcher Übernahme, sagte ich, kann der Untergang des deutschen Staats nicht abgeleitet werden: Eine Debellatio hätte nur dann vorgelegen, wenn der vollkommenen Okkupation die vollkommene Annexion gefolgt wäre.

Die Alliierten hatten zu keinem Zeitpunkt der Besetzung Deutschlands den für eine solche Debellatio notwendigen animus sibi habendi. Auch nach der Übernahme der obersten Gewalt im Hinblick auf Deutschland durch die Alliierten bestand die deutsche Staatsgewalt — als deutsche, und nicht als alliierte Staatsgewalt — weiter. Man darf Staatsgewalt und Staatsführung nicht miteinander verwechseln. Nur die Führung verschwand im Mai 1945. Die überwiegende Masse der bisherigen deutschen Gesetze galten als deutsche staatliche Normen kraft ihrer einstigen Setzung, nicht kraft einer Rezeption durch die Alliierten und nicht auf Grund einer Transformation in Besatzungsrecht oder in Recht einzelner Länder weiter; soweit Richter — die in der letzten Instanz der britischen Besatzungszone, dem Kölner Obergericht, übrigens sehr bald nicht als Richter eines Landes, sondern als deutsche Richter erschienen — diese Normen anwandten, aber auch soweit sonstige Organe deutscher Länder oder anderer Gebietskörperschaften sie durchsetzten und vollzogen, wurde in der Herrschaftsgewalt dieser Gebietskörperschaften stets auch deutsche Staatsgewalt ausgeübt.

Auf der untersten Stufe blieb diese Staatsgewalt in jedem Augenblick des Zusammenbruchs aktualisiert. Ich erinnere nur an den generellen Befehl der Alliierten, der alle Beamten verpflichtete, bis auf weiteres auf ihrem Posten zu verbleiben; von den Alliierten neu eingesetzte Beamte wurden, — auch wenn sie den Befehlen und Anordnungen der Besatzungsmacht unterworfen waren — als deutsche Amtsträger, die deutsche Staatsgewalt ausübten, nicht als alliierte Beamte ernannt. Die später auf dem Gebiet des früheren Preußen von den Besatzungsmächten geschaffenen neuen Länder erschienen von Anfang an nicht als selbständige Staaten, sondern als Glieder eines noch bestehenden Deutschland, als große Selbstverwaltungskörper im Rahmen eines deutschen Staats. Wohl war mit Hitlers Selbstmord oder vielleicht erst mit der Verhaftung des Großadmirals Dönitz die führende

Spitze der deutschen Staatsgewalt verschwunden; wohl waren alle früheren deutschen Reichsbehörden aufgelöst oder in Landesbehörden verwandelt; doch in den Organen der Länder, die sich als deutsche Gliedstaaten bekannten, lebte die deutsche Staatsgewalt weiter.

In diesen Organen blieb Deutschland im Innern, auf der Ebene des Staatsrechts handlungsfähig — auch nachdem die in den Potsdamer Beschlüssen vorgesehenen „von Staatssekretären geleiteten deutschen Verwaltungsämter" nicht geschaffen wurden.

V.

Mit der deutschen Staatsgewalt bestand auch das deutsche Staatsvolk über den 8. 5. 1945 hinaus als rechtliche Einheit weiter; es gab keinen Augenblick seit dem Zusammenbruch im Frühjahr 1945, in dem es nicht kraft Rechtens deutsche Staatsangehörige gegeben hätte — und zwar deutsche Staatsangehörige nicht nur nach innerdeutschem Recht, sondern auch nach Völkerrecht:In der Diskriminierung dieser deutschen Staatsangehörigen haben die Siegermächte mittelbar den Fortbestand des deutschen Staatsvolks anerkannt. Nie war von „früheren deutschen Staatsangehörigen", etwa im gleichen Sinn wie von den Angehörigen der „ehemaligen Wehrmacht", die Rede. Erst viel später kam die französische Staatspraxis darauf, den Fortbestand auch der deutschen Staatsangehörigkeit in bestimmten Fällen zu leugnen.

Ich darf hier ein Wort über den Zusammenhang von Staat und Volk einflechten — oder vielmehr über den Zusammenhang von Staat und Nation als der bewußten, gefühlten, erlebten, gewollten und bekannten Einheit im Volk. Wie der Staat, so ist auch die Nation im Grunde ein Inbegriff bestimmter Beziehungen zwischen bestimmten Menschen. Die Menschen, die dabei im Wandel der Generationen hier vom Staat und dort von der Nation erfaßt werden, sind im Kern dieselben; auch der wesentliche Sachgehalt dieser Beziehungen ist — wenigstens in einem inneren Kern — hier wie dort der gleiche. Der Unterschied zwischen Staat und Nation — beide als Inbegriff menschlicher Beziehungen erfaßt — liegt darin, daß beim Staat von Menschen gewillkürte Beziehungen im Vordergrund stehen, Beziehungen, die ihren Ursprung menschlichem Willensakten verdanken, die in ihrer Existenz von menschlichen Wollen abhängig sind und die der Mensch durch einen Willensakt wieder aufheben, von denen er sich lösen, aus denen er austreten kann, während die Beziehungen, deren Inbegriff die Nation ist, den Menschen aufgegeben, das heißt Beziehungen sind, die sich dem Menschen ohne seinen Willen auferlegen, von deren Existenz der Mensch in seinem Wollen abhängig ist, und gegen die der Mensch zwar in seinen Willensakten zuwiderhandeln, die er verleugnen und verraten, von denen er sich aber niemals lösen kann. Es gibt keine Flucht, die ihn von den Banden dieser Beziehungen befreit.

Es ist eine merkwürdige Tatsache, daß — von welchen Beziehungen immer wir sprechen — der Mensch danach strebt, die ihm aufgegebenen Beziehungen dadurch seinem Willen zu unterwerfen, daß er sie in gewillkürten Beziehungen nachvollzieht: Da er sie nicht aus der Welt schaffen und nicht durch gewillkürte Beziehungen ersetzen kann, sucht er sie wenigstens durch solche gewillkürte Beziehungen zu überdecken. Umgekehrt stellen wir immer wieder fest, daß jede gewillkürte Beziehung, wenn sie genügend lange dauert und genügend Intensität erlangt hat, notwendig eine aufgegebene Beziehung nach sich zieht, die nicht mehr menschlichem Wollen unterworfen ist. Die gewillkürte Beziehung wird zur Entstehungsursache einer aufgegebenen.

Diese allgemeinen Feststellungen finden ihre Bestätigung in dem Verhältnis von Staat und Nation. Durch den staatlichen Zusammenhang und den dadurch gegebenen gleichen Lebensstil, durch das gleiche geschichtliche Erleben in einem Staat und das dadurch bedingte gleiche Denken entsteht — auch ohne gemeinsame Abstammung und gemeinsame Sprache — im Lauf der Jahrhunderte eine Nation: Das Schweizervolk etwa ist heute eine solche bewußte und erlebte, gewollte und bekannte Einheit mit einem ungeheuer starken Nationalgefühl. Jeder Staat steht letztlich vor der Aufgabe, seine Bevölkerung, wieviel Sprachen sie auch spricht, zur Nation zu integrieren; löst er diese Aufgabe nicht, gibt er sich auch als Staat auf. Umgekehrt steht jede Nation vor der Wahl, sich *ihren Staat* zu schaffen — oder sich im Lauf der Zeit auch als *Nation* aufzugeben. Daraus folgt aber, daß jede geschichtlich gewordene Nation ein Recht auf ihren Staat hat. Das Wort von der einen Nation in zwei Staaten, das *Ignaz Seipel* einmal sprach, zeigt nur einen *Ausweg* für eine Zeit des Übergangs, keine endgültige geschichtliche Lösung: so lang eine Nation als Einheit existiert, hat sie ein sittliches Recht auch auf staatliche Einheit — und eine sittliche Pflicht, für diese Einheit zu kämpfen.

VI.

Ich darf von der Theorie wieder zurück zur Praxis kommen. Die Siegermächte hatten mit der Besetzung Deutschlands kraft Kriegsrechts die oberste Gewalt im Hinblick auf dieses besetzte Land übernommen; sie behielten diese oberste Gewalt nach Beendigung der Kampfhandlungen, um durch diese Besetzung die Erreichung ihres Kriegszieles zu gewährleisten — an erster Stelle die Vernichtung des nationalsozialistischen Geistes und die Umerziehung des deutschen Volkes zur Demokratie, so wie die Sieger sie jeweils verstanden. Die fortgeführte Okkupation war zwar keine Annexion, wohl aber, wie Zinn es glänzend formuliert hat, eine politische Intervention, die in ihrer Wirkung einer Revolution gleichkam. Um die zur Erreichung ihrer Ziele notwendigen Maßnahmen zu koordinieren, schufen die vier Besatzungsstaaten im Zusammenwirken den Kontrollrat als ein völkerrechtliches Staatengemeinschaftsorgan und zwar in erster Linie als Verwaltungsorgan, durch das sie in bezug auf ganz Deutschland im Zusammenwirken jene oberste Gewalt ausüben wollten, die in bezug auf die einzelnen Zonen jeweils der einzelnen Besatzungsmacht zustand.

Dieser Kontrollrat war zunächst ein echtes Okkupationsorgan, wie es bei einer occupatio bellica vom Okkupanten regelmäßig geschaffen wird. Durch ein solches Organ übt der Okkupant — hier mehrere Staaten im Zusammenwirken — die gesetzmäßige Gewalt aus, die nach der nicht sehr glücklichen Formulierung der Haager Landkriegsordnung faktisch auf ihn übergeht; durch dieses Organ erfüllt der Okkupant anderseits auch seine völkerrechtliche Verpflichtung, alle Vorkehrungen zu treffen, um nach Möglichkeit die öffentliche Ordnung und das öffentliche Leben im Okkupationsgebiet wiederherzustellen und aufrechtzuerhalten. Die Staatsgewalt, die der Okkupant durch ein solches Organ ausübt, ist nicht die Staatsgewalt des okkupierten Staats, die ja weiter bestehen bleibt, sondern seine, des Okkupanten, eigene Staatsgewalt auf fremdem Gebiet, die er der fremden Staatsgewalt, das heißt der Staatsgewalt des okkupierten Staats, vorschaltet und überordnet. Die Tätigkeit eines solchen Okkupationsorgans, also auch des Kontrollrats, soweit er als echtes Okkupationsorgan handelte, ist durch die allgemeinvölkerrechtlichen Regeln über die occupatio bellica rechtlich begründet — und rechtlich begrenzt.

Der Kontrollrat trat freilich von Anfang an nicht nur als ein solches echtes Okkupationsorgan auf, sondern übernahm — weit über die in einem solchen Organ vom Völkerrecht gesteckten Grenzen hinausgehend — zunächst alle Funktionen der tatsächlich fehlenden Spitze der deutschen Staatsgewalt. Die Besatzungsmächte traten gewissermaßen geschäftsführend für diese fehlende Spitze ein und benutzten als Organ dieser Geschäftsführung im Hinblick auf Deutschland, das heißt im gesamtdeutschen Rahmen, den Kontrollrat. In dieser Tätigkeit waren die Besatzungsmächte und der Kontrollrat zwar nicht durch die Regeln des Völkerrechts über die occupatio bellica beschränkt, wohl aber durch die allgemeinen Rechtsgrundsätze; und diese allgemeinen Rechtsgrundsätze verlangten, daß diese nicht durch die bloße occupatio bellica gerechtfertigte Tätigkeit im Interesse des besetzten Staats ausgeübt werde — während für die Tätigkeit im Rahmen der occupatio bellica das Interesse des Okkupanten maßgebend ist. Diese Zwiespältigkeit im Status — einerseits occupatio bellica, anderseits eine weit darüber hinausgehende Geschäftsführung für und in Deutschland — erklärt zum Teil die Zwiespältigkeit mancher Besatzungshandlungen und Besatzungsnormen, die den Eindruck erweckten, als habe hier die linke Hand nicht gewußt, was die rechte getan.

Deutschland war nach dem Zusammenbruch 1945 als Staat bestehen geblieben. Doch dieser Staat war besetzt und hatte kein eigenes Führungsorgan mehr, keine eigene staatliche Spitze — und deshalb hatte er im Verkehr mit anderen Staaten, auf der Ebene des Völkerrechts seine Handlungsfähigkeit zunächst völlig eingebüßt. Er war noch Staat, er war aber nicht mehr souverän. Deutschland war völkerrechtlich unter eine Art Vormundschaft gestellt worden; die Besatzungsmächte im Zusammenwirken (nicht etwa der Kontrollrat, der nur Organ dieser Besatzungsmächte war) fungierten als Vormund. Zwischen die innerdeutsche Rechtsordnung und die Völkerrechtsordnung schob sich — die deutsche Rechtsordnung mediatisierend — das Besatzungsrecht. Besatzungsrecht war und ist nicht deutsches Recht — es kann höchstens ausdrücklich oder stillschweigend in deutsches Recht rezipiert werden.

Mit der völkerrechtlichen Handlungsfähigkeit hatte Deutschland jedoch nicht seine völkerrechtliche Rechtsfähigkeit verloren; es konnte nur zunächst die Rechte, die ihm das Völkerrecht auch weiterhin gewährte, nicht mehr selbst innerhalb der Völkerrechtsgemeinschaft geltend machen. Es ist das Verdienst Erich Kaufmanns, in der Verwirrung der Begriffe nach 1945 zum ersten Male klar zwischen der unangetasteten völkerrechtlichen Rechtsfähigkeit und der ruhenden völkerrechtlichen Handlungsfähigkeit Deutschlands klar unterschieden zu haben.

Ich habe bisher bewußt nicht von der Kapitulation des 8. 5. 1945 und von den Potsdamer Erklärungen vom 5. 6. 1945 gesprochen: beide hatten keinen unmittelbaren Einfluß auf die Rechtsstellung Deutschlands. Die Kapitulation war ein reiner Kriegsvertrag mit Wirkung nur für die kapitulierende Wehrmacht und nur für die Dauer des Krieges, in dem diese Wehrmacht kapitulierte; die Potsdamer Deklarationen waren zwar politisch sehr bedeutsame, rechtlich jedoch weithin unverbindliche gemeinsame Erklärungen mehrerer Staaten über gemeinsame politische Ziele — Richtlinien, nicht Normen, um ein Wort Churchills zu gebrauchen. Lediglich einzelne Abmachungen über die Durchführung dieser Ziele haben Vertragscharakter; aber auch diese echten Verträge stehen unter dem Vorbehalt der Aufrechterhaltung der gemeinsamen Ziele. Für Deutschland, das nur Objekt dieser Erklärungen und dieser Verträge war, waren die einen wie die anderen res inter alios actae.

VII.

Bis zum Juni 1948 waren sich die Siegermächte — vielleicht abgesehen von Frankreich — darüber einig, daß Deutschland als Staat die Katastrophe von 1945 überlebt hatte. Dann kam der verhängnisvolle 20. 6. 1948. Mit ihm beginnt das Problem der Rechtsstellung Deutschlands ein Problem der Existenz Deutschlands zu werden. Dieser 20. 6. 1948, nicht der 8. 5. 1945, bedeutet verfassungsgeschichtlich die entscheidende Zäsur. Der 8. 5. 1945 war ein Ende; der 20. 6. 1948 war Anfang — Anfang einer Entwicklung, von der wir heute noch nicht wissen, wohin sie führt. Damals begann das deutsche Wunder — es begann aber auch die deutsche Not.

Der Kontrollrat war auseinandergefallen. Die drei westlichen Besatzungsmächte gaben unter dem ausdrücklichen Vorbehalt, daß die höchste Gewalt hinsichtlich Deutschland bei ihnen verbleibe, Anregung und Erlaubnis zur Schaffung einer gemeinsamen Verfassung für das Gebiet ihrer drei Zonen — und damit zur Bildung eines deutschen Staates, der nur diese drei Zonen umfaßte. Nicht nur die sowjetische Besatzungszone, sondern auch Berlin und das Saarland sollten nach dem Willen der Besatzungsmächte nicht im Geltungsbereich der neugeschaffenen Verfassung liegen. Fast gleichzeitig wurde in der sowjetischen Besatzungszone eine andere deutsche Verfassung verkündet, deren faktischer Geltungsbereich nur diese Zone war: damit wurde jedenfalls faktisch, wenn auch unserer Auffassung nach nicht legitim, neben der Bundesrepublik ein zweites staatliches Gebilde, die sog. DDR, geschaffen.

Deutschland war gespalten. Die deutsche Frage war nicht mehr ein Problem des Fortbestandes der deutschen Staatsgewalt „nach 1945", — sie war zur Frage nach dem Fortbestand des e i n e n deutschen Staates nach 1948/49 geworden: Zur Frage nach der äußeren Erscheinung, dem Träger und dem Wesen der Staatsgewalt dieses einen Gesamtstaats.

Man könnte zunächst behaupten, daß Deutschland als Staat zwar den 8. 5. 1945 überlebt habe, aber nach drei Jahren der Agonie in den Jahren 1948 und 1949 durch dismembratio endgültig untergegangen sei: Die Bundesrepublik und die DDR erschienen dann als gleichberechtigte Nachfolgerstaaten des dismembrierten Deutschland. Ich habe diese Auffassung in der Theorie noch kaum ernsthaft vertreten gefunden; gegen sie sprächen jedenfalls die gleichen Argumente, die gegen die These von der debellatio 1945 angeführt werden können — Fortbestand des einheitlichen deutschen Staatsvolkes, Fortdauer einer Staatsgewalt, die sich als deutsch bezeichnet und bekennt; gegen eine solche Auffassung spräche darüber hinaus vor allem der Wille des deutschen Volkes zur staatlichen Einheit diesseits und jenseits des Eisernen Vorhangs und das Bewußtsein dieses Volkes, ein Volk — Volk eines Staates und mit dem Recht auf diesen einen Staat — zu sein.

Der Untergang eines Staates vollzieht sich meist nicht von einer Stunde zur anderen. Wie man zwischen der begonnenen und der vollendeten Annexion unterscheiden muß — wie zwischen dem Beginn und der Vollendung einer Annexion oft Jahrzehnte liegen und wie es Annexionen gibt, die nie vollendet werden, weil, um einen Ausdruck Charles de Visschers zu gebrauchen, der Effektivität der Herrschaftsausübung des annektierenden Staates die Effektivität des Widerstandes der Bevölkerung des annektierten Staates entgegensteht, — so muß man m. E. auch zwischen der begonnenen und der vollendeten dismembratio unterscheiden. Auch eine dismembratio ist, ähnlich der Annexion, erst dann vollendet, wenn sie „unbestritten, ungestört und ununterbrochen" — das heißt von Dauer — ist.

VIII.

Lehnt man die These von der dismembratio Deutschlands 1948 ab und behauptet man den Fortbestand eines deutschen Gesamtstaates auch nach 1948/49, so stellt sich die „deutsche Frage" als Frage dar, ob und inwiefern die Bundesrepublik oder die DDR eine fortbestehende deutsche Staatsgewalt von Rechts wegen ausübe und repräsentiere. Es ist dies gleichzeitig die Frage nach dem leitenden Gedanken der rechtlichen Grundordnung eines fortbestehenden deutschen Gesamtstaates. Eine solche machtverteilende Grundordnung ist notwendig in jedem Staat vorhanden, wie immer er beschaffen sein mag: Denn wenn der Staat auch nicht mit seiner rechtlichen Ordnung gleichgesetzt werden kann und sich in ihr nicht erschöpft, so bedeutet das Bestehen eines Staates doch jedenfalls auch das Bestehen einer solchen Ordnung, in der er erscheint und in der er sich verwirklicht. Es gibt keinen Staat ohne rechtliche Grundordnung — mag diese in einem Verfassungsgesetz festgelegt sein oder nicht.

Wenn man also den Fortbestand eines deutschen Gesamtstaates nach 1948/49 bejaht, muß man auch die Existenz einer solchen machtverteilenden Ordnung wenigstens in ihren Grundzügen behaupten — und man muß als Jurist nach dem Inhalt und dem Wesen dieser Grundordnung forschen.

Theoretisch sind, wie Theodor Maunz als erster klar herausstellt, seit 1949 zwei Lösungen dieser Frage nach der Stellung der Bundesrepublik und der DDR in und zu Deutschland denkbar. Man kann zunächst annehmen, daß Deutschland im Zustand eines latenten, kalten Bürgerkrieges lebe, in dem zwei politische Ordnungen jede für sich behaupten, allein die Verfassungsordnung Deutschlands zu sein, und in dem zwei rivalisierende, aber territorial begrenzte Regierungen jede für sich allein beanspruchen, Deutschland rechtlich zu repräsentieren. Dies war von Anfang an die offizielle These der DDR. Ihre Verfassung fordert nach ihrem Wortlaut schon heute in ganz Deutschland Geltung; die Bundesrepublik ist im Grunde für sie nur hochverräterische Separation. Mit umgekehrtem Vorzeichen wurde diese These vom kalten Bürgerkrieg — die sog. Identitätstheorie — allmählich auch zur offiziellen Auffassung der politischen Führung der Bundesrepublik: Das Grundgesetz gelte im Grunde auch für jene Deutschen, denen an dieser Verfassung mitzuwirken versagt war. Die eingehendste und überzeugendste Begründung der Identitätstheorie findet sich bei Herbert Krüger und bei Ulrich Scheuner, die einen Zustand der doppelten Repräsentation Deutschlands durch zwei rivalisierende, aber territorial begrenzte Regierungen annehmen, den Scheuner vergleichen zu können glaubt mit der seinerzeitigen Lage in Spanien, wo die sozialistische und die Franco-Regierung, in Frankreich, wo die Regierungen Pétains und de Gaulles und in China, wo die kommunistische und Tschiankaischeks Regierung einander gegenüberstanden bzw. -stehen. Kennzeichnend ist, daß Scheuner, der das Wort Bürgerkrieg ängstlich vermeidet, drei Fälle heißen Bürgerkriegs zur Stützung seiner These heranzieht; kennzeichnend auch, daß er von zwei rivalisierenden Regierungen spricht, statt von zwei politischen Normenordnungen, die beide beanspruchen, Deutschlands Verfassung zu sein. Eine ganze Reihe von Äußerungen der westlichen Alliierten scheinen darauf hinzudeuten, daß auch sie die Identitätstheorie zu ihrer Auffassung gemacht haben. Friedrich Klein hat in der 2. Auflage des Mangoldtschen Kommentars zum Grundgesetz eingehend die drei Möglichkeiten, die die Identitätslehre bietet, — die Kernstaatsthese, die These von der partiellen Identität und die Unterscheidung zwischen Bundesrepublik und Geltungsbereich des Grundgesetzes — dargestellt und in überzeugender Weise die Einwände vorgebracht, die vor allem gegen die Theorie von Scheuner erhoben werden können: Ich darf — um die mir gesetzte Redezeit nicht zu überschreiten — hier auf die Ausführungen von Klein, denen ich mich weitestgehend anschließe, verweisen.

Ich darf nur zwei Gedanken besonders hervorheben: Zunächst darf ich auf die völkerrechtlichen Konsequenzen dieser staatsrechtlichen Konstruktion wenigstens im Vorübergehen aufmerksam machen: etwa auf die notwendige bindende Wirkung von Verträgen, die die als einzige „legale" Regierung des Gesamtstaates anerkannte Regierung mit fremden Mächten abschließt, für den Gesamtstaat — oder auf das Problem der völkerrechtlichen Haftung für Handlungen der „separatistischen", „illegalen" lokalen de-facto-Regierung seitens des Gesamtstaates und seiner „legalen“ Regierung dritten Mächten gegenüber. Man kann das staatsrechtliche Problem Deutschland nicht nur unter dem Gesichtspunkt des Staatsrechts betrachten, ohne die Frage des völkerrechtlichen Status zu berücksichtigen, die dadurch aufgeworfen wird.

Und ein Zweites: Auf dem Boden der Identitätslehre läßt sich nur schwer und nur in gekünstelter Konstruktion die Tatsache deuten, daß das Machtwort der Alliierten neben den beiden rivalisierenden Regierungen in Deutschland zwei weitere Staatsfragmente, wenn auch beide nur als Provisorien, geschaffen hat, die beide zweifellos zu Gesamtdeutschland gehören, aber weder von der Bundesrepublik noch von der DDR her regiert werden können: Berlin und das Saarland.

IX.

Das Problem Berlins und des Saarlandes macht in der anderen denkbaren Lösung der deutschen Frage keine Schwierigkeit. Diese zweite Lösung nimmt heute in Deutschland die Existenz von zwei — oder wenn Sie wollen von vier — provisorischen Teilordnungen an, die zusammen Deutschland bilden — ein Deutschland, das als Staat existiert und rechtsfähig ist, wenn es auch zur Zeit nicht durch besondere gesamtdeutsche Organe handelt. An Stelle dieser fehlenden gesamtdeutschen Organe erscheint in dieser Konstruktion der Gesamtstaat treuhänderisch durch die eine Teilordnung vertreten, die allein für sich beanspruchen kann, legitime und demokratische Regierung in Deutschland zu sein. Die rechtliche Grundlage dieser Vertretung im Rahmen einer in den Grundzügen notwendig vorhandenen, wenn auch nicht in einem Verfassungsgesetz niedergelegten Ordnung des fortbestehenden deutschen Gesamtstaates — nicht im Rahmen der Völkerrechtsordnung — wäre dabei in einer Art staatsrechtlicher „Geschäftsführung ohne Auftrag“ zu suchen, die den vermuteten Willen des am Handeln verhinderten Gesamtvolkes vollzieht.

Das Grundgesetz scheint diese zweite These zu stützen; es bezeichnet nicht nur die von ihm geschaffene politische Ordnung an verschiedenen Stellen selbst als provisorisch, sondern es unterscheidet auch klar zwischen seinem vorläufigen Geltungsbereich, d. h. dem Gebiet der Bundesrepublik, und Deutschland. Wenn es vom deutschen Volk spricht, meint es nicht nur die Bevölkerung der Bundesrepublik; deutsche Staatsangehörigkeit im Sinn des Grundgesetzes ist nicht nur eine denkbare Bundesangehörigkeit oder die Landesangehörigkeit zu einem Bundesland, sondern offenbar die Angehörigkeit zu einem weiterreichenden Gesamtstaat, der auch Berlin, die Sowjetzone, die Gebiete unter polnischer Verwaltung und das Saarland umfaßt. Die Bundesrepublik erscheint als ein staatliches Gebilde, das keine nur ihm zugehörigen Staatsangehörigen hat. Ebensowenig gibt es nach dieser Lehre Angehörige der DDR, Berlins oder des Saarlandes, die nicht auch gleichzeitig deutsche Staatsangehörige wären. Denn wer zur Teilordnung gehört, gehört immer auch zum Gesamtstaat.

Die These, die die Bundesrepublik und die DDR als eigenständige Teilordnungen im gesamtdeutschen Rahmen erfaßt, fand, kaum daß sie zum erstenmal entwickelt war, im Osten und im Westen heftigen Widerspruch. Die Bundesrepublik, so wird im Westen eingewandt, sei völkerrechtlich handlungsfähig — dies sei aber mit dem Status einer bloßen Teilordnung nicht zu vereinen; sie sei zudem von den Westmächten nicht als Teilordnung, als Staat in Deutschland, sondern als Deutschland schlechthin anerkannt und spreche völkerrechtlich für ganz Deutschland. Dieser Einwand überzeugt nicht ganz: die völkerrechtliche Handlungsfähigkeit wird dadurch nicht notwendig aufgehoben, daß ein Staat als Teilordnung einer Staatenverbindung, die Deutschland seit jeher war, erfaßt wird, sondern sie wird nur durch die höhere Ordnung in bestimmter Hinsicht beschränkt; eine Teilordnung kann außerdem auch treuhänderisch als Organ des Gesamtstaats und für den Gesamtstaat völkerrechtlich handelnd auftreten — und sie wird regelmäßig den Gesamtstaat vertreten, wenn dieser Gesamtstaat kein anderes völkerrechtlich anerkanntes Organ besitzt, durch das er handeln könnte. Es ist dies letztlich eine Frage der zwischenstaatlichen Anerkennung eines innerstaatlichen Organs.

In einem solchen Fall, in dem der Teil für die Geamtheit treuhänderisch handelnd auftritt, wird man freilich klar zwischen dem völkerrechtlichen Handeln der Teilordnung für sich, qua eigenständiges Völkerrechtssubjekt, und seinem treuhänderischen Handeln für den Gesamtstaat, qua Repräsentant und Organ eines anderen Völkerrechtssubjekts unterscheiden müssen. Auch dort, wo die provisorische Teilordnung nicht nur für sich selbst handelt, sondern für den Gesamtstaat treuhänderisch handelnd eintritt, ist ihre Handlungsfähigkeit notwendig beschränkt. Sie kann die Rechte des Gesamtstaats handelnd wahren, sie kann bestehende Verpflichtungen für ihn anerkennen und erfüllen; sie kann aber nicht mit Wirkung für den Gesamtstaat auf Rechte, die nur dem Gesamtstaat zustehen, verzichten, nicht neue Verpflichtungen mit Wirkung für ihn übernehmen. Denn auch dann, wenn sie als einzige Repräsentantin des Gesamtstaates völkerrechtlich anerkannt ist, bleibt sie im Hinblick auf den Gesamtstaat Teilordnung. Für den Westen ist jedenfalls die Bundesrepublik diese Repräsentantin Gesamtdeutschlands; dabei wird oft, wie Erich Kaufmann betont hat, der eigenstaatliche Charakter der Bundesrepublik hinter ihrer Funktion zurückstehen müssen, Gesamtdeutschlands Vertreter — nicht selbst Gesamtdeutschland — zu sein.

X.

Ich habe versucht, Ihnen in Kürze die möglichen Lösungen der deutschen Frage nach 1948 zu entwickeln. Als Jurist wage ich es nicht, mich heute schon endgültig für eine dieser Lösungen zu entscheiden.

Während sich das Problem der Kontinuität Deutschlands nach 1945 rechtlich heute an Hand des geschichtlichen Faktums gefällter politischer Entscheidungen lösen läßt, liegen in der Frage des Fortbestand Deutschlands nach 1948/49 und der Stellung der Bundesrepublik im weiterbestehenden Deutschland die eigentlichen politischen Entscheidungen, auf denen allein der Jurist aufbauen kann, noch vor uns. Noch sind hier die Dinge im Fluß: solange sie im Fluß sind, hat das letzte Wort nicht der Jurist de lege lata, sondern der Politiker de lege ferenda. Es geht dann darum, was im Rahmen des rechtlich Möglichen politisch zweckmäßig ist. Auch für diese Frage gilt, was Hans Kelsen in anderem Zusammenhang von Verfassung und Verfassungswirklichkeit gesagt hat: eine verfassungsrechtliche Situation „erlaubt sehr oft nicht nur eine, sondern zwei, ja manchmal noch mehr einander widersprechende Interpretationen. Aufgabe des Wissenschaftlers ist es, die möglichen Auslegungen herauszuarbeiten, nicht aber, eine von ihnen auszuwählen und ihr den Vorzug zu geben: . . . Jede Entscheidung zwischen zwei rechtlich möglichen Interpretationen fußt auf einem politischen Werturteil", das zu fällen nicht Aufgabe des Wissenschaftlers ist. „Solche objektive Untersuchungsmethode hindert den Wissenschaftler nicht, für sich selbst, von seinem politischen Standpunkt her, eine Interpretation allen anderen vorzuziehen. Indes ist eine solche Entscheidung von recht geringem Wert, wenn ein Verfassungsorgan, dem die Auslegung von Rechts wegen zusteht, sich für eine andere Interpretation als der Wissenschaftler entscheidet und der Wissenschaftler zugeben muß, daß diese Auslegung juristisch ebenso möglich ist, wie die, die er bevorzugt."

Wenn man den Fortbestand eines deutschen Gesamtstaates nach 1948/49 bejaht, sind die beiden Thesen, die ich genannt habe, sowohl die der Identitätstheorie als auch die der Teilordnungstheorie, heute rechtlich in gleicher Weise vertretbar, wenn auch m. A. die Teilordnungstheorie dem tatsächlichen Zustand der letzten Jahre — von 1949 bis 1953 — weit eher gerecht wird als die Identitätstheorie. Heute bieten sich beide Thesen jedenfalls dem Politiker an: sie bieten sich aber beide dem Politiker — auch das müssen wir ganz klar sehen — nur als Übergangslösungen, als mögliche rechtliche Deutungen eines vorübergehenden außergewöhnlichen Zustandes, als bloße Ausgangspunkte für das Neue, das kommen soll, an. Beide Thesen bergen deshalb, vom Politischen her gesehen, große Gefahren in sich; beide können vom Politiker in endgültige Lösungen verfälscht werden — was Gott verhüten wolle; denn dann könnten sie in der rechtlichen Verewigung des politischen Gegensatzes zwischen Bundesrepublik und DDR Ausgangspunkt einer zweiten Teilung Deutschlands werden, nachdem die Mitte des vergangenen Jahrhunderts in der rechtlichen Verewigung des politischen Gegensatzes zwischen Preußen und Österreich uns schon die erste Teilung Deutschlands gebracht hat ... Die endgültige rechtliche Lösung kann nur vollendete Teilung oder endgültige Wiedervereinigung heißen.

Ich bin am Ende. Ich habe versucht, nur als Jurist zu Ihnen zu sprechen und alle anderen Erwägungen auszuschalten. Ich fürchte rückschauend, daß mir dies nicht ganz gelungen ist. Ich gestehe es offen: es ist mir nicht möglich gewesen, bei der Antwort auf die große Schicksalsfrage Deutschlands nur den juristischen Sachverstand sprechen zu lassen. In dieser Frage spricht bei mir — und ich glaube bei uns allen — ob wir es wahrhaben wollen oder nicht, stets auch das Herz mit; und diese Stimme des Herzens, die bei einer noch so sachlichen Behandlung dieser Frage immer mitklingt, findet ihren Ausdruck nicht in irgendeiner Identitäts- oder Teilordnungslehre, sondern am besten wohl in dem einen kurzen Wort, mit dem Klaus Stauffenberg starb: „Ich glaube an das ewige Deutschland!"

Leitsätze des Berichterstatters über:

Der Deutsche Staat im Jahre 1945 und seither

A.

1. *Die Frage, ob Deutschland als Staat nach dem 8. 5. 1945 weiterbestanden hat, ist rechtlich — und zwar nicht nur im Rahmen des innerdeutschen Staatsrechts, sondern auch vom Völkerrecht her — lösbar. Der Beantwortung dieser Frage darf jedoch nicht ein politisches Wunschbild zu Grunde liegen.*

2. *Die Frage, ob Deutschland 1945 als Staat weiterbestanden hat, setzt Klärung der anderen Frage voraus, was unter „Staat" überhaupt zu verstehen ist; je nach dem rechtsphilosophischen Standpunkt dessen, der die Antwort gibt, muß sie verschieden ausfallen.*

3. *Die Theorie kann nur Ausgangspunkt einer Untersuchung dieser Frage sein; den allgemeinen rechtlichen Überlegungen muß die sorgsame Beachtung der Staatenpraxis folgen.*

B.

1. *„Staat" ist mehr als bloßes Normengerüst, mehr als eine konkrete politische Ordnung: „Staat" ist Inbegriff bestimmter Beziehungen zwischen bestimmten Menschen. Als solcher überdauert der „Staat" sowohl eine konkrete Normenordnung als auch eine konkrete politische Ordnung. Die Frage nach der Existenz eines Staates ist die Frage nach einem geschichtlichen Faktum.*

2. *Deutschland hat als Staat den Zusammenbruch der nationalsozialistischen Zwangsordnung überdauert. Die Deutsche Staatsgewalt bestand trotz des Fortfallens der Staatsspitze auf unteren Stufen weiter; auch das deutsche Staatsvolk blieb als rechtliche Einheit nach dem 8. 5. 1945 bestehen.*

3. *Die nach dem 8. 5. 1945 von den Allierten fortgeführte Okkupation war keine Annexion, sondern eine politische Intervention, die in ihrer Wirkung einer Revolution gleichkam. Eine Debellatio hätte nur vorgelegen, wenn es zur Annexion gekommen wäre.*

4. *Der deutsche Staat verlor mit dem Wegfall seiner Staatsspitze und mit der vollkommenen Okkupation seine völkerrechtliche Handlungsfähigkeit; seine völkerrechtliche Rechtsfähigkeit hingegen blieb bestehen.*

C.

1. *Das eigentliche Problem des „Deutschen Staates" entstand nicht mit dem Zusammenbruch im Jahre 1945, sondern mit der Schaffung der Bundesrepublik und der DDR 1948/49. Kern dieses Problems ist nicht die Frage nach dem Fortbestand des Deutschen Staates, sondern die nach der Stellung der Bundesrepublik und der DDR zu diesem Deutschen Staat — d. h. die Frage, wer die fortbestehende Deutsche Staatsgewalt von Rechts wegen ausübt und repräsentiert.*

2. *Beide als Antwort auf diese Frage denkbaren rechtlichen Deutungen — sowohl die Identitätstheorie als auch die Teilordnungstheorie — sind rechtlich vertretbar. Es ist Sache des Politikers, hier die Entscheidung zu treffen.*

3. *Beide Thesen bieten nur Übergangslösungen, rechtliche Deutungen eines vorübergehenden außergewöhnlichen Zustandes. Sie dürfen nicht in endgültige Lösungen verfälscht werden.*

Der deutsche Staat im Jahre 1945 und seither

2. Mitbericht von Professor Dr. Günter Dürig, Tübingen

A.

I. Es wurde bereits im Erstbericht ganz deutlich, daß uns die Gegenwart mit der zeitbedingten Frage nach „Deutschlands Rechtslage"[1]) zugleich die zeitlose Frage nach der Natur des Staates überhaupt stellt.

1. Die konkreten Teilfragen nach Deutschlands Rechtslage lassen sich wie folgt präzisieren: Wieweit hat die Wirklichkeit des Zusammenbruchs des Jahres 1945 die Rechtsgrundlagen des deutschen Staatswesens beeinflußt; und: Wieweit kann bei der normativen Erfassung dieser Rechtsgrundlagen die Wirklichkeit der nach 1945 (vor allem seit 1949) eingetretenen Ereignisse ignoriert werden?

In beiden Teilfragen geht es also um das Verhältnis von Wirklichkeit und Norm und damit letztlich um das Verhältnis von Sein und Sollen. Mit den gestellten Teilfragen ist auch die allgemeine Frage nach dem Wesen des Staates erneut unter den Gesichtswinkel des Spannungsverhältnisses von Wirklichkeit und Norm gerückt worden.

2. Daß die hier gestellte Diagnose, wonach Deutschlands Rechtslage im letzten ein Problem des Verhältnisses von Norm und Faktizität ist, zutrifft, wird m. E. gerade bei jenen Staatstheorien offenkundig, die besonders Ernst machen mit einer weitgehenden Eliminierung physischer, historischer und ethisch-politischer Wirklichkeiten aus dem (demnach) nur juristisch zu verstehenden Staatsbegriff; bei jenen Staatstheorien also, die klar und (jedenfalls in der Methode) unversöhnbar den Begriff des Staates im Rechtssinne vom sozialen (soziologischen) Staatsbegriff absetzen. Es ist bekannt, daß sich Hans Kelsens „reine Rechtslehre" von „allen Elementen loslöst, die sich aus dem Bereich der Natur ... einschleichen"[2]), daß sie alle „ethisch-politischen Postulate"[2]) eliminiert, daß sie von der „Identität"[3]) von Staat und Rechtsordnung ausgeht. Eben jener als Rechtsordnung verstandene Staat endet aber nach Kelsens Lehre vom Untergang des Deutschen

[1]) Die griffigste Übersicht über die Gesamtproblematik findet sich (allerdings gegenüber Lösungsversuchen resignierend) bei Maunz, Deutsches Staatsrecht (3. Aufl. 1954) S. 14ff.

[2]) Hans Kelsen, Allgemeine Staatslehre, 1925, S. 96 und durchgehend.

[3]) Kelsen, Reine Rechtslehre, 1934, S. 117ff.

Reiches als Staat[4]) durch den rein seinsmäßigen Vorgang der vollständigen Niederringung. Man sieht: Eine Theorie, die als staatsbegründende Elemente rein seinsmäßige Gegebenheiten aus dem rechtlichen Staatsbegriff von vornherein eliminiert und folgerichtig ihr Vorhandensein auch nicht als kontinuitätswahrende (staatserhaltende) Elemente anerkennt, benutzt reine Faktizitäten, ohne normative Willenserklärungen nachzuweisen, sehr wohl, um das angeblich allein relevante Rechtliche zu vernichten.

II. 1. Diese dogmatische Schwäche der Methodenwidrigkeit, von der auch Nawiaskys Untergangsthese[5]) nicht ganz frei ist, ist im konkreten Falle Deutschland zugleich der Ansatzpunkt zur Widerlegung der Untergangslehren. Der m. E. stärkste Einwand gegen sie lautet also: Wenn Faktizitäten nicht rechtserhebliche staatsbegründende und staatserhaltende Kraft haben, dann können sie für sich allein auch keine rechtserhebliche staatsvernichtende Kraft haben. Die geistige Wirklichkeit der Staatsgewalt kann — wenn sich die normativen Staatslehren treu bleiben wollen und sie nicht selbst die nach neukantischer Auffassung schwere Sünde der Vermengung von Sein und Sollen begehen wollen, die man den soziologisch orientierten Staatstheorien vorwirft — nur wieder durch geistige Gegenakte beseitigt werden. Faktische Realakte der Vernichtung, wie die militärische Niederringung (und übrigens auch die Revolution), bedürfen eines geistigen Vollzuges, um sie rechtlich (also geistig) erheblich zu machen. Als bloße Faktizitäten haben sie noch keine die Kontinuität zerstörende Kraft; — und auch die hier aus der Ferne anklingende

[4]) Kelsen, The legal status of Germany according to the Declaration of Berlin, in: American Journal of International Law, Bd. 39 (1945) S. 518ff.

[5]) Vgl. Die Grundgedanken des Grundgesetzes, 1950, S. 4ff. Nawiaskys Staatsauffassung ist an sich von der Kelsenschen Lehre dadurch abgesetzt, daß sie den Staat im Rechtssinne keineswegs von seiner Fundamentierung in der sozialen Wirklichkeit löst (vgl. etwa Allgem. Staatsl. Bd. I, S. 49, 153, 161, 174f.). Andererseits läßt aber auch Nawiasky bekanntlich die seinsmäßigen Elemente Gebiet und Volk nicht als Wesensmerkmale des Staates im Rechtssinne gelten und gelangt daher gewissermaßen zu der Gleichung: Staat = Staatsgewalt (vgl. Der Bundesstaat als Rechtsbegriff, 1920 S. 8ff. Bayer. Verfassungsrecht, 1923, S. 52; Allgem. Staatsl. Bd. I S. 150ff.). So ist zwar, was oft übersehen wurde, Nawiaskys Lehre vom Untergang eines Staates an sich völlig vom konkreten Anwendungsfall des Jahres 1945 zu abstrahieren. Es bleibt aber auch hier der Einwand, daß eine Lehre, die fundamentale seinsmäßige Gegebenheiten (Land und Leute) aus dem Staatsbegriff im Rechtssinne eliminiert und nicht als begründende und erhaltende Begriffsmerkmale des Staates anerkennt, einen rein seinsmäßigen Vorgang wie die militärische Niederringung dann plötzlich als staatsvernichtend bewertet. Dieser „nackten Tatsache" wird dann das Prädikat der „rechtlichen Bedeutung" beigelegt, und es bedürfe daher wie bei allen Tatsachen von rechtlicher Bedeutung keines formellen Dokumentes, um sie „rechtserheblich" zu machen.

Lehre von der „normativen Kraft des Faktischen" sollte niemals dahingehend mißdeutet werden, als erspare sie dem Faktum (z. B. der Revolution) den geistigen Vollzug (z. B. die Anerkennung), um das Faktum kategorisch verpflichtend zu machen[6]).

2. Im Fall Deutschland hätte der geistige Vollzug, der das Faktum der vollständigen (militärischen) Besiegung des gegnerischen Staates rechtlich staatsvernichtend wirksam machen konnte (gerade vom Standpunkt etwa Kelsenscher Normlogik aus) in einer auf rechtlichen Erfolg (Staatsvernichtung) gerichteten Willensaktion bestehen müssen, die freilich auch von seiten der besiegten Nation hätte ausgehen können (etwa durch Aufgabe des Willens zur Eigenstaatlichkeit oder durch selbst vorgenommene Dismembration des Gesamtstaates).

3. Das Faktum der Niederringung wurde auch noch nicht dadurch zu dem zusätzlich erforderlichen rechtlichen Moment, daß die Siegermächte, wie es in Überschrift und Präambel der Berliner Erklärung vom 5. 6. 1945[7]) geschah, diese Tatsache der völligen gegnerischen Niederlage förmlich feststellten. Willenserklärungen aber, die auf den Rechtserfolg der Staatsvernichtung gerichtet waren, sind nicht nachweisbar. Daß eine solche ausdrücklich erfolgte, wird auch von den Untergangslehren nicht behauptet. Daß in der „Übernahme der obersten Regierungsgewalt hinsichtlich Deutschlands" laut der Berliner Erklärung vom 5. 6. 1945 eine konkludente rechtlich relevante Vernichtungserklärung liegen könne, ist für die herrschende Staatslehre, die als unabdingbaren Anknüpfungspunkt der Staatsgewalt auch das Staatsgebiet ansieht, von vornherein ausgeschlossen, da diese Erklärung eben eine solche Gebietsannektierung expressis verbis (Abs. V der Präambel) ablehnt. Aber auch wer den Staat im Rechtssinne einer rein rechtlich verstandenen Staatsgewalt gleichsetzt, oder den Staat seinem Wesen nach als ein System von Normen ansieht, wird anerkennen müssen, daß (auch wenn die „Übernahme" nicht im technischen Sinne derivativen Erwerbs durch Übertragung seitens des Besiegten zu verstehen ist) die „Übernahme einer Staatsgewalt" eine solche einheimische Staatsgewalt potentiell (d. h. als der Anlage

---

[6]) Zuletzt in diesem Sinne: Hans Schneider, Vierteljahrshefte f. Zeitgeschichte 53, 221 Anm. 38 (Bejahung des Faktums als eines Sosein-Sollens). Zum Gesamtproblem vgl. bei Georges Vedel die Unterscheidung von „gouvernement de fait" und „gouvernement d'usurpation", die nach ihm gleichbedeutend ist mit der „distinction entre l'autorité généralement reconnue et obéi et l'autorité généralement contestée et combattue" (Droit Constitutionel, 1949 S. 279ff.).

[7]) Zugrunde gelegt ist für die „Erklärung in Anbetracht der Niederlage Deutschlands und der Übernahme der obersten Regierungsgewalt hinsichtlich Deutschlands" die amtliche Übersetzung des alliierten Büros des Kontrollrats in Deutschland, in: „Dokumente und Berichte des Europa-Archivs" Bd. 6 S. 74ff.

nach vorhanden) voraussetzt. Sie muß wohl sogar, wenn man sich nicht geistig in die Zeit vor Rousseau begeben will, als potentiell vorhanden vorausgesetzt werden, solange das Staatsvolk als immer bereitstehender — und auch nach faktischer Vernichtung eines autoritären Systems bereitstehender — Träger der Staatsgewalt noch existiert[8]). Selbst wenn man aber den Besatzungsmächten (m. E. zu Unrecht) unterstellen wollte, sie hätten im Falle Deutschland ihrer eigenen Einsatznorm vom Demos als Inhaber der Staatsgewalt und dem Völkerrechtsgrundsatz vom Selbstbestimmungsrecht der Völker untreu werden wollen, dann hätte, nachdem man auf Genocidium, Annektion und (spätestens jedenfalls seit dem Potsdamer Abkommen auch auf Dismembration[9]) verzichtet hatte, nur der eine rechtliche Weg bestanden, die Ausübung der Staatsgewalt total zu „usurpieren", so daß dadurch erkennbar wurde, daß für Deutschland die rechtsdogmatisch und ideengeschichtlich gebotene Trennung von Inhaberschaft und Ausübung der Staatsgewalt eben nicht mehr gelten solle. Dazu aber hätte es gerade für die Lehre der Identität von Staat und Rechtsordnung einer Transformierung allen vorgefundenen einheimischen Rechts zu Fremdrecht bedurft, die bekanntlich nicht erfolgt ist. Für Vertreter der Gleichung: Staat = Staatsgewalt wäre eine Umwandlung der unteilbaren Staatsgewalt zur Fremdgewalt nötig gewesen, und zwar zur Fremdgewalt bis hinab zur rechtsanwendenden Gewalt der Alltagsverwaltung, so daß es nur noch Besatzungs(auftrags)verwaltung und nur noch Besat-

[8]) Vgl. Rolf Stödter, Deutschlands Rechtslage, 1948 S. 48, wo mit Recht scharf zwischen „Ausübung der Staatsgewalt und ihrer Innehabung" unterschieden wird. Vgl. Hermann Heller, Staatslehre, 1934 S. 239: „Der Machthaber hat Macht im Staate, er besitzt aber niemals die Macht des Staates"; vgl. S. 240 Hellers Stellungnahme gegen die Verwechselung von Regierungsgewalt und Staatsgewalt.

[9]) Nach Wolfgang Abendroth (Europa-Archiv 52, 1943; Außenpolitik 53, 643; Z. f. Politik 54, 71) hat Abs. VI der Berliner Erklärung die Möglichkeit der Zerstückelung Deutschlands noch offengelassen. Erst Potsdam habe die Abkehr vom Dismembrationsgedanken gebracht. Dagegen Wilhelm Grewe, Außenpolitik, 54, 347ff., der darlegt, daß der Dismembrationsgedanke zwar bereits im März 1945 teilweise aufgegeben war, daß aber das Potsdamer Abkommen selbst in diesem Punkt (ebenso wie die Junierklärungen) indifferent geblieben sei. Hier genügt die Feststellung, daß jedenfalls nach Potsdam der Dismembrationsgedanke in keinem Dokument der Siegermächte mehr auftaucht, und daß die in Potsdam beschlossene Einsetzung von Zentralverwaltungen und die Zulassung politischer Parteien für ganz Deutschland jedenfalls beweisen, daß auch die zwischen Yalta und Potsdam liegende territoriale Besatzungseinteilung spätestens von hier ab nichts mehr mit der Dismembrationsidee von Yalta zu tun hatte. Auch das zum Dismembrationsproblem zunächst nicht gehörte Frankreich hat bereits in einem (erst neuerdings zugänglich gewordenen) „Memorandum" vom 14. 9. 1945 (Europa-Archiv 54, 6747) eine Teilung Deutschland in mehrere Staaten als „auferlegte Lösung" abgelehnt und sie nur als Folge einer „natürlichen Entwicklung" für diskutabel erachtet (aaO. Abs. IV).

zungsakte hätte geben können. Die Tatsache aber, daß es zu jeder Zeit deutsche Verwaltungsakte, damit also auch Zuständigkeitsträger einheimischer Staatsgewalt kraft innerdeutschen Rechts gab, bestätigt, ohne daß dabei Ursache und Wirkung verkannt werden, induktiv die hier vertretene Auffassung, daß die einheimische Staatsgewalt dort nicht fremdrechtlich „verbraucht" wurde, wo die Besatzungsmächte Inhaberschaften und Zuständigkeiten von vornherein nicht in Anspruch nahmen und daß sie ipso jure dort wieder aufleben konnte, wo die Besatzungsmächte einheimische Zuständigkeiten nachträglich wieder freigaben. Schließt man sich dem an, dann kann die einheimische Staatsgewalt ohne Rückübertragung im technischen Sinne wieder bis zur summa potestas der äußeren Souveränität erstarken, obwohl sie am „Tag Null' in der Tat nur in einer das erste Sozialchaos improvisierend bekämpfenden Alltagszuständigkeit örtlicher Behörden bestand. Die Stadien dieser schrittweise von unten nach oben erfolgten Freigabe suspendierter deutscher Staatsgewaltsausübung sind bekannt.

4. Wenn man anerkennt, daß eine einheimische Staatsgewalt, die in der Ausübung wieder aufleben konnte, immer vorhanden war, wird es von nachgeordneter Bedeutung, ob man der von den Besatzungsmächten ausgeübten obersten Regierungsgewalt einen „Doppelcharakter" beilegt (d. h. sie teils als Besatzungsgewalt aus der occupatio bellica, teils als treuhänderisch ausgeübte deutsche Staatsgewalt auffaßt[10]) oder ob man in ihr völkerrechtlich begründete reine Fremdgewalt sieht[11]). Soweit ersichtlich, ist diese Frage nur für die Anwendbarkeit der Haager Landkriegsordnung von Bedeutung. Aber auch die Lehre von der reinen Fremdgewalt sieht in dieser eine völkerrechtlich begründete Fremdgewalt sui generis und behauptet keineswegs, daß die Gesamtheit der Besatzungsbefugnisse hinsichtlich Deutschlands als lediglich in der occupatio bellica begründet und folglich ganzumfassend als durch die in der Haager Landkriegsordnung kodifizierten Regeln der occupatio bellica begrenzt anzusehen sei.

B.

Mag das Bisherige auch die herrschende Meinung[12]) vom Fortbestand Deutschlands als Staat über das Jahr 1945 hinaus be-

---

[10]) So die wohl herrschende Meinung. Vgl. zuletzt BGHZ Beschl. v. 20. 5. 1954 (GSZ 6/53) BGHZE 13, 265 (294).

[11]) Hauptvertreter dieser Ansicht Ulrich Scheuner, DVBl. 50, 482; ders. Friedenswarte Bd. 51 S. 19.

[12]) Maßgeblich nach wie vor die Monographien von Stödter, Deutschlands Rechtslage (1948); E. Kaufmann, Deutschlands Rechtslage unter der Besatzung (1948); Grewe, Ein Besatzungsstatut für Deutschland (1948) S. 47ff. Vgl. ferner: Scheuner, DVBl. 50, 481 ff.; ders. Friedens-

stätigen, so sollte es doch in erster Linie ein (naturgemäß fragmentarischer) Versuch sein, die rein normativen Staatslehren, die scheinbar folgerichtig zur Untergangsthese gelangen, mit dem Nachweis eigener Methodenwidrigkeit zu widerlegen, da sie, wie dargetan, bei der Befassung mit dem Staat seinsmäßige Gegebenheiten in positiver Hinsicht methodenrein nicht gelten lassen, sie aber (m. E.) methodenwidrig zum Nachweis rechtlicher Diskontinuität verwenden. Wenn sich hieran noch eine in das Einzelne gehende Begründung der Fortbestandslehre anschließen würde, erhöbe sich mit Recht der Vorwurf der herrschenden Meinung, eine offene Tür aufzustoßen. Jene Tür macht aber bekanntlich, um beim Bilde zu bleiben, nur den Weg frei für die Beschäftigung mit der viel schwierigeren Frage, wie sich die Ereignisse nach 1945 auf diesen zunächst fortbestehenden Staat Deutschland ausgewirkt haben. Scharf gestellt lautet diese Frage: Ist es eine bloße Fiktion (wenn man will: ein „Wunschbild"), daß dieses zwar über den Zusammenbruch des Jahres 1945 hinaus als Staat erhalten gebliebene Gebilde Deutschland auch heute noch als Staat besteht?[13]).

Diese Frage nun ist m. E. kaum lösbar ohne das Wagnis, eine staatstheoretische Grundkonzeption zu entwerfen, auf deren Basis man im folgenden zu argumentieren gewillt ist. Dabei dürfte am Beginn der folgenden kleinen Studie eines von vornherein und ganz generell feststehen: Je mehr sich eine Staatslehre als Soziallehre versteht, die Sozialgegebenheiten auch in den Rechtsbegriff des Staates und in die Staatsrechtslehre übernimmt, desto anfälliger wird sie gegenüber kontinuitätszerstörender historischer Wirklichkeit sein; und in jedem Fall werden solche Lehren gegenüber den Wechselfällen der Geschichte anfälliger sein als es die normativen Staatslehren sind, weil sie sich vor der Effektivität des Lebens niemals hinter die künstliche Mauer der juristischen Fiktion flüchten können, wie es die rein normativen Staatslehren ohne methodischen Bruch letztlich tun könnten, und es m. E. eigentlich, solange nicht in der Normenebene das Kontinuum beseitigt ist, sogar tun müßten.

---

warte Bd. 51 S. 1ff.; v. d. Heydte, Friedenswarte Bd. 50 S. 323ff. Bei allen Autoren weitere Literatur- und Rechtsprechungsnachweise. Letzte höchstrichterliche Entscheidungen BVerfGE 3, 288 (319) — „Soldatenurteil"; BGH Beschl. GSZ v. 20. 5. 1954, JZ 54, 489 (496) = NJW 54, 1073 (1077) = BGHE 13, 265 (292). Vgl. ferner in letzter Zeit Urt. des Judicial Committee of the Privy Council v. 12. 1. 1953 in Sachen Schiffahrtstreuhand GmbH gegen Procurator General (ArchVölkR 4, 359 mit Anm. v. Scheuner), wo jedenfalls der Vorgang des „unconditional surrender" nicht als untergangsbewirkend angesehen wird.

[13]) — wobei die destruktiven und gegen ein Kontinuum wirkenden Tatsachen, die etwa mit dem Auseinanderfallen des Kontrollrates einsetzten und mit der sog. „Souveränitätserklärung" der Sowjetunion v. 25. 3. 1954 zugunsten der DDR ihren vorläufigen Abschluß fanden, auch hier nicht erneut kompilatorisch aneinandergereiht zu werden brauchen.

I. Im theoretischen Ausgangspunkt sei angeregt, zunächst die durch den Neukantianismus bedingte dualistische Zerreißung von normativem Sollen und faktischem (physischem, historischem, aber auch kulturtatsächlichem) Sein in der Erkenntnis zu versöhnen, daß zwar das normative Sollen niemals aus dem Sein zu „begründen" ist, daß es aber im Sein „gründen" muß[14]. „Jedes Sollen ist für einen bestimmten Stoff bestimmt und deshalb auch durch diesen Stoff bestimmt" (Radbruch). Diese Erkenntnis hat heute nichts Erregendes mehr an sich. Schon vor Erich Kaufmanns herber „Kritik der neukantischen Rechtsphilosophie" (1921) hatten Rechtsdenker die tiefe Schlucht zwischen Sein und Sollen nie ohne die verbindenden Brücken gelassen, die der Neukantianismus glaubte abbrechen zu müssen. Es darf an Eugen Hubers Lehre von den „Realien der Gesetzgebung"[15] erinnert werden. Auch Walter Jellineks Lehre von den „Tatsachen mit ursprünglicher und abgeleiteter Rechtssatzwirkung"[16] gehört hierher, obwohl die Formulierung das Mißverständnis erwecken könnte, als schüfen Tatsachen Recht. Auf der gleichen Linie liegt Gustav Radbruchs Lehre von der „Natur der Sache als juristische Denkform"[17] und neuestens Erich Fechners Lehre von der teilweisen „Determiniertheit des Rechts"[18]. Ferner ist bekanntlich die Bestimmung des Rechtsinhalts (des Soseins, nicht des Daseins des Rechts) immer mit der sozialen Wirklichkeit verzahnt gewesen, und mit Recht hat in neuerer Zeit das Bundesverfassungsgericht[19] auch für Verfassungsnormen erklärt, daß das Gericht der Lebensordnung, „auf die sich die Verfassungsnorm bezieht und in die seine Entscheidung regulierend eingreifen soll, nicht unbeteiligt gegenüberstehen" könne. „Die Norm erhält ihre volle Bedeutung erst von dem sozialen Tatbestand her, auf den sie sich

---

[14]) Dazu und über die „doppelte Abhängigkeit des Rechts" vgl. Dürig, AöR 79, 69ff.

[15]) Zeitschr. f. Rechtsphilosophie, Bd. 1, S. 39ff.

[16]) Gesetz, Gesetzesanwendung und Zweckmäßigkeitserwägung, 1913, S. 13ff.

[17]) In: Festschrift für R. Laun, 1948, S. 157ff.

[18]) Die Bedeutung der Gesellschaftswissenschaft für die Grundfrage des Rechts, in: Soziologie und Leben, 1952, S. 102ff.

[19]) Bemerkungen des BVerfG zu dem von Prof. Dr. Richard Thoma erstatteten Rechtsgutachten betr. die Stellung des BVerfG vom 3. 6. 1953 unter III c. Wollte man übrigens den wesentlichsten Unterschied in der Rechtsprechung der herkömmlichen Staatsgerichtsbarkeit und der jetzigen Verfassungsrechtsprechung herausschälen, dann müßte man ihn darin sehen, daß jetzt auch die realen (politischen) Wirkungen, die der richterliche Ausspruch zeitigen kann oder soll, berücksichtigt werden. In der Verpflichtung hierzu liegt in der Tat ein Spezifikum der Verfassungsgerichtsbarkeit, dem z. B. der ehem. Staatsgerichtshof für das Deutsche Reich kaum genügend Rechnung getragen haben dürfte.

bezieht"[20]). Und schließlich ist ja die positivierte Normativität selbst wieder eine Art sozialer Faktizität.

II. Diese kurze Gesamtschau über die Abhängigkeit zwischen normativem Sollen und sozialem Sein führt dann folgerichtig zu der Erkenntnis, daß auch der Staat als Rechtsbegriff stoffbestimmt, d. h. ein im sozialen Sein gründender Begriff ist. Auch das ist nicht Neues, und es darf daran erinnert werden, daß kein anderer als Georg Jellinek[21]) die physischen Wirklichkeiten Land und Leute in seiner juristischen Staatsdefinition verwendete, also keineswegs so streng dualistisch den juristischen vom sozialen Begriff des Staates gesondert hat, wie es nach der technischen Anlage seiner Allgemeinen Staatslehre („Soziallehre" einerseits, „Staatsrechtslehre" andererseits) und nach einigen methodentrennenden Wendungen[22]) den Anschein erweckt. Georg Jellineks Trias der Staatselemente, die man manchmal als seltsam und als unerträgliche Vermischung physischer und geistiger Wirklichkeit empfunden hat[23]), birgt in sich durchaus bereits die moderne Erkenntnis von der Stoffbestimmtheit allen Rechts und damit auch des Staates im Rechtssinne. Und es besteht auch nach wie vor kein Anlaß, Gebiet und Volk als Realien des rechtlichen Staatsbegriffes aus diesem zu eliminieren, und übrigens löst auch Nawiasky, der das bekanntlich unternimmt, keineswegs — wie etwa Kelsen — den Staat im Rechtssinn völlig von seiner Fundamentierung in der sozialen Wirklichkeit[24]).

1. Wenn man aber zugibt — und soweit ersichtlich, tun dies außer den Vertretern der reinen Rechtslehre alle —, daß sich die Lebensordnung der sozialen Welt niemals völlig der Norm und dem Normativen „ausliefert", daß vielmehr jede Norm erst ihre volle Bedeutung vom sozialen Tatbestand her gewinnt, auf den sie sich bezieht, dann folgt hieraus m. E., daß es keinen Rechtsbegriff vom Staat gibt, der nicht primär den Staat als Sozialbegriff voraussetzt (ebenso wie etwa der Rechtsbegriff der Ehe den pri-

---

[20]) Martin Drath, Zur Soziallehre und Rechtslehre vom Staat, ihren Gebieten und Methoden, in: Festgabe für R. Smend, 1952 S. 39ff. (S. 49). Vgl. auch Dietrich Schindler, Verfassungsrecht und soziale Struktur, 2. Aufl. 1944, S. 61.

[21]) Allgem. Staatsl. (3. Aufl. 1914) S. 183.

[22]) Z. B. von der „Doppelnatur" des Staates, aaO. S. 50.

[23]) Vgl. z. B. Ulrich Scheuner, Entstehung, Altersstufen und Untergang von Staaten im Lichte des Rechts, Kölner Z. f. Soziologie 4, 211. Der härteste Angriff gegen die Drei-Elementen-Lehre findet sich bei Rudolf Smend, Verfassung und Verfassungsrecht, S. 56 („unmöglich und widersinnig").

[24]) Allgem. Staatsl. Bd. I, S. 7ff.; 162ff. Nawiasky gibt zu, daß mindestens die erstphasige Rechtssetzung der sozialen Welt angehört (aaO. S. 174f.).

mären Sozialbegriff der Ehe voraussetzt[25]). Der Staat ist als soziale Tatsache auch ohne Rechtsordnung denkbar[26]), während das Gegenteil geistig unvollziehbar ist. Daraus folgt, für die wissenschaftliche Befassung mit dem Erkenntnisobjekt Staat, daß jede Rechtslehre vom Staat im Grundlegenden notwendig auch zugleich immer Soziallehre vom Staat ist. Damit aber muß dann die Sozialwissenschaft auch ihre Methodik weitgehend auf die Rechtswissenschaft übertragen.

2. Hieraus wiederum ergibt sich für den Staatsbegriff als solchen (und damit auch zur Erhellung des uns beschäftigenden konkreten Problems) eine nicht zu unterschätzende Folgerung. „Die Fülle des Lebens läßt sich eben nicht in enge Schablonen pressen" schrieb Georg Jellinek[27]) und entwickelte daran anschließend bereits die Grundzüge einer Lehre der idealtypischen Begriffsbildung der Sozialwissenschaft[28]). Daß auch vermeintlich reine Rechtsbegriffe eigentlich solche idealtypischen Begriffe sind, erkannte für den Bundesstaatsbegriff schon Georg Jellinek an. Man wird aber auch die These wagen können, daß der herkömmliche Staatsbegriff selbst ein idealtypischer Begriff ist, der zwar juristisch abstrakt und rein gedacht wird (seit er einmal in den Nationalstaaten der Jahrhundertwende rein verwirklicht war, weil Staatsgebiet, Staatsvolk, Staatsgewalt und sogar Souveränität den Staatsbegriff auch realiter erfüllten), der aber nichtsdestoweniger ein idealtypischer Begriff geblieben ist, und als solcher in der Wirklichkeit vorhandene Abschwächungen, Übergänge und Graduierungen gestattet, ohne sie als begriffswidrig und begriffszerstörend erscheinen zu lassen. Wenn man dem Idealtypus des Bundesstaatsbegriffes als Wesensmerkmal des (Glied-)Staates ziemlich unbedenklich die Souveränität opferte, dann kann es

[25]) Über die seinsmäßig „vorgegebenen" Realien der Ehe vgl. Dürig, FamRZ 54, 2. Vgl. auch in den Bem. des BVerfG zum Thoma-Gutachten (II A 2) die Ausführungen über „vorgegebene Wesenheiten", die überwiegend den fundamentalen Ordnungsprinzipien des gesellschaftlichen Lebens angehörten, und zu denen mit Recht auch der Staat selbst gerechnet wird.

[26]) Vgl. Nawiasky, Allgem. Staatsl. Bd. I S. 60.

[27]) Allgem. Staatsl. S. 31.

[28]) Vgl. Hans Freyer, Soziologie als Wirklichkeitswissenschaft, 1930, S. 148: „Der Begriff des Idealtypus überspannt den Gegensatz von individualisierender und generalisierender Denkweise, indem er im Individuellen das Charakteristische heraushebt und andererseits auf dem Wege der Generalisation nur bis zum Typischen, nicht bis zur schlechthinnigen Allgemeingültigkeit des Gesetzes fortschreitet." Vgl. zuletzt hierüber: Martin Drath, Festschr. f. Smend, 1952 S. 49ff. mit Literaturnachweisen und eigenen Nutzanwendungen auf die Begriffe Souveränität, Gewaltenteilung usw. In rückschauender Betrachtung weist Ernst Kern, Moderner Staat und Staatsbegriff, 1949, S. 29ff. mit Recht darauf hin, daß sich der Staatsbegriff des 19. Jahrhunderts auch nicht auf ältere Ordnungsgebilde übertragen läßt.

m. E. kaum ein begriffsjuristisches Vergehen sein, wenn man dem Idealtypus des Staatsbegriffes selbst Modalitäten der Staatsgewalt opfert. Konkrete, in der Wirklichkeit vorhandene Verminderungen des Wesensmerkmals Staatsgewalt zwingen dann noch nicht dazu, den Staatsbegriff selbst in Frage zu stellen. Dann ist es kein Grund zu juristischem Erschrecken, wenn in der sozialen Wirklichkeit einmal idealtypische Anforderungen — wie etwa ununterbrochen und einheitlich ausgeübte Staatsgewalt — bei einem Staatswesen nicht realisiert sind. Für unser konkretes Problem aber ergibt sich dann, daß man vor der weiteren rechtlichen Erfassung Gesamtdeutschlands als Staat nicht zu resignieren braucht, selbst wenn sich dieses Staatswesen, gemessen am herkömmlichen idealtypischen Staatsbegriff, als „monstro simile" im Sinne Pufendorfs erweist.

3. Nach diesem methodischen Exkurs, der nötig erschien, um angesichts weitverbreiteter Resignation zu zeigen, daß es am Thema zu bleiben lohnt, selbst wenn ein inkommensurables Staatsgebilde erfaßt werden muß, stellt sich im Fortgang unserer staatstheoretischen Untersuchung die Frage nach dem Wirklichkeitsstoff, durch den der Staat bestimmt ist. Dieser Stoff ist zunächst physischer Tatsachenstoff. Daß alle sozialen Einheiten Zusammenhänge des Raumes sind und daß auch das Dasein des Staates auf dem Boden aufruht, erscheint dabei ebenso selbstverständlich wie die Tatsache, daß sich der Staat, wie jede Gemeinschaft, aus den Menschen als den eigentlichen psycho-physischen Trägern zusammensetzt.

III. Hier aber gilt es aus Gründen, die noch erkennbar werden sollen, zu verweilen. An dieser Stelle springt nämlich gedanklich unsere herrschende, herkömmliche Staatslehre übergangslos von den physischen Wirklichkeiten (Land und Leute) sofort zu der geistigen Wirklichkeit der Staatsgewalt, zur institutionellen Verfestigung, zur Organisation, zum Normativen. Man überspringt andere im Staat, wie in jeder sozialen Einheit, wirksame geistige Realitäten[28a]) wie etwa Tradition, Bewußtsein, Schicksalserlebnis, Kultur usw. und endet sofort bei der vom juristischen Standpunkt

[28a]) Mit Recht spricht Günther Krauss, dessen Aufsatz über „Die Verfassung Deutschlands 1945—1954", DÖV 54, 579 dem Mitberichter leider nicht mehr rechtzeitig vorlag, von einem „unbewältigten Wirklichkeitsrückstand". Auch Krauss gelangt zu der Diagnose, daß zwischen die naturhaften Elemente und das institutionelle Element „ein neues, drittes Element als Verbindungsstück" eingeordnet werden muß. Daß dieses Element dem geistigen Sein zugehört, ist auch für Krauss zweifelsfrei. Er schlägt vor, es als „geistig-sittliches Element" zu bezeichnen, das vor allem den „Willen zur politischen Einheit" umfasse. Die starke Betonung des voluntaren Moments bei Krauss läßt sich vielleicht auf die (einprägsame, aber m. E. etwas zu einfache) Formel bringen: Deutschland besteht deshalb als Staat fort, weil wir wollen, daß es als Staat fortbesteht.

aus naturgemäß vollkommensten Verwirklichung des geistigen überindividuellen Seins, bei der normativen Staatsgewalt, die aber doch nur ein Teilgebiet der geistigen Wirklichkeit ist. Nun ist freilich dieses Ignorieren einer Lücke durchaus verständlich, denn es hat noch keine Zeit einer Staatstheorie ernsthaft die Aufgabe gestellt, das überindividuelle geistige Sein, das im Staatsverband außer der Staatsgewalt wirksam ist, zu erfassen. Denn es ist fraglos nach wie vor richtig, daß trotz vorhandener geistiger Gegebenheiten in der sozialen Gruppe kein Staat entsteht ohne bewußte Herbeiführung der Einheit durch institutionelle Verfestigung, und daß das Gesetz der Organisation das grundlegendste Bildungsgesetz des Staates ist. Es ist ferner richtig, daß oft — man denke an dynastische Staatsgründungen — das Normativ-Organisatorische die überindividuellen geistigen Realitäten der Einheit überhaupt erst schafft[29]). Und es ist schließlich nicht bezweifelbar, daß ein auf Dauer gerichtetes (vor allem fremdbestimmtes) Zerbrechen der institutionellen Bande trotz aller vorhandenen geistigen Realitäten des Verbandes das Ende des Staates bedeutet. Unser Problem aber lautet: Inwieweit verträgt das vorhandene geistige Sein der überpersonellen Einheit Staat Lockerungen, Lösungen und Suspendierungen einmal vorhanden gewesener institutioneller Verfestigungen, um dennoch die geistige Realität Staat zu bleiben, eine geistige Realität, die ohne Neukonstituierung wieder normativ-organisatorisch perfektioniert werden kann.

IV. Was folgt, ist daher nichts Geringeres als das Bemühen, ein neues (wenn man will: „viertes") Staatselement aufzudecken[30]). Es ist m. E. das Staatselement schlechthin, weil es die beiden naturhaften Elemente überhöht, weil es die Wirkursache für das Teilelement Staatsgewalt ist und somit die Lücke zwischen außergeistigem Seinsstoff und der geistigen Wirklichkeit der Staatsgewalt schließt, und weil es die wirkliche Realität des Staates darstellt, die über das Kontinuum entscheidet, solange es noch auf das Selbstverständnis einer Gemeinschaft von ihrem Staat ankommt und keine kontinuitätszerstörende Fremdbestimmung erfolgt ist.

1. Auf der Suche nach der sozialen Realität der Einheit Staat glauben wir, ohne großen Widerspruch auszulösen, von vorn-

[29]) Beispielhaft hierfür ist auch die von Besatzungs wegen erfolgte Neugründung der deutschen Gliedstaaten im Jahre 1945, die eigentlich nur für Bayern an landsmannschaftliche Verbundenheit, geschichtliche und kulturelle Zusammenhänge usw. anknüpfte, während in den anderen Ländern der Organisationsakt die geistige Einheit erst zur Folge haben kann.

[30]) Mut und Anregung hierzu empfing der Berichterstatter bereits durch Willibalt Apelts Vorlesung über „Allgemeine Staatslehre". Vgl. die (z. T. aber mißlungene) Vorlesungsnachschrift, Skriptum des Studentenwerks München, 1950 S. 2. Es ist zu hoffen, daß Apelt seine Lehrmeinung vom „vierten Staatselement" auch literarisch zugänglich macht.

herein den Ballast aller organologisch-biologischen Theorien, aber auch aller organizistischen Analogien abwerfen zu können. Es gibt selbstverständlich keine Realexistenz kollektiver Persönlichkeiten[31]), und wie es keine „Kollektivkörper" (auch nicht als „Bild" verwendbar) gibt, gibt es keine „Kollektivseele" und keinen mythologischen „Volksgeist", die abstrahiert von der Realeinheit Einzelmensch zu denken wären.

2. So einig man sich darüber ist, daß psycho-physische Realität nur den die soziale Einheit bildenden Einzelmenschen zukommt, so einig ist man sich auch darüber, daß es soziale Einheit als geistige Realität gibt[32]). Seit die klassische deutsche Soziologie — man denke an G. Simmel, A. Vierkandt, L. v. Wiese — erkannte, daß die Summe der Individuen zur Einheit wird durch ein System geistiger „Beziehungen" und „Wechselwirkungen"; und daß, wo „Menschen in Wechselwirkung" sind, zumindest „Gesellschaft", und wenn die Wechselwirkungen tiefere und umfassendere Schichten des Individuums ergreifen, auch (im Sinne der bekannten Unterscheidung von Tönnies) „Gemeinschaft" entsteht, seither anerkennt auch die Staatstheorie, daß sich die soziale Einheit mindestens in der subjektiven Synthese des außenstehenden Betrachters als geistige (ideelle) Realität darstellt. Verharrt man freilich hierbei — und für dieses Verharren ist die jüngste umfassende Staatslehre von Nawiasky repräsentativ[33]) — dann handelt es sich immer nur um eine „vorgestellte Einheit"[34]), die außerhalb des Einzelbewußtseins, d. h. in der sozialen Welt, letztlich nicht weit von wirklichkeitsloser Fiktion und Abstraktion entfernt ist[35]). Auch wenn man sich nun keineswegs den Vorwurf[36]) zu eigen macht, hier handele es sich um eine extrem „individualistische" (atomistische) Gesellschaftsauffassung, die mit umgekehrtem Vorzeichen aus denselben Gründen abzulehnen sei wie die kollektiv-

[31]) Nawiasky, Allgem. Staatsl. Bd. I S. 19: „Es genügt folgende Überlegung aufzustellen: Wenn alle Mitglieder einer Personenvereinigung wegfallen, bleibt dann noch die Vereinigung als solche übrig? Antwort: Nein! Wenn eine Personenvereinigung aufgelöst wird, bleiben noch die einzelnen Personen, die vereinigt waren, übrig? Antwort: Ja! Also sind real existent die Einzelpersonen, nicht die Personenvereinigungen." Gegen die „organische und universalistische" Gesellschaftsauffassung vgl. auch Hermann Heller, Staatslehre, 1934 S. 96ff.

[32]) — wobei es seit langem keines Nachweises mehr bedarf, daß überhaupt eine Realität geistiger Gegebenheiten anzuerkennen ist, und daß überhaupt erkenntnistheoretisch für geistiges Sein Erkenntnismöglichkeit besteht.

[33]) Vgl. Allgem. Staatsl. Bd. I S. 22ff.; 27; 89ff.; Bd. II S. 2.

[34]) Nawiasky, aaO. S. 27.

[35]) Vgl. dazu die Kritik Hellers, Staatslehre S. 96.

[36]) Vgl. Heller, aaO. S. 96. Daß der Vorwurf einer „mechanistischen" und „atomistischen" Lehre speziell Nawiasky nicht treffen kann, zeigt dessen „Staatsideenlehre", mit der er, soweit ersichtlich als Erster, die dualistische Staatslehre G. Jellineks zum Trialismus erweitert.

freudigen Organologien, wird man dieser juristisch und soziologisch noch herrschenden Meinung wohl kaum den Vorwurf ersparen können, daß sie nicht mehr ganz dem heutigen Befund der ontologisch und phänomenologisch gerichteten Philosophie gerecht wird.

a) In den Phänomenen des Geisteslebens gibt es nämlich als Erkenntnissubjekt für gesellschaftliche Gebilde diesen „dritten außenstehenden Beobachter" nicht. Für alle Erkenntnis gesellschaftlicher Gebilde ist phänomenologisch nur eine „Identität von Material und Subjekt"[37]) aufweisbar, und schauen wir den gesellschaftlichen Gebilden auf den Grund, „so finden wir immer uns selbst"[37]). Kein menschliches Individuum (und damit auch nicht der „außen"-stehende Betrachter) kann, wie Theodor Litt[38]) in seiner phänomenologischen Analyse des Ich nachgewiesen hat, überhaupt vorgestellt werden ohne die reziproke (umkehrbare) Verbundenheit mit dem „Du" der Anderen und dem „Wir" der Gemeinschaft. Das Individuum ist als geistiges Wesen nicht „an und für sich" und ist als solches keiner isolierenden Betrachtung fähig; das Individuum ist überhaupt nur geistiges Wesen in dem von vornherein gegebenen geistigen Zusammenhang — in der „sozialen Verschränkung" (Litt) — mit der sozialen Umwelt[39]).

b) Dieser geistige Lebensvorgang unter psycho-physischen Wesen ist nicht nur eine intraindividuelle, sondern ist auch eine überindividuelle Gegebenheit[40]), obwohl sich nirgends ein über-

[37]) Hans Freyer, Soziologie als Wirklichkeitswissenschaft, 1930 S. 82. („Wir finden ein Gefüge, dessen Glieder wir sind; ein Geschehen, das durch uns hindurch geschieht; eine Spannung, die sich aus unserem Sein und Tun aufwölbt.")

[38]) Theodor Litt, Individuum und Gemeinschaft (2. Aufl. 1924) durchgehend. Kernsätze (S. 56: „Denn zu dem Ich gehört seine ihm perspektivisch zugerichtete Umwelt, zu ihr in bevorzugter Stellung die fremden geisterfüllten Wesenheiten — und mit ihnen ist auch schon jene Reziprozität gegeben, die jede einseitige Ableitung der sozialen Wirklichkeit ausschließt"; S. 84: „Erst innerhalb der Gesellschaft kommt es zu den wesensformenden Lebensvorgängen, die sich in und mit den Akten des Kundgebens und des Verstehens aktualisieren."

[39]) Soweit auch noch Nawiasky (vgl. aaO. S. 27) unter Billigung von Smend, der seinerseits in seinem Werk „Verfassung und Verfassungsrecht" (1928) generell auf Litt aufbaut. Vgl. hierzu auch Nicolai Hartmann, Das Problem des geistigen Seins, 2. Aufl. 1949 S. 296f.: „Der Geist ist überhaupt niemals personal einsamer Geist, Ich ohne Du. Auch als persönlicher formt er sich schon in der Gemeinschaft." Vgl. ferner: Heller, Staatslehre, S. 96. Deshalb sehr beachtlich die von Richard Bäumlin, Die rechtsstaatliche Demokratie, 1954 S. 97 für das Grundrecht der Meinungsfreiheit gezogene Folgerung: „Der Staat, der die freie Meinungsäußerungen unterbindet, verbietet so nicht nur einen die Substanz des Menschen als einer geistigen Person an sich intakt lassenden Akt, sondern er kürzt auch die menschliche Existenz als solche."

[40]) Hier trennen wir uns im Anschluß an Denker wie Dilthey, Freyer, Litt, Nicolai Hartmann u. a. von der durch Nawiasky repräsentierten (wohl noch herrschenden) Meinung.

individuelles Aktzentrum (ein „Gemein-Ich", „Kollektiv-Ich") bildet. Es handelt sich deshalb um eine auch überindividuelle Gegebenheit, weil im sozialen Prozeß vor allem die folgenden drei objektivierenden (über den personalen Einzelgeist hinaustragenden) geistigen Phänomene auftreten:

aa) Alle Lebensbeziehung zwischen psycho-physischen Wesen hat in der sozialen Situation die Eigenart, daß trotz aller Ichgebundenheit der Einzelakte ein Mehr und ein Aliud entsteht, das nicht die bloße Summe der addierten Einzelakte ist, sondern im sozialen Miteinander als Komplex eigene Qualitäten gegenüber den Qualitäten seiner Elemente hat[41]). Jeder Geistesakt des Einzelgeistes ist also im sozialen Miteinander von vornherein seelisch potenzierter Geistesakt und konstituiert mit diesem gewissermaßen „überschießenden" („objektiven") Teil geistige Sozialität.

bb) Alle Lebensbeziehung zwischen psycho-physischen Wesen hat ferner die Eigenart, sich, um überhaupt eine erwartete Antwort und ein erwartetes Verstehen zu finden, in einer Bedeutung (einem „Sinn") zu objektivieren[42]). Jede soziale Beziehung geistiger Art reicht damit in den Bereich objektiven, d. h. außerpsychischen, ideellen Sinnes hinein[43]).

cc) Jede solche Objektivierung des Geistesaktes entnimmt aber ihren Sinngehalt (fast ausschließlich) bereits vorgedachtem und anderweitig gedachtem Geist und hat diesen zur Voraussetzung. Jeder personale Geist, der in „sozialer Korrespondenz" (Freyer) ist, der Antwort und Verstehen sucht, benutzt Sinngehalte, die auch den anderen geistig zugänglich, also „objektiv" vorhanden und gemeinsam sind. Daß solche Objektivierungen als echte formgewordene „Objektivationen" dort gegeben sind, wo eine körperliche Verfestigung vor sich ging (Schulbeispiele: Literatur, Kunstwerk), kann wohl von niemandem angezweifelt werden. Aber auch jeder geistige Besitz, der ohne materiellen (verkörperlichten) Niederschlag einer Menschengruppe als „Gedankengut" gemeinsam ist, ist objektiv vorhanden und liegt durch „soziale Vermittlung" (Litt) und zur erneuten „sozialen Vermittlung" latent bereit.

---

[41]) Hans Freyer, Theorie des objektiven Geistes, 1923 S. 81 spricht hier von der „sozialen Synthese". Übrigens ist verwunderlich wie das spekulative Denken selbst ein solches Urphänomen des Sozialen ignoriert hat, obwohl es doch ganz schlichte Empirie ist, daß, wenn auch nur zwei zusammen etwas tun, es etwas „anderes" ist, als wenn nur der eine und der andere es für sich tun.

[42]) Vgl. dazu Freyer, Theorie des objektiven Geistes, S. 13ff. und daran anschließend Litt, Individuum und Gemeinschaft S. 58.

[43]) Vgl. Smend, Verfassung und Verfassungsrecht, S. 21: „Jeder geistige Austausch führt unvermeidlich in die Bereiche des zeitlosen Sinns hinein, die er zugleich voraussetzt . . ."

V. Wie man diesen geistigen Besitz, der (materiell vergegenständlicht oder nur geistig wirklich) einer Menschengruppe gemeinsam ist, bezeichnet, ist von sekundärer Wichtigkeit. Man kann etwa (mit Litt[44]) von einem „Sinngefüge" sprechen, welches das Leben der Gemeinschaft durchzieht; man kann auch (mit Apelt[45]) von einem „bestimmten Kulturgut" einer Gemeinschaft sprechen, sofern man nur das Wort „Kultur" in seiner weitesten und allgemeinsten Bedeutung nimmt und es nicht etwa im konventionellen Sinne mit „Literatur" udgl. identifiziert[46]). Aller Bedenken durchaus bewußt, mit denen der Begriff geistesgeschichtlich belastet ist, möchten wir mit Hans Freyer[47]) und vor allem mit Nicolai Hartmann[48]) nach wie vor diese geistige Realität, die in einer Gemeinschaft wirksam ist, als „objektiven Geist" bezeichnen (eine Bezeichnung, die sich in neuerer Zeit auch Ulrich Scheuner noch zu eigen macht[49]).

1. Dieser objektive Geist ist nichts Spiritualistisches, ist nichts „frei Schwebendes". Er ist getragener Geist, und zwar getragen von Schichten niederen Seins, die oft sogar bis zur niedrigsten Schicht — der Materie[50]) — hinabreichen. Das Volk nun ist gewiß nicht der allein mögliche und nicht einmal der zahlenmäßig häufigste Träger des objektiven Geistes, aber es ist in staatstheoretischer Sicht jedenfalls nach wie vor der normale Träger des objektiven Geistes. In jedem Volk lebt zu jeder Zeit ein bestimmter Geist als der seinige, und dieser jedem Volk eigentümliche Geist begründet nach außen die unterschiedliche Eigenart (was etwas ganz Konkretes ist und jeder erfährt, der in ein fremdes Land kommt), und begründet nach innen die Gesamtheit (was

[44]) Vgl. Individuum und Gemeinschaft, S. 189. (Die Terminologie Litts wechselt, vgl. aaO. S. 184: „Gefüge von ideell-zeitlosen Sinnbezügen"; S. 179 „ideelles Bedeutungsgefüge"; S. 185 „Werkgefüge der Kultur").

[45]) Vorlesungsnachschrift (vgl. Anm. 30) S. 2.

[46]) Vgl. Harry Elmer Barnes, Soziologie und Staatstheorie, deutsch 1927, S. 69ff. Die dort genannte Literatur ist im vorliegenden Bericht noch nicht berücksichtigt.

[47]) Theorie des objektiven Geistes, 1923.

[48]) Das Problem des geistigen Seins, 2. Aufl. 1949, durchgehend; bes. S. 175ff. AaO. S. 75 spricht Hartmann selbst von einem „leider schwer ersetzbaren" Terminus, der mit „überspannten Vorstellungen belastet ist" („Gefahr der Hegelschen Geistmetaphysik"). Vgl. auch das insoweitige Sichabsetzen von Hegel bei Freyer, aaO. S. 11.

[49]) Kölner Z. f. Soziologie 4, 212. Franz W. Jerusalem, Der Staat, 1935 S. 1ff., der ebenfalls geistig auf Dilthey und Freyer aufbaut, spricht von „Gemeingeist", ohne aber eigentlich zu sachlichen Unterschieden zu dem, was Nicolai Hartmann „objektiven Geist" nennt, zu gelangen. Der Berichterstatter ist sich bewußt, daß die Abneigung gegen den hier verwendeten Ausdruck mancherorts so stark sein kann, daß sein Anliegen überhaupt auf Ablehnung stößt.

[50]) Z. B. ist das „Aufruhen" des vergegenständlichten, formgewordenen objektiven Geistes auf der Materie ganz evident.

ebenfalls schlichte Erfahrungstatsache ist). Der objektive Geist eines Volkes wirkt also nach außen „individualisierend“, nach innen „unierend“.

2. Wie der objektive Geist demnach nicht unabhängig von der Vitalsphäre ist, so ist er auch nicht absolut unabhängig vom personalen Geist der Individuen, und es ist keine Rede davon, daß der objektive Geist selbst ein „Wesen“ hinter den Individuen sei, das den personalen Geist der Individuen „verschluckt“, bedingungslos „treibt“, „überlistet“ oder irgendwie entwertet[51]). Der objektive Geist ist durchaus durch den Geist der Einzelpersonen bedingter Geist (ebenso wie der personale Geist sich als durch den objektiven Geist bedingt erwies)[52]).

3. Aber der objektive Geist ist, eben weil er, wie dargetan, nicht quantitativ summierter Einzelgeist, sondern in der sozialen Situation immer qualitativ andersartiger Geist ist, relativ unabhängig vom personalen Geist. Und nur dadurch lassen sich m. E. folgende weitere Urphänomene des Sozialen erklären, deren Erhellung auch für das uns beschäftigende konkrete Problem wichtig ist:

a) Der objektive Geist braucht zwar notwendigerweise Individuen als Träger, aber er ist unabhängig vom Wechsel der (jeweiligen) Individuen. Er ist nicht wie der personale Geist an Leben und Tod der Personen gebunden. Nur er ermöglicht daher die Erklärung des sozialen Phänomens des Kontinuums einer sozialen Einheit trotz wechselnden personalen Bestands[53]). Das bedeutet für unser konkretes Problem, daß das Kontinuum der Einheit Deutschlands von vornherein nicht zeitlich durch (biologischen) Personenwechsel befristet ist, und bedeutet insbesondere, daß es nicht entfallen muß, wenn sich die Generation ausgewechselt hat, die diese Einheit noch in ihrer vollständigen institutionellen Staatlichkeit erlebte.

b) Zum anderen ist der objektive Geist relativ unabhängig von Erlebnisakt und Erlebnisinhalt des personalen Geistes der konkreten jeweiligen Individuen. Daraus erklären sich zwei soziale Teilphänomene:

---

[51]) In diesem Zusammenhang muß man sich überhaupt, will man nicht in den Fehler des deutschen Idealismus zurückverfallen, freihalten von Bewertungen. Der überindividuelle objektive Geist ist keineswegs höherwertig als der personale Geist und ist im großen geistesgeschichtlichen Kampf „Individualismus — Universalismus“ nicht als Argument zugunsten der Ganzheitstheorien, die im Sozialallgemeinen das wertmäßig Allgemeine sehen, verwendbar.

[52]) Vgl. Nicolai Hartmann, aaO. S. 200: „Zwischen personalem und objektivem Geist ist das Tragen und Getragensein ein gegenseitiges.“

[53]) Vgl. dazu Litts Schaubilder zum „geschlossenen Kreis“ (aaO. S. 111ff.) und zur „Erweiterung (Ausdehnung) des geschlossenen Kreises“ durch „soziale Vermittlung“ (aaO. S. 142).

aa) Da ein bei jedem Individuum vorhandener auf Gemeinsamkeit gerichteter Einzelgeistesakt nicht konstituierendes Begriffsmerkmal (gewissermaßen zur Erreichung der Summe unerläßlicher Addend) ist, erklärt sich das Phänomen des Kontinuums der sozialen Einheit trotz „ruhenden" („inaktiven") Einzelgeistes. Diese Erkenntnis, mit der sich die Staatstheorie seit jeher unter dem Problemkreis des „schlafenden Staatsbürgers" auseinandergesetzt hat[54]), bedeutet für unser konkretes Problem, daß das Kontinuum der Einheit Deutschlands nicht dadurch beseitigt wird, daß der personale Geist eines Teiles der Individuen „ruht". Das an sich selbstverständliche soziale Phänomen, daß die soziale Einheit existent ist und bleibt, auch wenn sie nicht von allen geistig vollzogen wird, wäre nicht erwähnenswert, wenn nicht die durch ein totalitäres System „Entmündigten" den schlafend Bewußtlosen gleichzusetzen wären. Diese wie jene aber beseitigen weder die Gegebenheit überindividuellen objektiven Seins noch lassen sie sich gegen das Kontinuum der geistigen Einheit in das Feld führen.

bb) Dieser Unabhängigkeit des objektiven Geistes vom konkret-individuellen Erlebnisakt entspricht seine relative Unabhängigkeit vom Erlebnisinhalt des personalen Geistes der Individuen. Es ist eine schon ziemlich alte Erkenntnis der Phänomenologie, daß personale Geistesinhalte nicht unbedingt parallel oder zueinander hinzulaufen brauchen, um geistig einheitsbildend und einheitserhaltend zu wirken, und daß auch ein Gegeneinanderstehen der Geister in Modalitäten des Anzustrebenden noch nicht als solches dissoziierend wirkt[55]). Solange nicht die Gegensätze so scharf sind, daß überhaupt ein Gemeinsames, über dessen Modalitäten der Gestaltung man streitet, fehlt, bedeutet innere Entzweiung keine Auflösung der Erlebniseinheit. Wirklich dissoziierend wirkt dann nicht die geistige Auseinandersetzung, sondern nur die gleichgültige Indifferenz. Dies bedeutet für unser konkretes Problem, daß auch die Auseinandersetzungen über die Modalitäten, wie der Gesamtstaat Deutschland künftig ausgestaltet werden soll, so lange nicht das Kontinuum der Einheit zerstören, als nicht an Stelle der Auseinandersetzung indifferente Gleichgültigkeit tritt[56]).

---

[54]) Vgl. etwa Kelsen, Der soziologische und der juristische Staatsbegriff, 2. Aufl. 1928, S. 9; Nawiasky, Allgem. Staatsl. Bd. I S. 25; Smend, Verfassung und Verfassungsrecht, S. 5.

[55]) Vgl. Litt, aaO. S. 118ff.; 125ff.; 224ff.

[56]) Und solange nicht ein Auseinanderfallen durch geistige Indifferenz eintritt, müßte man wohl selbst bei räumlichem Zerbrechen der deutschen Einheit mit Litt (aaO. S. 126) noch feststellen: „Aufheben läßt sich das, was der Bedingung der Räumlichkeit untersteht: das Zusammensein, Zusammenwerden, Zusammenwirken, nicht aufheben läßt sich das, was über alle Räumlichkeit hinausreicht: das Zusammengehören."

4. Im übrigen aber mündet der angestellte kurze sozialphänomenologische Versuch einer Grundlagenforschung durchaus in der Erkenntnis, daß sich der in einem Volk wirkende überindividuelle objektive Geist nicht definieren, sondern nur beschreiben läßt. Aus denktechnischen Gründen wird diese Beschreibung (seinsmäßig an sich Untrennbares gedanklich zerlegend) einmal den objektiven Geist im „Querschnitt" zu erfassen haben, so daß man das Substrat (die Gegenstände der Seinsweise des objektiven Geistes) erkennt, und wird zum anderen die Seinsweise selbst, also den Lebensprozeß des objektiven Geistes zu betrachten haben. Der Beschreibungsversuch benützt dabei, um der Themenstellung gerecht zu werden, als konkretes Modell das Sozialgebilde „Deutschland" und kann m. E. überhaupt nur an einem konkreten Modell und nicht in Form hypothetischer Fragestellung erfolgen.

VI. Beginnt man zunächst mit dem Substrat des objektiven Geistes, so ergibt sich im Anschluß an die (keinesfalls wertmäßig zu verstehende) Stufenschichtung des Seins folgende grobe und ausbaubedürftige Übersicht:

1. Aus dem außergeistigen Sein sind folgende Sachgehalte des objektiven Geistes, die (über seine noch zu besprechende Seinsweise) Wirkkräfte der geistigen Einheit bilden, feststellbar:

a) Es gibt eine biologisch-organische Zusammengehörigkeit der deutschen Menschen. Niemand wird mehr in Lehren zurückverfallen wollen, wonach das Bluterbe, d. h. der vererbte körperliche Habitus, ein entscheidendes Konstitutionsmerkmal für geistige Einheit sein könne[57]). Ich meine die ganz schlichte Tatsache der Familienverwandtschaften, die sich als unübersehbar dichtes Netz zwischen West- und Mitteldeutschland spannen. Alle Versuche, diese elementarmenschlichen Beziehungen zu unterbinden, erwiesen sich jedenfalls als ergebnislos und führten nur zum Ausweichen in die „Illegalität". Ein exakter soziologischer Befund würde dabei vermutlich übrigens ergeben, daß die Millionen der aus den Ostgebieten vertriebenen und jetzt zerstreut in Restdeutschland lebenden Familien die entscheidende Potenz bilden, die die rein menschliche Gemeinsamkeit ständig realisiert.

b) Es gibt eine räumliche Zusammengehörigkeit der deutschen Menschen. Auch hier kann man auf Übertreibungen der Geopolitik (Schlagwort: „Schicksalsraum") verzichten, um dennoch anerkennen zu können, daß der Raum Gegenstand geistiger Gemeinsamkeitserlebnisse mindestens dann ist, wenn er, wie das

[57]) Vgl. die überzeugenden Einwendungen gegen die Rassentheoretiker bei Nawiasky, Allgem. Staatsl. Bd. II S. 40ff. und Heller, Staatslehre, S. 148ff.

deutsche Lebensgebiet, gleichzeitig ein Kulturprodukt ist, also zur geographisch-physisch keineswegs mehr allein erfaßbaren „Heimat" gestaltet ist. Dieser Sachgehalt einer gemeinsamen Heimat (eines gemeinsamen „Vaterlandes" im wörtlichen Sinne) ist aber ebenfalls ganz schlicht und konkret nach wie vor feststellbar, wobei sich auch hier übrigens gerade das Faktum einer millionenfach verlorenen Heimat als zusammenführende Wirkkraft für die Gemeinsamkeit des verbliebenen Vater-Landes erweist.

c) Es gibt (bereits mit geistigem Seinsstoff verzahnt) einen gemeinsamen deutschen Kultur-„besitz" im dinglichen Sinne. Hierunter verstehen wir jeglichen in der Materie verkörperlichten Niederschlag des Geistes; also reichend vom aufgeschriebenen Volkslied bis zur Symphonie, von der Hausgiebelform bis zum Münster, vom Volksmärchen bis zum Drama usw.

2. Aus dem geistigen Sein sind folgende Wirkkräfte der geistigen Einheit feststellbar:

a) Die vorhandene Gemeinsamkeit der Sprache als einheitsbildendes und -erhaltendes Bindemittel bedarf kaum der Erörterung. Die Sprache ist geradezu der Schulfall für ein Gebilde des objektiven Geistes, und am Beispiel der Sprache wird seit jeher das charakteristische Wechselverhältnis zwischen individuellem und objektivem Geist veranschaulicht[58]).

b) Einheitsbildender und -erhaltender Sachgehalt des geistigen Seins ist ferner die gemeinsam (wenn auch meist unfreiwillig) durchlebte Geschichte. Ich meine hier noch nicht jene große „objektive geistige Tradition", die den Gesamtgehalt des kulturellen Seins umfaßt, sondern schlicht das aus der Vergangenheit aktuell nachwirkende psychologisch-geistige Gemeinsamkeitserlebnis einer Schicksalsgeneration, also vor allem die Gemeinsamkeit zweier durchlebter Kriegs- und Nachkriegszeiten, die Gemeinsamkeit von Furcht, Not und Leid und den daraus entstammenden Not- und Wahlverwandtschaften[59]).

c) Unter Außerachtlassung von anderen gemeinsamen Sachgehalten des objektiven Geistes (wie Sitte, Brauch, Ästhetik, Gefühlsüberzeugung usw.) verdient die Gemeinsamkeit der christlichen Religion besondere Erwähnung. Was im Glaubensgut wesensmäßig übernational wirkt, erweist sich folgerichtig auch trennungsfeindlich im nationalen Bereich, wodurch es sich erklärt, daß auch die Institutionen (Organisation, Mitgliederbestand) der Religionsgemeinschaften in der konkreten Situation Deutschlands besonders wirksam zur Erhaltung der nationalen Einheit sind.

[58]) Vgl. N. Hartmann, aaO. S. 212ff.; Freyer, Theorie, S. 65.

[59]) Dieser Gemeinsamkeit kann man sich m. E. überhaupt nur durch bewußten Austritt aus der Altgemeinschaft entziehen (vgl. auch Smend, Verfassung und Verfassungsrecht, S. 16).

3. Im Ganzen des objektiven Geistes ist das geltende Recht ein (wenn auch weitgehend verselbständigtes, so dennoch nie davon zu lösendes) Teilgebiet der geistigen Wirklichkeit, ist es eine Schöpfung[60]) des objektiven Geistes. Ein gemeinsam geltendes Recht ist wegen der Statik, die allem Normativen der Tendenz nach innewohnt, selbstverständlich besonders wirksam zur Erhaltung des Kontinuums der Einheit. Dabei ist von vornherein wichtig, daß das Kontinuum der Rechtseinheit selbst nur dann beseitigt ist, wenn abweichendes Recht auch wirklich im materiellen Sinne, „gilt". Eine fremdbestimmte, von Usurpatoren oktroyierte Auseinanderentwicklung in der Rechtseinheit ist erst dann kontinuitätszerstörend, wenn die Rechtsunterworfenen im Ganzen genommen[61]) dieses abweichende Recht gutheißen und als das ihrige anerkennen[62]).

a) Feststeht jedoch, daß als Phänomen des objektiven Geistes nach wie vor eine Gemeinsamkeit der Grundeinstellung zum Soseinsollen vorhanden ist. Allein diesem gemeinsamen (gesamtdeutschen) Bewußtsein des Soseinsollens möchten wir den Begriff des „ordre public" vorbehalten[63]). Von spezifisch politisch bedingten Straftatbeständen abgesehen, ist Gemeinsamkeit in der Auffassung darüber vorhanden, was als crimen und als Kriminalunrecht anzusehen ist. Es besteht bei aller Reserve gegenüber förmlicher Übereinstimmung der Texte[64]) dennoch sicher im Be-

---

[60]) Dazu, daß es dabei keineswegs nötig ist, ein hypothetisches Vorstadium der Rechtlosigkeit und Gemeinschaftslosigkeit anzunehmen, vgl. N. Hartmann, aaO. S. 211.

[61]) Was natürlich nicht zu heißen braucht, daß der Einzelne die einzelne Bestimmung bewußt will. Es bietet sich als quantitative Größe die „Majorität" an. So etwa Vedel, Droit Constitutionnel, S. 281, im Falle der Vichy-Regierung als „gouvernement d'usurpation".

[62]) Vgl. etwa Heller, Staatslehre, S. 258: „Die staatliche Normsetzung schafft . . . zunächst noch kein geltendes Recht, sondern nur den Plan eines in der Zukunft erwünschten Rechts." („Offerte", die das Leben ablehnen kann); Hermann Jahrreiß, Berechenbarkeit und Recht, 1927 S. 19 spricht hier vom autorisierten Befehl als „Experiment". Dieser Experimentiercharakter scheint uns für die ostzonale Rechtssetzung trotz aller übersteigerten Zwangsbewehrtheit (und rechtsphilosophisch gesehen: eben deshalb) geradezu typisch zu sein. In der Bundesrepublik liefert der hessische Sozialisierungsversuch den Schulfall für das Fiasko einer Normsetzung (zuletzt dazu Dürig, DÖV 53, 129ff.; dort auch die These, daß die Verfassung der DDR z. B. nicht die rechtliche Kraft hatte, das Eigentum zu verlagern, wo der status quo der Eigentumsverteilung noch im Gesamtvolk gelebte Kulturtatsache — Faktizität — war und ist).

[63]) Es war m. E. eine Fehlentwicklung, daß westdeutsche Gerichte den Gesichtspunkt des „ordre public" auf sowjetzonales Recht angewendet haben. Es ist kaum ein Fall erkennbar, der nicht einfach mit der gebietshoheitlich begrenzten Geltung der Norm hätte gelöst werden können, um dennoch unseren fundamentalen Rechtsprinzipien Genüge zu tun.

[64]) Alle vom Wortlaut ausgehende Rechtsvergleichung ist wegen der tiefgreifenden Abweichung der Rechtswirklichkeit von der Norm in ihrem

wußtsein der mitteldeutschen Menschen eine Gemeinsamkeit über die materiellen Grundpfeiler, auf denen unser Privatrechtssystem aufgebaut ist[65]), — nämlich Einehe, elterliche Gewalt, Vertragsfreiheit, Privateigentum und Erbrecht[66]).

b) Gegenüber dieser Gemeinsamkeit in der Auffassung, daß wesentliche Seinsgesetze des menschlichen Gemeinschaftslebens auch so sein sollen, hat die Gemeinsamkeit im (aus früherer perfektionierter Staatlichkeit nachwirkenden) Organisationsrecht an sich zweitrangige Bedeutung. Die im folgenden erwähnten Gemeinsamkeiten sind keine unentbehrlichen Sachgehalte geistiger Einheit, sondern nur Integrationsfaktoren organisierter Staatlichkeit, deren Vorhandensein zweifellos auch staatseinheitserhaltend wirkt, die aber über Existenz oder Nichtexistenz des Kontinuums nicht entscheiden, sondern nur Indizien für Kontinuität oder Diskontinuität abgeben.

Es gibt (auch formal verfassungsmäßig anerkannt[67]) eine einheitliche deutsche Staatsangehörigkeit, mit der wichtigen Folge, daß jeder Deutsche im ganzen Gebiet als Inländer betrachtet wird, und daß auch im Ausland (etwa bei Wahrung deutscher Interessen) von den diplomatischen Vertretungen der Bundesrepublik allen Deutschen Hilfe geleistet wird, „gleichgültig ob sie aus Weimar oder Wiesbaden stammen"[68]). Man leistet sich (immer von spezifisch politisch akzentuierten Fällen abgesehen) nach wie vor Amts- und Rechtshilfe, anerkennt Justiz- und Verwaltungsakte, errichtet keine Zollgrenzen, erhebt postalisch Inlandsporto usw.[69]).

Wortsinn von vornherein nur mit Vorbehalten möglich. Vgl. dazu etwa Martin Drath, Verfassungsrecht und Verfassungswirklichkeit in der sowjetischen Besatzungszone, 1954, S. 14ff.

[65]) Diese in geradezu klassischer Form herausgestellt zu haben, ist das Verdienst von Gustav Boehmer in seiner Abhandlung über Art. 154 der WeimVerf. (Nipperdey, Die Grundrechte und Grundpflichten der Reichsverfassung, Bd. III S. 250ff., bes. S. 255f.).

[66]) Über die bereits eingetretene — und fraglos fortschreitende — Auseinanderentwicklung des Zivilrechts vgl. zuletzt: Arwed Blomeyer, Die Entwicklung des Zivilrechts in der sowjetischen Besatzungszone, 1950. Das tiefste, weil praktisch am schwersten zu reparierende Rechtsgefälle ist durch die (z. T. rein politisch bedingte) Eigentumsneuverteilung eingetreten (vgl. etwa Krömer, Die Sozialisierung in der sowjetischen Besatzungszone Deutschlands als Rechtsproblem, 1952). Hier möge die Feststellung genügen, daß es jedenfalls die Verfassung der DDR nicht wagen konnte, das Privateigentum als solches anzutasten. Die Unterschiedlichkeit der Eigentumsverfassung harrt im übrigen längst einer monographischen Untersuchung.

[67]) GG: Art. 16, 116; VerfDDR: Art. 1 IV.

[68]) Eberhard Menzel, Europa-Archiv 54, 6615.

[69]) Vgl. dazu Ulrich Scheuner, DVBl. 50, 483f. mit weiteren und noch vermehrungsfähigen Beispielen. Es sei aber noch einmal wiederholt, daß es keinesfalls tief genug angesetzt ist, wenn man allein von diesen organisatorischen Gemeinsamkeiten auf das Kontinuum der Einheit Deutschlands schließt und umgekehrt ihren Wegfall als unbedingt kontinuitätszerstörend

4. In der vom außergeistigen zum geistigen Sein verlaufenden Stufenschichtung folgt als letzter Sachgehalt des objektiven Geistes die geistige Realität der Idee. Uns beschäftigt dabei weder die Lehre vom „Staat als Idee"[70], noch die Lehre von den „Staatsideologien" (d. h. vom staatlichen Ideal), sondern lediglich die phänomenologische Fragestellung, ob es als geistigen Wirkungsfaktor noch ein gemeinsames deutsches Richtungsbewußtsein gibt, und — dem Thema folgend — ob diese Bewußtseinsrichtung auf nationale Einheit zielt. Es ist hier auch nicht der Ort, das deutsche Schwanken zwischen Extremen vom fehlenden Nationalbewußtsein zum übersteigerten Nationalbewußtsein („Nationalismus") historisch zu analysieren[71]. Jedenfalls läßt sich jenseits alles Emotionalen, das vielleicht etwa im Begriff der „Reichsidee" mitschwingt, schlicht empirisch als geistige Realität und als einheitswahrender Wirkungsfaktor ein gemeinsames Bewußtsein in Richtung eines menschlichen und historischen deutschen Zusammengehörens feststellen. Denn was in der konkreten Situation Deutschlands heute unter dem Gedanken der „Wiedervereinigung"[72] verstanden wird, ist nichts anderes als der Gedanke, daß dieses als geistiges Faktum vorausgesetzte Zusammengehören auch wieder zum vollständigen staatlich organisatorischen Zusammenwirken erstarken soll, und ist somit nichts anderes als die Bestätigung eines vorhandenen gemeinsamen Nationalbewußtseins. Dabei sei noch einmal (die schon erwähnte allgemeine Erscheinung der geistigen sozialen Einheit) hervorgehoben, daß auch eine Idee (hier: eine Nation zu sein) nicht deshalb die Eigenschaft der Gemeinsamkeit verliert, weil Differenzen über ihre Realisierung bestehen[73]. (Nicht Differenzen vernichten, sondern Indiffe-

---

ansprechen würde; wenn man also etwa in juristischer Verengung argumentierte: Solange es (und nur solange es) deutsche Staatsangehörigkeit, Inlandsporto usw. gibt, gibt es die staatliche Einheit Deutschlands. Das gleiche gilt, ohne auch deren (sachliche) Integrationswirkung (im Sinne Smends, aaO. S. 45ff.) zu unterschätzen, von der Gemeinsamkeit der „Symbole" (Farbe, Hymne).

[70] Vgl. dazu neuestens Nawiaskys Staatsideenlehre, aaO. Bd. I S. 29ff., 69ff., deren Berechtigung als selbständige Lehre Drath, Festschr. f. Smend S. 57, vom Standpunkt einer Staatslehre als Sozialwissenschaft aus bestreitet.

[71] Vgl. zuletzt hierzu: Scheuner, Nationalismus und Staatsbewußtsein in Deutschland, in Recht, Staat, Wirtschaft, Bd. IV (1953) S. 341ff.

[72] Vgl. etwa das „Manifest" der Volksbewegung für die Wiedervereinigung „unteilbares Deutschland" (in SBZ-Arch. 54 Nr. 12).

[73] Freilich können auch Gegensätze so scharf werden, daß eine Gemeinsamkeit des zu Realisierenden überhaupt entfällt. Man denke an den hypothetischen Fall, daß die Menschen der sowjetisch besetzten Zone im Gegensatz zur westdeutschen Bevölkerung eine Einheit ohne Freiheit und Menschenwürde erstreben würden. Mit (in der Tat vorhandenen) unterschiedlichen Auffassungen über die zeitliche Folge der Wertrealisierung von Einheit und Freiheit aber entfällt die Gemeinsamkeit der deutschen Nationalidee ganz sicherlich noch nicht.

renz vernichtet die Gemeinsamkeit des deutschen Nationalbewußtseins.)

VII. Bei der Beschreibung der Sachgehalte des objektiven Geistes haben wir bisher einen denktechnischen Kunstgriff angewendet, denn wir haben „punktuell" gedacht und sind damit dem Phänomen des objektiven Geistes noch keineswegs gerecht geworden. Da man im Bereich geistigen Seins selbstverständlich nicht mit dem biologischen Vorgang der „Vererbung" arbeiten kann, fehlt also noch die Erklärung dafür, wie diese (beispielhaft am konkreten Modell Deutschland) geschilderten Sachgehalte „wandern", wie sie objektiv und überindividuell zu „überdauern" vermögen.

1. Diese Seinsweise des objektiven Geistes, dieses Wirken, das die geschilderten Sachgehalte erst mit geistigem Leben erfüllt, geschieht durch Tradition (tradere)[74]). Von seiten des individuellen Geistes erscheint dieses Tradiertwerden von vorgefundenem geistig Gemeinsamen in den verschiedensten Stärkegraden, die etwa vom still-selbstverständlichen Hineinwachsen und Umgebenwerden über mühsam intellektuelles Erlernen und Erzogenwerden bis zum elementaren Sichmitreißenlassen und Erfaßtwerden reichen. Immer aber ist es der gleiche Vorgang des Übernehmens eines latent bereitstehenden Geistesgutes, sei es, daß sich dieses im wörtlichen Sinne objektiviert hat, sei es, daß es nur immateriell (als Gedankengut) zur Verfügung steht. Diese „objektive geistige Tradition" — „Tradition" also einmal als vorgefundener Sachgehalt bereits tradierten Geistesgutes und zum anderen als Vorgang des Tradierens selbst verstanden — ist das entscheidende Schöpfungs- und Erhaltungselement jeder sozialen Einheit, ist die gemeinsamkeitsbegründende und -erhaltende geistige Realität der sozialen Wirklichkeit.

2. Für denjenigen, der überhaupt gewillt war, auf den Boden der ontologisch-phänomenologisch orientierten Philosophie zu folgen[75]), ist es von der hier erreichten Stelle unseres Versuches aus kein großer Schritt mehr, in dieser „objektiven geistigen Tradition" auch das entscheidende (wenn man will: „vierte") „Staatselement" anzuerkennen. Ich möchte dem Vorhergegangenen gemäß anregen, diesen Schritt zu tun. Es werden dabei, wie

[74]) Am Beispiel der Sprache besonders überzeugend veranschaulicht bei N. Hartmann, aaO. S. 212ff.

[75]) Der Einfluß, den etwa N. Hartmanns hier laufend zitiertes Werk noch ausüben wird, kann gar nicht überschätzt werden. Er macht sich derzeit schon selbst im rein praktisch orientierten öffentlich-rechtlichen Schrifttum bemerkbar (vgl. z. B. Hahn, Praktische Kommunalverwaltung, 1954 S. 9ff.). Vgl. aus jüngster Zeit etwa auch Ridder, Meinungsfreiheit, in: Neumann-Nipperdey-Scheuner, Die Grundrechte Bd. II (1954) S. 263 mit Anm. 71.

dargelegt, die bisher anerkannten physischen Staatselemente (Gebiet und Volk) keineswegs aus dem Staatsbegriff eliminiert, sondern überhöht[76]).

Aber der Staat wird als Wirklichkeit des sozialen Lebens dort erfaßt, wo es m. E. allein möglich ist, nämlich im Bereich des geistigen Seins. In Kauf nehmen muß man nach hier vertretener Auffassung lediglich, daß sich in diesem Bereich des geistigen Seins die geistige Wirklichkeit der Staatsgewalt nur als Teilerscheinung und die institutionelle Verfestigung nur als Moment des überindividuellen geistigen Seins darstellen. An dieser Relativierung des gewohnten organisatorisch-normativen Ausschließlichkeitsanspruches kann naturgemäß großer Widerspruch ansetzen. Aber, und das sei klar betont, diese Relativierung bedeutet ja nicht, daß ohne normativ-institutionelle Verfestigung eine Staatsgründung möglich wäre; sie verkennt auch nicht, daß oft das Institutionelle erst die „objektive geistige Tradition" schafft; und bestreitet schließlich nicht, daß bei endgültigem Zerbrechen der institutionellen Verfestigung der Staat trotz vorhandener objektiver geistiger Tradition untergeht und nur durch Neugründung rechtlich wieder „aufleben" kann. Aber — und ebendies ist die konkrete deutsche Situation — die als Staatselement aufgefaßte „objektive geistige Tradition" eröffnet m. E. schlüssig die theoretische Einsicht, daß ein Staat als Staat „überdauern" kann, trotz Suspendierung organisatorischer Staatlichkeit und stark gelockerter institutioneller Verfestigung. Wenn man die „objektive geistige Tradition" als Staatselement anerkennt, dann hat man m. E. eine befriedigende Erklärung dafür gefunden, daß überhaupt Staaten Revolutionssituationen und „heiße" Bürgerkriegssituationen mit den bekannten mannigfaltigen dabei auftretenden Erscheinungen der faktisch fehlenden, der rivalisierend ausgeübten, der usurpierten usw. Staatsgewalt als Staaten überdauern können, ohne daß danach, solange es auf das Selbstverständnis der Staaten und nicht auf die (völkerrechtliche) Auffassung fremder Staaten ankommt, Identitätsprobleme, geschweige Rechtsnachfolgeprobleme auftauchen. Dann aber hat man auch die staatstheoretische Erklärung für die Möglichkeit gewonnen, daß in der konkreten Situation Deutschlands trotz nicht einheitlich ausgeübter Staatsgewalt, trotz zweier rivalisierender Regierungen, trotz einer sog. „kalten" Bürgerkriegssituation keine Diskontinuität im Fortbestand des gemeinsamen bisherigen Staates eintreten muß. Eben einen solchen staatstheoretischen Nachweis aber glaubten wir versuchen zu müssen, da das selbst noch auf einzelstaatlicher Grundlage ruhende

[76]) Es ist daher z. B. nach wie vor daran festzuhalten, daß Annektion trotz vorhandener objektiver geistiger Tradition zum rechtlichen Untergang des Staates führt, so daß ein ideelles Anknüpfen an diese kontinuierliche Tradition rechtlich eine Staatsneugründung ist.

Völkerrecht keine für alle Staaten verbindlichen Maßstäbe für den Untergang eines Staates als solchen aufzustellen vermag[77]).

VIII. Nun hätten im konkreten Fall Deutschland selbstverständlich die Besatzungsmächte mit konstitutiver rechtsvernichtender Wirkung über das Kontinuum der staatlichen Einheit Deutschlands entscheiden können. Und da wiederholt hervorgehoben wurde, daß trotz des vorhandenen Staatselements einer „objektiven geistigen Tradition" das Kontinuum endet, wenn der Staatsuntergang durch Fremdbestimmung bewirkt wird (so daß dann nur eine Staatsneugründung in Betracht kommt), bleibt diese besatzungsrechtliche Frage noch erörterungsbedürftig.

1. Da mit der herrschenden Meinung daran festzuhalten ist, daß das Jahr 1945 nicht zum Untergang Deutschlands als Staat führte, und da sich auch für die Folgezeit (bis 1948), in der die Alliierten in der Staatsgewaltsausübung noch zusammenwirkten, keine vom Vernichtungswillen getragenen Erklärungen oder Handlungen gegen die staatliche Einheit Deutschlands nachweisen lassen[78]), stellt sich die Frage, ob in der völkerrechtlichen Behandlung[79]) der inzwischen entstandenen DDR einerseits und der Bundesrepublik andererseits von seiten der Besatzungsmächte eine solche die Kontinuität des Gesamtstaates zerstörende Fremdbestimmung zu erblicken ist. Dies wird man aus folgenden Gründen verneinen müssen:

a) Daß an sich Teilordnungen im Rahmen eines bestehenden Dachstaates völkerrechtliche Existenz und Handlungsfähigkeit haben können, ist eine vom Modell des Bundesstaates her geläu-

---

[77]) Vgl. Scheuner, Kölner Z. f. Soziologie 4, 210. Diese Ohnmacht des Völkerrechts zur Aufstellung begrifflicher Maßstäbe dafür, wann ein Staat untergegangen ist, hat an sich nichts mit der derzeitigen Auseinanderentwicklung in ein „Völkerrecht des Westens" und „Völkerrecht des Ostens" zu tun, sondern ist der Sache nach dadurch bedingt, daß ein noch auf dem Prinzip einzelstaatlicher Souveränität aufgebautes Völkerrecht immer nur den Staatsuntergang feststellen kann und demgemäß auch Rechtsfolgen nur an einen Tatbestand knüpfen kann, für dessen Erfüllung (hier: Effektivität des Untergangs) in erster Linie der betreffende Staat selbst die Maßstäbe liefert.

[78]) Speziell über die sowjetischen Auffassungen zur Deutschlandfrage unterrichtet die gleichnamige, nach amtl. Dokumenten dargestellte Schrift des Bundesmin. f. gesamtdeutsche Fragen, o. J. S. 18ff.

[79]) Die vorläufig (14. 10. 1954) erreichten Endpunkte der Entwicklung zur „Souveränität" sind einerseits die Erklärung der Sowjetregierung vom 25. 3. 1954 (nach ADN zit. in Europa-Archiv 54, 6534: nach TASS in AöR 79, 503) und andererseits der noch nicht ratifizierte („Bonner") Vertrag über die Beziehungen zwischen der Bundesrepublik Deutschland und den drei Mächten vom 27. 5. 1952 (BGBl. II, 54, 57). Wichtigster positivrechtlich geltender Vertrag: Londoner Schuldenabkommen vom 27. 2. 1953 (BGBl. II S. 331). Die Ergebnisse der Londoner Neunmächte-Konferenz sind noch nicht berücksichtigt.

fige Erscheinung, die nicht gegen die Existenz des Oberstaates spricht[80]).

b) Die Schwierigkeiten entstehen erst mit dem Identitätsproblem, weil es Identität begrifflich nur im Verhältnis zweier Größen zueinander geben und von zwei Größen nicht jede mit einer dritten identisch sein kann. Rechtslogisch kann es sich also, wenn man nicht rein fiktiv überhaupt die Realität zweier vorhandener Teilgebilde ignorieren will, von vornherein nur um einen Identitätsanspruch handeln, dessen Träger (Prätendenten) die beiden Teilordnungen sind, und dessen Inhalt auf alleinige Repräsentation des deutschen Gesamtstaates geht. Es wird also von dem nicht zu leugnenden Vorhandensein zweier Teilordnungen ausgegangen, die nach hier vertretener Ansicht im Rahmen eines weiterbestehenden Dachstaates existieren. Dabei ist jeder der beiden Teilordnungen die Rechtsqualität abzusprechen, identisch mit dem Deutschen Reich zu sein und ein konkurrierender Identitätsanspruch festzustellen, mit der Richtung, das Deutsche Reich zu repräsentieren. Damit hat die vom gestellten Thema nur mittelbar aufgeworfene Frage an sich nichts zu tun, welcher der erhobenen Ansprüche der begründete (legitime) ist. Der Ansatz zur Lösung dieser Frage wird sich m. E. nur im Wege einer rigorosen Vereinfachung finden lassen[81]).

[80]) Vgl. zum Problem: „Gliedstaaten als Völkerrechtssubjekte", Paul Guggenheim, Lehrb. d. Völkerrechts, 1948, Bd. I S. 275ff. Vgl. ferner: Alfred Verdroß, Völkerrecht, 2. Aufl. 1950, S. 82ff. L. Oppenheim, International Law (7. Aufl. hrsg. v. Lauterpacht) 1948, S. 167ff.; Hermann Mosler, Festschr. f. R. Thoma, 1950 S. 139. Vgl. auch die unter Leitung von Hans Schneider entstandene Diss. von Kurt Hallmayer, Die völkerrechtliche Stellung der deutschen Länder nach dem Bonner Grundgesetz, Tübingen 1954 ungedr.

[81]) Jeder Rechtsanwender in der Bundesrepublik (einschließlich des Bundesverfassungsgerichts) ist m. E. gehalten, auf dem Boden der (spätestens seit der ersten Bundestagswahl) als „legitimiert" anzuerkennenden bundesrepublikanischen Verfassungsordnung zu argumentieren, und ist daher — überspitzt ausgedrückt — im Streit um die Berechtigung der Ansprüche „Partei kraft Gesetzes". Dabei tauchen gewisse Schwierigkeiten deshalb auf, weil eben jenes Grundgesetz, auf dessen Boden alle deutschen Herrschaftsträger der Bundesrepublik zu argumentieren verpflichtet sind, sich selbst als durch deutsche Gesamtstaatlichkeit auflösend bedingtes Provisorium versteht. Es kann sich also nur um jene obersten Konstitutionsprinzipien unserer Rechtsordnung handeln, die, wie Art. 79 III GG in Verbindung mit Art. 1 und 20 erkennbar macht, als (axiomatisch) „zeitlos" zu denken sind. Hierzu gehören auf jeden Fall die Legitimation aller Staatlichkeit durch deren Relativierung vom Selbstzweck zum bloßen Mittel für Schutz und Achtung der Menschenwürde (Art. 1 I) und die Legitimation der staatlichen Herrschaft im Volkswillen (Art. 20 II). An diesen Maßstäben ist dann auch die Legitimität der Identitätsansprüche zu messen. Die Wissenschaft kann freilich in diesem Streit um Voraussetzungen kaum so selbstverständlich auf den Boden rechtlich positivierter Voraussetzungen, nur weil sie rechtlich positiviert sind, treten, wie es die Rechtsanwendung m. E. sogar tun muß. Aber da die sogenannte Voraussetzungslosigkeit

2a) Genau die gleiche Anspruchs**konkurrenz** aber spiegelt sich in der besatzungs- und völkerrechtlichen Ebene (nämlich einmal als Anerkennung des Anspruchs der DDR von Seiten der Ostblockstaaten und zum anderen als Anerkennung des Anspruchs der Bundesrepublik von seiten der westlichen Alliierten) wider. Eine Anspruchskonkurrenz aber, die (aus zeitbedingten politischen Gründen) von keiner übergeordneten gemeinsamen Instanz entschieden werden kann, läßt den Anspruchsinhalt insgesamt in der Schwebe. Die Ansprüche absorbieren sich vorläufig gewissermaßen gegenseitig und haben nicht die Kraft, die Kontinuität des Ganzen zu vernichten. Im Gegenteil scheint mir — wie jeder Prätendentenstreit letztlich den Streit**gegenstand** als existent bestätigt — ein Streit, das Ganze zu sein oder zu repräsentieren, im letzten eine **Bestätigung** des Vorhandenseins des Ganzen zu bedeuten.

b) Diese mehr rechtslogische Argumentation, wonach Deutschland trotz außerdeutscher Anerkennung zweier konkurrierender Identitätsansprüche als Einheit weiterexistiert, bestätigt sich induktiv und positivrechtlich. Von Seiten der Besatzungsmächte ist nämlich der Anspruch der beiden Teilordnungen bisher immer nur für das **Außen**verhältnis anerkannt worden, während das Innenverhältnis der Teilordnungen zu Deutschland als Ganzem entweder offengelassen oder ausdrücklich der zugestandenen „Souveränität" entzogen wurde[82]).

---

der Wissenschaft wohl als geistesgeschichtlich überwunden gelten kann, wird jeder Wissenschaftler mindestens vom Boden einer **bestimmten Anthropologie** aus argumentieren müssen. Will er aber nicht mit zweitausend Jahren christlich-abendländischer Tradition brechen, so wird sich diese Anthropologie inhaltlich völlig mit Art. 1 I Satz 1 GG decken, wo sie als oberstes Konstitutionsprinzip unserer Rechtsordnung auch positivrechtlich unbezweifelbar gemacht ist. Wieder gesonderter Erörterung bedürfte dann die Frage nach territorialer und gegenständlicher Begrenzung selbst des begründeten (legitimen) Identitätsanspruches der Bundesrepublik. Besonders interessant ist dabei, daß die Saarverhandlungen doch wohl nur so gedeutet werden können, daß Frankreich die Bundesrepublik über ihr **Gebiet hinaus** als legitimiert anerkennt. Für die **gegenständliche** Befugnis, die der Bundesrepublik von den westlichen Alliierten im Verhältnis zu Gesamtdeutschland zugestanden wird, dürfte Art. 25 des Londoner Schuldenabkommens vom 27. 2. 1953 (BGBl. II S. 355) beispielhaft sein (nicht vollständige Vertretung mit absolut verbindlicher Wirkung, aber Vertretungsmacht mit immanenter „**Anpassungsklausel**").

[82]) Vgl. Bonner Vertrag Art. 2. Der in der Erklärung der Sowjetregierung vom 25. 3. 1954 (zit. nach TASS, AöR 79, 503) in Ziffer 3 Absatz II enthaltene Vorbehalt zugunsten „Gesamtdeutscher Fragen" macht jedenfalls im **Innen**verhältnis trotz der in Ziffer 1 enthaltenen Befugnis, „die gegenseitigen Beziehungen mit Westdeutschland nach eigenem Ermessen zu regeln", die „Souveränität" zur Scheinsouveränität und entspricht in der Wirkung durchaus dem offenen Vorbehalt in Art. 2 c des Bonner Vertrages zugunsten der alliierten Rechte, die „Deutschland als Ganzes" betreffen. Übrigens taucht der Begriff „Souveränität" in der Erklärung vom 25. 3. 1954 nicht auf. Nur die Tagespresse sprach von „Souveränität". Hier ist wichtig, daß die Erklärung erkennbar macht, daß das sowjetische

3. Auch in dieser fremdstaatlichen Sicht bleibt es also dabei, daß es für die Fortbestandsfrage nach wie vor auf das deutsche Selbstverständnis ankommt.

IX. Ein Letztes noch erscheint wichtig: Von der abstrakten sozialwissenschaftlichen und staatstheoretischen Aussage, daß die „objektive geistige Tradition" als Staatselement die Kraft hat, einen Staat trotz Abbaues organisierter Staatlichkeit überdauern zu lassen, ist die Frage zu trennen, ob in concreto (auf die staatliche Einheit Deutschlands bezogen) diese gemeinsame objektive geistige Tradition noch vorhanden ist. Unsere oben angestellte rein empirische Übersicht über die gemeinsamen Sachgehalte des objektiven Geistes dürfte zu der Feststellung berechtigen, daß dies derzeit noch der Fall ist.

Die Frage stellt sich aber ständig neu. Ich wage hier nicht zu entscheiden, ob Rudolf Smends „Integrationslehre"[83]) in Zeiten perfektionierter Staatlichkeit nicht die Statik einer Verfassung, die doch nicht zuletzt als Form und Regel gerade auch zur Überwindung und Überbrückung von Desintegration dient[84]), zu sehr in einen bloßen „Vorgang" auflöst („dynamisiert"); ob die Integrationslehre zu Gunsten dieses Vorgangs nicht die sachlichen „Gehalte" des Vorgangs unterbewertet[85]), Gehalte, die übrigens Renan trotz seiner dynamischen Formel vom „plébiscite de tous les jours" durchaus gesehen haben dürfte[86]); kurz, ob demgemäß in Zeiten perfektionierter Staatlichkeit die „Integration" wirklich das Spezifikum des Staates („der Kernvorgang des staatlichen Lebens"[87]) ist. Unangreifbar scheint mir aber die Erkenntnis zu sein, daß es kein Fortleben überindividuellen geistigen Seins gibt, das nicht — vor allem wenn das Motorische der organisatorisch-normativen Eigengesetzlichkeit abgeschwächt ist — der Notwendigkeit steter Erneuerung im Geistesleben der Einzelpersonen unterworfen ist, das sich also nicht in diesem Sinne aus

---

Interesse nach wie vor der gesamtdeutschen Entwicklung gilt und somit nicht als definitive Wendung zu einer Teilungspolitik gewertet werden kann. Gesamtdeutsches Interesse unter gleichzeitiger definitiver Teilungspolitik ließe sich m. E. nur durch den taktischen Kunstgriff koppeln, daß neben die Regierung der DDR eine westdeutsche Exilregierung gestellt würde.

[83]) Verfassung und Verfassungsrecht, 1928.

[84]) Vgl. Dietrich Schindler, Verfassungsrecht und soziale Struktur 2. Aufl. 1944, S. 122.

[85]) Im übrigen soll hier aber kein Wert auf Vollständigkeit der gegen Smend erhobenen Einwände gelegt werden. Hier wurde seine Lehre im Grundsätzlichen incidenter schon dadurch bejaht, daß oben durchgehend auf Theodor Litt Bezug genommen wurde. Die zeitlich letzte Bejahung der Lehre Smends vgl. bei Scheuner, Kölner Z. f. Soziologie, 4, 213 Anm. 9.

[86]) Vgl dazu Freyer, Der politische Begriff des Volkes 1933, S. 7.

[87]) Smend, aaO. S. 18.

dem Geistesleben der Einzelmenschen „integriert“[88]). In der deutschen Situation, in welcher das (seiner Natur nach statisch und kontinuierlich wirkende) einheitliche Normative, Organisatorische, Institutionelle gelockert und teilweise ganz suspendiert ist, wird die so verstandene „Integration“ oder „Desintegration“ in der Tat über die Gemeinsamkeit der objektiven geistigen Tradition und damit auch über das Rechtsschicksal der staatlichen Einheit Deutschlands entscheiden.

---

[88]) In diesem Sinne verwendet auch N. Hartmann, aaO. S. 287 den Begriff. Vgl. auch Schindlers Hinweis (aaO. S. 122), daß diese Integration auch für „andere soziale Ordnungen“ notwendig ist.

Leitsätze des Mitberichterstatters über: Der deutsche Staat im Jahre 1945 und seither

I.

1. *Die Frage nach „Deutschlands Rechtslage" ist im letzten eine Frage des Verhältnisses von Norm und Faktizität und läßt sich daher von vornherein nur von einer bestimmten staatstheoretischen Grundkonzeption aus, auf deren Boden man im folgenden argumentiert, beantworten. Besonders offenkundig wird dies bei den normativen Staatstheorien, die für das Jahr 1945 zur Staatsuntergangsthese gelangen, ohne normative Willenserklärungen nachweisen zu können.*
2. *Es ist daran festzuhalten, daß das Deutsche Reich das Jahr 1945 als Staat überdauert hat, und die bisherigen Argumente sind durch folgendes staatstheoretisches Argument zu ergänzen: Wenn die normativen Staatslehren, die zur Untergangsthese gelangen, seinsmäßige Gegebenheiten methodenrein nicht als staatsbegründende und staatserhaltende Elemente im Rechtssinne gelten lassen, dann dürfen sie nicht methodenwidrig rein faktische Vorgänge (militärische Niederringung) zum Nachweis der Diskontinuität verwenden.*

II.

Die staatstheoretische Grundkonzeption, die zur Bejahung des Fortbestandes Deutschlands als Staat auch nach 1945 führt, verläuft wie folgt:

1. *Die mit dem Neukantianismus üblich gewordene dualistische Zerreißung von normativem Sollen und faktischem (physischem, historischem, geistig-kulturellem) Sein ist durch die dialektische Synthese zu versöhnen, daß alles Sollen für einen bestimmten Stoff bestimmt ist. Auch der Staat als Rechtsbegriff ist stoffbestimmter Begriff.*
2. *Da sich der Seinsstoff niemals dem Normativen völlig „ausliefert", ist jede Staatslehre in erster Linie Sozialwissenschaft und damit auch weitgehend deren Methoden unterworfen. Die idealtypische Begriffsbildung der Sozialwissenschaft läßt (ebenso wie den Bundesstaatsbegriff) auch den Staatsbegriff selbst als idealtypischen Begriff erscheinen, der in der Wirklichkeit vorhandene Abschwächungen, Übergänge und Graduierungen gestattet, ohne sie als begriffswidrig und begriffszerstörend bewerten zu müssen.*

3. *Zwischen dem Stoff der physischen Wirklichkeit (Land und Leute) und dem Institutionellen und Normativen (Staatsgewalt) klafft in der herkömmlichen Staatstheorie die Lücke des sonstigen in einer Gemeinschaft wirksamen geistigen Seinsstoffes.*

4. *Es ist anzuraten, diese Lücke durch den neueren Befund der ontologisch-phänomenologisch orientierten Philosophie (Dilthey, Litt, Freyer, Nicolai Hartmann) zu schließen. Der geistige Lebensvorgang unter psycho-physischen Wesen ist nicht nur eine intraindividuelle, sondern auch eine über-individuelle Gegebenheit, obwohl sich nirgends ein „Kollektiv-Ich" bildet.*

5. *Diesen geistigen Besitz, der einer Menschengruppe eigentümlich ist, kann man trotz aller geistesgeschichtlichen Bedenken „objektiven Geist" („Gemeingeist") nennen. Nur er erklärt drei soziale Urphänomene:*
   a) *Er braucht zwar Individuen als Träger, aber er ist unabhängig vom Wechsel der Individuen (Folge: das Kontinuum Deutschlands ist kein durch Personen- und Generationenwechsel befristetes Problem).*
   b) *Er erklärt, da der Einzelgeistesakt nicht zur Erreichung der Summe unerläßlicher Addend ist, die Erscheinung des „ruhenden" Einzelgeistes (Folge: auch die durch ein totalitäres System „Entmündigten" sprechen nicht gegen das Kontinuum der deutschen Einheit).*
   c) *Die Geistesinhalte des personalen Geistes brauchen nicht unbedingt parallel oder zueinander hin zu verlaufen. Nicht das Gegeneinanderstehen, sondern die Indifferenz wirkt dissoziierend (Folge: nur Indifferenz, nicht Auseinandersetzung über Modalitäten der künftigen Ausgestaltung des Gesamtstaats zerstört das Kontinuum der Einheit Deutschlands).*

6. *Ein Beschreibungsversuch des objektiven Geistes hat aus denktechnischen Gründen einmal „punktuell" die Sachgehalte und zum anderen die Seinsweise zu erfassen.*
   a) *An Sachgehalten sind (ergänzungsfähig) feststellbar: Biologisch-organische Zusammengehörigkeit als dichtes Netz von Familienverwandtschaften, räumliche Zusammengehörigkeit durch „Heimat" und „Vater-land", gemeinsamer Kulturbesitz im dinglichen (vergegenständlichten) Sinn; aus dem geistigen Sein: Gemeinsame Sprache, gemeinsames Schicksalserlebnis, Gemeinsamkeit der Religion, Gemeinsamkeit in der Grundeinstellung zum rechtlichen Soseinsollen, gemeinsames aus Zeiten perfektionierter Staatlichkeit noch nachwirkendes Organisationsrecht, gemeinsames Richtungsbewußtsein (Idee der nationalen Zusammengehörigkeit).*

b) Die Seinsweise, die diese Sachgehalte „überdauern" lassen kann, geschieht durch „Tradition" (tradere).

7. Diese „objektive geistige Tradition" — „Tradition" einmal als vorgefundener Sachgehalt bereits tradierten Geistesgutes und zum anderen als Vorgang des Tradierens selbst verstanden — ist das entscheidende Schöpfungs- und Erhaltungsmoment jeder sozialen Einheit. Sie ist auch das entscheidende Staatselement, das die physischen Staatselemente überhöht und die Wirkursache für das normative Staatselement des Organisatorischen darstellt. Dabei wird nicht verkannt, daß

a) ohne institutionelle Verfestigung kein Staat entsteht,

b) oft das Organisatorische überhaupt die „objektive geistige Tradition" erst schafft,

c) trotz vorhandener objektiver geistiger Tradition der Staat endet, wenn durch Fremdbestimmung das Institutionell-Organisatorische zerbrochen wird.

8. Da eine besatzungsrechtliche Fremdbestimmung über das Kontinuum der Einheit Deutschlands nicht erfolgt ist, insbesondere auch nicht in der völkerrechtlichen Behandlung der beiden Teilordnungen gesehen werden kann, entscheidet nach wie vor das deutsche Selbstverständnis über das Weiterbestehen des gesamtdeutschen Staates. In dieser Situation aber hat die als Staatselement aufgefaßte „objektive geistige Tradition", sofern sie ständig erneuert wird, die Kraft, einen Staat trotz Suspendierung im Organisatorischen als Staat überdauern zu lassen, so daß er ohne Neugründung wieder institutionell — organisatorisch perfektioniert werden kann.

3. Aussprache über:

Der deutsche Staat im Jahre 1945 und seither

Spanner-Graz: Ich möchte mir zu einem Punkt des Referats des Herrn v. d. Heydte eine kleine Bemerkung erlauben, und zwar im Zusammenhang mit der Rechtslage Österreichs. Wenn wir die These v. d. Heydtes unter B 2 lesen: „Deutschland hat als Staat den Zusammenbruch der NS-Zwangsordnung überdauert", usw., so ergibt sich daraus natürlich die Frage: innerhalb welcher Grenzen? Und ich darf annehmen, daß von beiden Herren Berichterstattern am Vormittag das Deutschland innerhalb der Grenzen vor dem 13. 3. 1938 gemeint worden ist. Denn sonst würde man ja, wenn man die Ausführungen des Herrn v. d. Heydte folgerichtig anwendet, auch in der Frage der Rechtsstellung Österreichs zur Konsequenz kommen, daß die Verfassung Österreichs nunmehr auch eine Teilordnung wäre. Allerdings würde sich diese Teilordnung wesentlich unterscheiden von den beiden anderen Teilordnungen, vor allen Dingen, weil sie keinen Anspruch darauf erheben würde, auch für die beiden anderen Teile aufzutreten, was bei der Bundesrepublik und der DDR wechselseitig der Fall ist.

Im Zusammenhang mit dem Tatbestand, wie er in Österreich im Jahre 1938 geschaffen worden ist, sind zwei Thesen aufgestellt worden, die als Okkupations- und Annexionstheorie bekannt geworden sind. Dabei fragt es sich, welcher dieser beiden Auffassungen der Vorrang zu geben ist. Man wird wohl viel für die Annexionstheorie ins Treffen führen können. Andererseits muß ich insbesondere nach dem Referat Dürigs (über die Bedeutung der Tradition innerhalb des traditions- und staatsbewußten Volkes) sagen, daß dies sehr wohl zur Untermauerung der Okkupationsthese verwendet werden kann. 1945 ist das Wiedererstehen Österreichs als selbständige Republik, als ein selbständiger Staat, zweifellos auf legalem Wege erfolgt. Nach den Regeln des Völkerrechts bleibt vielleicht die Frage offen, ob sich Österreich wieder gebildet hat nach einer debellatio des „Dritten Reiches". Jedenfalls aber steht fest, daß das Wiedererstehen Österreichs 1945 die allseitige Anerkennung gefunden hat nicht nur von Seiten der beiden deutschen Teilordnungen, sondern auch von Seiten der Siegermächte.

Abendroth-Marburg a. d. Lahn: Die beiden Referate haben in eindrucksvoller Weise zur Frage der Kontinuität des deutschen Staates die in Deutschland herrschende Lehre unterstützt. Wenn allerdings gleichzeitig in einem Aufsatz in der „Öffentlichen

Verwaltung" behauptet wird, nur Emigranten oder solche Juristen, deren Spezialgebiet nicht das Öffentliche Recht ist, hätten sich dieser These in der deutschen Wissenschaft entgegengestellt, so muß ich doch anmelden, daß diese Auffassung nicht ganz stimmt.

Das Referat des Kollegen Dürig hat in besonders eindrucksvoller Weise dargelegt, daß zweifellos im politischen Denken des deutschen Volkes das Bewußtsein seiner Einheit niemals untergegangen ist und daß diese Kontinuität in der kulturellen und geistigen Einheit der Nation ein gewichtiges Argument auch für die Staatslehre darstellt. Ich halte es für durchaus richtig, daß man diesem Faktor der Bewußtseinsentwicklung einer Nation auch in der Staatslehre zentrale Bedeutung einräumt und glaube, daß Dürigs Referat einen wertvollen Beitrag zur Fortentwicklung unseres politischen Denkens darstellt. Gleichwohl bin ich der Meinung, daß es nicht möglich ist, den Staatsbegriff im Volksbegriff untergehen zu lassen. Der Staat ist die organisatorisch verselbständigte aktuelle und eigenständige Wirkungseinheit eines Volkes, aber er ist nicht mit dem Volk in jenem schlechten Sinne identisch, daß er sich nicht vom Volk abheben läßt. Die Existenz des Willens eines Volkes zu seiner politischen Einheit bietet gewiß die Voraussetzung für die Existenz seines Staates, aber der Staat besteht nicht schon dann, wenn dieser Wille vorhanden ist.

Im Jahre 1945 hatte das deutsche Volk, dessen Wille zur politischen Einheit gewiß nicht gebrochen war, infolge des politisch realen Tatbestandes der Debellation keine Möglichkeit, zu einer aktuellen politischen Wirkungseinheit in organisierter Form zu gelangen. Die Übernahme der „Autorité suprême" durch die vier Besatzungsmächte war keine Übernahme der Staatsgewalt in dem Sinne, daß etwa die deutsche eigenständige Staatsgewalt „übernommen" werden könne, sondern drückte lediglich aus, daß die politische Dispositionsbefugnis an die Sieger übergegangen war. Die Siegermächte haben dann im Rahmen ihrer höchsten Herrschaftsgewalt dem deutschen Volke die Wieder- und Neuentwicklung partikularer Teile der deutschen Staatsgewalt ermöglicht, die sich in der Gründung der Länder und dann der zentralen Staatsfragmente niederschlug.

Von dieser Überlegung aus wird, wie mir scheint, erst jenes merkwürdige Phänomen verständlich, das im Referat von Kollegen von der Heydte dahin gekennzeichnet wurde, daß erst am Tage der Währungsreform und durch den Weg zur Gründung von Bundesrepublik und DDR das Problem der Weiterexistenz des deutschen Staates wirklich aktuell geworden sei. Die doppelspurige Entwicklung Deutschlands läßt sich aber nicht durch verschiedene eigenständige Entwicklung des deutschen Volkes diesseits und jenseits der Elbe seit dieser Zeit erklären, sondern nur dadurch, daß die Dispositions- und Organisationsgewalt der Besatzungsmächte nun in zwei Parteien getrennt gegeneinander antrat.

Auch ein anderes Phänomen zeigt gerade durch die Verschiedenheit des Ansatzes, daß ernsthafte Überlegungen über diese Verschränkung angestellt werden müssen. Herr Kollege Spanner hat in geschickter Weise das Problem der Kontinuität Österreichs dargestellt. Man kann, wie mir scheint, an der Effektivität der Annektion Österreichs durch das Deutsche Reich im Jahre 1938 kaum zweifeln. Man kann auch nicht mit voller Sicherheit behaupten, daß der Wille des österreichischen Volkes zur Aufrechterhaltung seiner speziell österreichischen politischen Einheit damals noch fortbestanden habe. Ganz sicher ist aber dieser Wille 1945 deutlich aufgelebt und darauf die Illusion verflogen, daß Österreichs Nationalbewußtsein im deutschen aufgegangen sei. Die Disposition der Sieger über den NS-Staat hat dann aber erst die Wiedergeburt des österreichischen Staates ermöglicht. Wenn also heute dieser österreichische Staat seine Kontinuität behauptet, so kann er diese These nur durch eine Fiktion begründen. Diese Fiktion muß einen doppelten Bruch überbrücken: einerseits das siebenjährige Verschwinden der organisatorischen Einheit und Selbständigkeit, andererseits das vorübergehende Fragwürdigwerden des Willens der Nation zur Einheit. Gleichwohl möchte ich keineswegs unbedingt die Fruchtbarkeit dieser Fiktion bestreiten, solange nur Klarheit darüber besteht, daß es sich um eine Fiktion handelt. Wenn nun die deutsche Staatslehre in Bezug auf die deutsche staatliche Entwicklung nach dem Jahre 1945 behauptet, daß diese Fortentwicklung die Weiterentwicklung des gleichen Staates sei, der 1945 total besetzt und dessen Staatsgewalt damals total vernichtet wurde, so muß sie sich klar darüber sein, daß sie auch hier diese Identität nur fingieren kann. Sie muß zwar keineswegs, wie es für die österreichische Staatsrechtswissenschaft erforderlich ist, diese Fiktion in die soziale Grundlage der staatlichen Existenz hinein erstrecken, soweit es sich um den Willen der Nation zu ihrer politischen Einheit handelt. Dieser Wille hat sich nur in soweit gewandelt, als er sich unzweifelhaft nicht mehr auf die gleichsprachige Bevölkerung des wieder verselbständigten Österreich erstreckt. Aber jenes organisatorische Moment des Staates, das die Nation zu einer aktuellen politischen Wirkungseinheit zusammenfaßt, war 1945 unzweifelhaft entfallen. Die organisatorisch-politische Einheit der Nation war nur noch durch ein Gemeinschaftsorgan der fremdständigen Staatsgewalt der vier Besatzungsmächte, nämlich durch den Kontrollrat, garantiert. Das erneute Entstehen eigenständiger und einheitlicher staatlicher Gewalt wollten zwar, wie das Potsdamer Abkommen ausweist, auch diese vier Besatzungsmächte durch ihr Gemeinschaftsorgan sicherstellen. Deshalb haben auch alle vier Besatzungsmächte, soweit sie Ansatzpunkte eigenständiger deutscher Staatsgewalt langsam wieder wieder entstehen ließen, gestattet, daß diese Staatsgewalt sich nicht als Sonderstaatsgewalt in bestimmten Räumen, sondern als partikulare Äußerung einheitlicher deutscher Staatsgewalt empfand. Wie das Beispiel Bayern zeigt und durch den amerikanischen Einspruch gegen andere Tendenzen der bayrischen Verfassung sichtbar wurde, fühlten sich sogar die Besatzungsmächte veranlaßt und durch ihre Übereinkunft untereinander völkerrechtlich verpflichtet, Fehlentwicklungen vorzubeugen, die dieser Prämisse widersprochen haben würden, daß nämlich die neuentstandene deutsche Staatsgewalt jeweils räumlich begrenzte Äußerung werdender Gesamtstaatsgewalt des deutschen Volkes sei. Aber die organisatorische Kontinuität war zweifellos in der Wirklichkeit gebrochen; sie kann deshalb nur fiktiv wieder hergestellt werden. Auch in diesem Fall ist diese Fiktion (wie viele andere Fiktionen der geltenden Rechtsordnung) durchaus möglich und wahrscheinlich auch begründet, weil sie sich bei der Lösung rechtlicher Probleme als brauchbares Hilfsmittel erweisen kann. Sie würde nur dann gefährlich, wenn das Bewußtsein verloren ginge, daß es sich bei dieser Betrachtung um eine Fiktion und nicht um bloße Darstellung der Wirklichkeit handelt.

Diese Erwägungen leiten zu einer zweiten Problematik über, zu jener Problematik nämlich, mit der sich im einzelnen in verdienstlicher Weise das Referat des Kollegen von der Heydte befaßt hat. Es handelt sich um das Problem, ob man der gegenwärtigen Spaltung Deutschlands in mehrere Staatsfragmente, bei denen der Bundesrepublik wie der DDR die Tendenz innewohnt, sich aus Staatsfragmenten in wirkliche Staaten zu verwandeln, mit einer Teilordnungstheorie oder der Lehre von der vollen Identität nur einer der Teilordnungen mit dem ganzen deutschen Staate gerecht werden kann. Mir scheint von der Heydtes Konsequenz gefährlich zu sein (These zu C 2), daß beide Lehren rechtlich gleichberechtigt seien und zwischen ihnen der Politiker die Entscheidung zu treffen habe, während der Jurist zwar die Frage stellen müsse, aber darauf verzichten solle, sie zu lösen. Liegt in dieser These nicht praktisch eine Kapitulation des Verfassungsrechts vor Tendenzen, denen allerdings niemand die Möglichkeit absprechen kann, daß sie sich eines Tages in unabänderliche Wirklichkeit verwandeln? Gewiß muß der Verfassungsjurist sich hüten, politische Wunschbilder irgendwelcher Art in sein juristisches Denken einfließen zu lassen. Gerade, weil ich z. Z. einen Lehrstuhl für Politik innehabe, lege ich auf säuberliche Trennung zwischen der Betrachtungsweise der politischen Soziologie und des Verfassungsrechts sehr großen Wert, die beide erst durch konsequente Anerkennung ihrer verschiedenen Aufgabenstellung und Methodik zu vollem wissenschaftlichen Wert gelangen können. Aber zur Rechtsordnung gehören keineswegs nur die unmittelbar anwendbaren Normen des Verfassungsrechts, sondern ebenso die Rechtsgrundsätze, zu denen sich jeweils eine Verfassungsordnung bekannt hat. Sie stellen das Bindeglied zwischen beiden Disziplinen, der Politik und der Lehre vom öffentlichen Recht, her.

Zu diesen Rechtsgrundsätzen gehört aber nach dem, was ich vorher über die Gesamtsituation bei der Wiedererstehung der deutschen Staatlichkeit nach 1945 gesagt habe, unzweifelhaft das Bekenntnis zu einem gesamtdeutschen Staat, also die Ablehnung des Gedankens, daß partikulare Bildungen, die durch die zufälligen Machtverhältnisse der Besatzungsmächte untereinander vorbestimmt wurden, bereits der volle gesamtdeutsche Staat seien. Diese Erkenntnis hat sich im Grundgesetz der Bundesrepublik Deutschland in der Präambel und in Art. 146 zu einem Rechtsgrundsatz verdichtet, der mindestens juristisch (wenn auch vielleicht nicht immer mehr in der politischen Wirklichkeit) der Verfassungsordnung dieser Bundesrepublik eingeordnet ist. Deshalb ist auch der Verfassungsjurist verpflichtet, diesen Rechtsgrundsatz ernst zu nehmen und nicht einfach zu registrieren, wie sich die Verfassungswirklichkeit fortentwickelt. Wir dürfen deshalb nicht in dieser entscheidenden Frage in unserer Funktion als Vertreter der Wissenschaft des Verfassungsrechts einfach kapitulieren, um den Politikern das Feld zu überlassen. Würden wir das tun, so würden wir in unserer Verantwortung vor jener Wirklichkeit, die Kollege Dürig so eingehend dargestellt hat, versagen: vor der Wirklichkeit der weiterbestehenden Nation. Wir dürfen niemals vergessen, daß der bloße Tatbestand des Nebeneinanderbestehens widerspruchsvoller verschiedener politischer Gebilde auf dem Boden einer Nation die Existenz des Willens dieser Nation zur politischen Einheit und also zum einheitlichen Staat zersetzen und auflösen kann, wenn nicht auch Rechtsordnung und Rechtswissenschaft immer wieder die Aufgabe in Erinnerung rufen, die das Grundgesetz in Art. 146 formuliert hat.

Apelt-München: Ich möchte an das anknüpfen, was von meinem Herrn Vorredner zuletzt gesagt worden ist. Als ich die Einladung unseres Vorstandes in die Hand bekam, und die Themen ansah, war mein erstes Gefühl ein Bedauern mit den Herren Referenten. Ist es denn richtig, daß wir auf unseren Tagungen Themen behandeln, die nicht eigentlich juristisch lösbar sind? Wird hier nicht etwas verlangt von unseren Referenten, was sie gar nicht leisten können? Denn die für heute gestellte Aufgabe ist eben nicht lösbar. Ich weiß nicht, ob Sie denselben Eindruck gehabt haben. Ich meinerseits glaube meine Auffassung bestätigt zu sehen; denn beide Herren Referenten, so sehr sie voll Geist und Klarheit sprachen, so wenig waren sie in der Lage, die eigentliche konkrete Frage zu beantworten, mit Mitteln der Rechtswissenschaft schon gar nicht.

Es sind verschiedene Auffassungen von den Herren Referenten vorgetragen worden, die durchaus mit Argumenten gestützt wurden, die sich vertreten lassen. So sehr wir in großer Überzahl überzeugt gewesen sind, daß nach 1945 das alte Deutsche Reich, das Bismarck geschaffen hat, weiterbestand, so sehr ist doch klar, daß dies in der weiteren Entwicklung nach 1945 zweifelhaft geworden ist. Der verstorbene Kollege Riezler hat in der Juristenzeitung bei der Besprechung eines Urteils des Bundesgerichtshofes ausgeführt, man solle doch endlich die Fiktion des Fortbestands des Reichs fallen lassen, sie sei juristisch nicht mehr haltbar. Er hat auch Argumente für diese Auffassung gegeben. Wenn man jetzt prüft, was von Herrn Dürig entgegen dieser Riezlerschen Auffassung gesagt worden ist, so bleibt doch mancher Zweifel. Ich möchte nur das eine erwähnen. So ist gesagt worden, nach 1945 habe das alte Reichsrecht weitergegolten. Aber wenn Sie die Rechtsprechung des Bayerischen Verfassungsgerichtshofes ins Auge fassen, so wird man anderer Ansicht. Er hat konsequent den Standpunkt vertreten, das alte Reichsrecht sei bayerisches Landesrecht geworden. Es habe als bayerisches Landesrecht fortgegolten bis zum 8. 9. 1949, also nicht als Reichsrecht. Staatsrechtlich ist eben heute das Vorhandensein des alten Reichsrechts so weit verblaßt und durch die Auseinanderentwicklung der beiden Hälften Deutschlands so zweifelhaft geworden, daß man entgegen dem Dürigschen Argument sehr wohl sagen kann, das Fortbestehen des Reiches ist eine Fiktion. Ob es fruchtbar ist, eine solche Fiktion aufrechtzuerhalten, darüber kann man natürlich streiten. Ich möchte nur feststellen, daß diese Frage mit Mitteln der Rechtswissenschaft nicht gelöst werden kann. Es ist im Grunde genommen die Entscheidung eine politische. Man kann durchaus verschiedener Meinung sein darüber, ob noch eine soziologische und politische Einheit besteht. Was die Zukunft uns bringt, ist völlig unabsehbar. Deswegen möchte ich vorschlagen: Wenn wir uns mit solchen Fragen beschäftigen, ist klarzustellen, daß sie mit Mitteln der Staatsrechtswissenschaft nicht lösbar sind, und daß man nicht von uns verlangen soll, daß wir eine tragbare Lösung eines solchen Problems der Öffentlichkeit anbieten.

Nawiasky-München-St. Gallen: Herr Kollege Dürig hat mich auf die Anklagebank gesetzt und deswegen muß ich mich verteidigen. Er hat mir den Vorwurf der Methodenwidrigkeit gemacht.

Ein tödlicher Vorwurf, da ich immer bestrebt war, mich an strenge Methodenreinheit zu halten.

Auch Kelsen hat er den gleichen Vorwurf gemacht. Schade, daß er nicht da war, es wäre ein interessanter Augenblick gewesen. Ich weiß nicht, ob Dürig unterrichtet ist, daß Kelsen in bezug auf das Völkerrecht stets auf die Effektivität als rechtsinhaltliches Moment hingewiesen hat. Ihm hier einen Widerspruch vorzuwerfen, ist ungerecht.

Was mich anbelangt, hat Herr Dürig mir zunächst Methodenunreinheit vorgeworfen. Dieser Vorwurf trifft nicht zu. Ich habe in meiner „Allgemeinen Staatslehre" 3 Staatsbegriffe aufgestellt und unterschieden: den Staat als Idee, als soziologische Tatsache und als Rechtsbegriff. Und bezüglich des Staates als Rechtsbegriff habe ich die These vertreten, daß Träger der Rechtsordnung der Staat im soziologischen Sinne ist. Ich bewege mich daher durchaus nicht in der Richtung Kelsens.

Ich habe weiter auch in meiner Rechtslehre gesagt, daß die Rechtsnorm, die meiner Meinung nach ein äußeres Verhalten bei sonstiger Sanktion vorschreibt, immer einen materialen Inhalt haben muß, da es keine inhaltsblinde Rechtsnorm gibt. Für mich ist mit dem Recht der Inhalt als der Stoff, der aus dem soziologischen Tatbestand erwächst, von vornherein aufs engste verbunden.

Die Frage des Staatsuntergangs: Hier kann es nicht darauf ankommen, daß das Volk als soziologischer Tatbestand immer bleibt. Das ist selbstverständlich. Dagegen habe ich im Jahre 1920 (Der Bundesstaat als Rechtsbegriff) darzulegen versucht, daß von den drei Begriffselementen des Staates, die G. Jellinek aufgestellt hat, zwei wegfallen müssen, nämlich das Staatsgebiet und das Staatsvolk.

Ich habe mir erlaubt, auszuführen, daß das Staatsgebiet unmöglich ein Staatselement sein kann. Denn sonst könnte man einen Marsbewohner, der Hochverrat gegen Deutschland auf einem fliegenden Teller ausübt, in Deutschland niemals strafrechtlich zur Verantwortung ziehen, obwohl das unbestritten ist. Die Strafgerichtsbarkeit ist doch zweifellos ein Bestandteil der Staatsgewalt. Die Staatsgewalt ist nicht an das Staatsgebiet geknüpft, sondern geht darüber hinaus bis in die Stratosphäre. Das Staatsgebiet ist nur die territoriale Unterlage der normalen Staatsbehörden, ihr örtlicher Kompetenzbereich. Das Staatsvolk aber ist nichts anderes als die Kehrseite der Staatsgewalt.

Wenn die Staatsgewalt das einzige bleibende Begriffselement des Staates ist, dann muß der Staat zugrunde gehen, wenn die Staatsgewalt zugrunde gegangen ist. Dies ist meine Theorie, die ich bezüglich der Revolution ausgesprochen habe. Die Vernichtung der Staatsgewalt ist das Ausschlaggebende. Deshalb ist für mich, wenn diese Staatsgewalt verschwunden ist, auch der Staat verschwunden. Das ist streng logisch. Herr Dürig hat immer von Staatsorganisation gesprochen. Damit ist nichts geholfen. Herr v. d. Heydte hat verschiedenen Arten von Staatsgewalt stufenmäßig unterschieden. Darauf lasse ich mich nicht weiter ein, denn schließlich muß der Staat als solcher eine höchste Gewalt darstellen. (Eine relativ höchste, mit Berücksichtigung der Einordnung unter das Völkerrecht). Sonst wäre es gar keine Staatsgewalt, nur die Gewalt eines Selbstverwaltungskörpers. Der Staat ist also mit dem Untergang der Staatsgewalt tatsächlich untergegangen. Das Bundesverf.Ger. war nahe daran, sich dieser Theorie anzuschließen. Dann hat es doch halt gemacht, weil die Lehre in die Politik hineinspielt. Das Bundesverfassungsgericht will heute diese politischen Dinge nicht anrühren. Davor hat der verstorbene Präsident gewarnt.

Zu dem Dürigschen Begriff des selbständig existierenden objektiven Geistes möchte ich bemerken, daß diese Losgelöstheit des objektiven Geistes von den einzelnen individuellen Bewußtseinträgern aufhört, wenn sie alle gestorben sind. Diese Lehre hat also eine Grenze. Gewiß sind die Individuen in einen größeren sozialen Zusammenhang eingebaut. Aber Träger des sogenannten objektiven Geistes ist immer nur das Individuum. Wenn das aufhört, hört auch der objektive Geist auf. Dürig hat weiter die Bedeutung des objektiven Geistes für den Begriff des Volkes angeführt. Diese These hat aber m. E. aus diesem Grunde keine Bedeutung für unser Thema. Wenn das Volk überhaupt kein Staatselement ist, dann ist die Frage, wie man zum Begriff des Volkes kommt, eine rein soziologische Frage, aus der sich keine rechtlichen Konsequenzen ergeben. Das Volk ist nur soweit rechtsbedeutsam, als es durch die Staatsgewalt erfaßt wird. Darum kann man mit dem Fortbestand des Volkes nicht argumentieren. Es hat mit dem Fortbestand des Staates nichts zu tun. Man kann nicht vom Dasein des Volkes auf den Staat schließen, nur umgekehrt. Auch das vierte von Dürig angeführte Staatselement der Tradition kann nur in soziologischem Sinne verwendet werden. Nach meiner Meinung gibt es, wie gesagt, nur ein Element des Staates, nämlich die Staatsgewalt.

Auch der Begriff der Nation, auf den Herr v. d. Heydte hingewiesen hat, kann für das Problem des Fortbestandes des Staates nichts beweisen. Die Begriffe Volk und Nation unterscheiden sich dadurch, daß es sich beim Volk um einen objektiven Tatbestand handelt. Der Begriff Nation muß m. E. im Gegensatz zum Begriff des Volkes eine Bejahung seitens der Beteiligten enthalten. Volk und Nation sagen aber über das Vorhandensein des Staates nichts aus, deshalb auch nichts über den Fortbestand des Staates. Es gibt auch staatlich geteilte Völker — man denke beispielsw. an das deutsche Volkstum in Deutschland, Österreich, Liechtenstein, eventuell in der Schweiz — und Nationen ohne staatliche Organisation. Ich verweise auf den Fortbestand der polnischen Nation nach der Teilung Polens. Ein polnischer Staat bestand damals natürlich nicht.

Scheuner-Bonn: Die hier behandelten Fragen reichen sehr tief in staatstheoretische Auseinandersetzungen hinein. Wir dürfen es Herrn Dürig danken, daß er uns die Bedeutung und das Gewicht dieser Fragen so eindringlich vor Augen geführt hat. Es handelt sich nicht nur um die Interpretation von Einzelheiten des gegenwärtigen deutschen Status, sondern hinter den Gegensätzen in den speziellen Fragen werden zwei im Ansatz verschiedene Anschauungen vom Staate in seiner sozialen und rechtlichen Erscheinung und von den Grundlagen der Staatslehre sichtbar. Auf der einen Seite steht eine positivistische Anschauung des Staates. Sie faßt ihn in radikaler Ausprägung als eine bloße normative Ordnung auf, die sich aus einer als Grundnorm bezeichneten Faktizität ableitet. Oder aber sie deutet den Staat als die aus einer bestehenden tatsächlichen Herrschaft fließende Willensmacht und läßt von da aus Recht und Bestand aller staatlichen Normen herstammen. Demgegenüber steht auf der anderen Seite eine Sicht des Staates, wie sie uns Herr Dürig gegeben hat. Sie macht den Versuch, in Anlehnung an moderne phänomenologische Untersuchungen den Staat zu verstehen aus den Lebensprozessen geistiger Vereinheitlichung und Aktivität seiner Glieder, die ihn als eine überindividuelle Einheit des Bewußtseins und des Handelns tragen. Von dieser Basis aus ergeben sich dann zur Frage der Kontinuität des Untergangs und der Erneuerung selbst nach zeitweiser Unterbrechung des organisatorischen Rahmens Feststellungen, die sich nicht auf die Beachtung allein der normativen oder der faktischen Seite konzentrieren, sondern beide dialektisch zu vereinigen wissen. Wenn wir noch tiefer in diese Zusammenhänge eindringen, so stoßen wir auf den Gegensatz zweier alter Anschauungen des Staates. Die eine versteht den Staat in erster Linie als Macht, die ein Land und ein Volk bezwingt. Nur wo eine solche übergeordnete Willensmacht gegeben ist und sich behauptet, wird der Staat als existent angesehen. Wo sie zerspringt, wird mit den Institutionen der Gewaltausübung und der Herrschaftsorganisation zugleich das Staatswesen als zerfallen angesehen. Vom Boden dieser Auffassung aus kommt es auf die Aneignung der tatsächlichen vollen Gewalt an. Der Staat ist für sie Willen und Macht. Bei Veränderungen und Revolutionen, so hat in der großen englischen Revolution Anthony Ascham die neuen Gewalten gerechtfertigt, dürfen wir denen gehorchen, die den vollen Besitz der Macht gewinnen; unter sie hat uns das Geschick gewiesen. Dem steht eine andere Lehre vom

Staate gegenüber, wie sie uns Herr Dürig vorgetragen hat und wie ich sie in ähnlicher Weise für mich annehmen möchte. Sie gründet Existenz und Bestand des Staates auf die Mitwirkung und Zustimmung des ganzen Volkes. Hier treten Elemente jener alten Lehre hervor, die im consensus der Regierten das entscheidende Moment erblicken, aus dem alle Herrschaft sich ableitet und begrenzt. Wo in diesem Sinne der Kern staatlichen Bestehens nicht im bloßen Besitz der obersten Macht allein gesehen wird, sondern in der inneren Verbundenheit aller Glieder des Staatswesens, kann der Staat auch fortbestehen, obwohl vorübergehend der äußere organisatorische Apparat zerbrochen oder ausgeschaltet wird, und obgleich zeitweise die höchste Befehlsgewalt in fremde Hände übergeht. Denn hier ist nicht im Sinne des Hobbes Befehl und Machtübung, sondern fortdauernde aktive Verbundenheit aller Glieder das Lebenselement des Staates. Ähnliches gilt für die Rechtsordnung. Wo man sie allein als Manifestion staatlicher Befehlsgewalt ansieht, fällt sie mit deren Zerbrechen dahin. Nach der anderen Anschauung dagegen kann die Rechtsordnung die im rechtlichen Bewußtsein der Gemeinschaft wurzelt, den Fall der Staatsorganisation überdauern, die sie gestützt und getragen hat.

Das Völkerrecht hat praktisch — ohne die Frage zu vertiefen — weithin den Bestand des Staates nicht von der jeweiligen Innehabung der Macht, sondern von der fortdauernden inneren Verbundenheit des Volkes abhängig gemacht. Es faßt daher eine Okkupation nicht als eine Art Annexion auf, sondern charakterisiert sie als zeitweilige Übernahme staatlicher Funktionen durch den Okkupanten, während die eigentliche Staatlichkeit fortbesteht. Im Grunde geht es bei diesen Auseinandersetzungen um die Fragen der Kontinuität und des Überdauerns bei den Erscheinungen von Staat und Recht. Für sie kommt es nicht — um einmal in der Terminologie der Staatstheorie von Georg Jellinek zu sprechen — auf Volk und Land an, die nur die physische Grundlage bilden, sondern auf jenes als Staatsgewalt benannte dritte Element. Ihm hat Herr Dürig gegenüber der Machttheorie eine modernere, ungleich feinere und lebendigere Deutung gegeben. Es wird dargestellt durch den geistigen Strom gemeinsamen Bewußtseins, der durch die Zeiten hindurchgeht, und der doch wiederum in jedem Moment erneut von der Gesamtheit empfunden und fortgetragen werden muß. Wo dieser lebendige Fortgang aufhört, verliert der bloße organisatorische Bestand der Macht seinen Sinn und Halt. Ist die bewegende innere Kraft eines Staatswesens entfallen, wie dies in der österreichischen- ungarischen Monarchie nach dem Tode Kaiser Franz Josefs, der zuletzt noch die Staatsidee des Reiches in sich verkörpert hatte, der Fall war, ist der äußere Niederbruch vor der Tür. Man sollte in der Tat in der Staats- und Völkerrechtslehre größeres Gewicht auf diese inneren Momente legen.

Ich bin daher Herrn Spanner dankbar für seine Erwähnung des österreichischen Geschehens der Jahre 1938—45. Unzweifelhaft erhält die offizielle österreichische Theorie einer möglichen Fortexistenz des Staates trotz Annexion (die hier als bloße Okkupation gedeutet wird) durch die Ausführungen von Herrn Dürig eine gewisse Stütze. Nur in einem untergeordneten Punkte würde ich einen Vorbehalt gegenüber Herrn Dürig machen. Er spricht von einem normativen Voluntarismus; diese Vokabel scheint mir allein im Bereiche des positivistischen Blickfeldes, nicht aber auf dem Boden einer phänomenologischen Deutung verwendbar.

In den Einzelfragen möchte ich betonen, daß es mir nicht angängig erscheint, sich hinter die juristische Unlösbarkeit der Fragen zu flüchten. Praktische Notwendigkeiten zwingen dazu, Lösungen zu suchen. Notwendig wird es allerdings sein, ihnen eine dynamische Tendenz zu geben. Die Antworten dürfen nicht in ein zu enges konstruktives Bett gefaßt werden. Man muß in einer Situation, die so im Fluß ist, eine Stellungnahme gewinnen, die die Zukunft nicht präjudiziert. Die letzten Richtigstellungen aller theoretischen Deutungen wird nur die Zukunft bringen. Übersehen wir auch nicht, daß in solchen Auseinandersetzungen jede rechtliche Interpretation ein bestimmtes politisches Moment enthält. Was wir hier diskutieren, sind nur die von deutscher Seite entworfenen Thesen. Ihnen stehen etwa von französischer oder sowjetischer Seite wieder ganz andere Deutungen der deutschen Gegenwart gegenüber. Ihnen gegenüber sinken die Unterschiede der verschiedenen in Deutschland vertretenen Meinungen zu relativen Gegensätzen herab. In Frankreich hat man seit 1945 gern von einem Untergang der deutschen Staatlichkeit gesprochen, sieht die Bundesrepublik und die Deutsche Demokratische Republik als Neubildungen an (ohne Zuständigkeit für das Ganze) und neigt neuestens dazu, von der Existenz zweier unabhängiger deutscher Staatswesen in West und Ost auszugehen. Die deutsche Auffassung hingegen geht, von einigen Ausnahmen abgesehen, vom Fortbestand der deutschen gesamtstaatlichen Einheit aus. Alle Lösungen, die hier gefunden werden können, werden ein bestimmtes Moment der künftigen Entwicklung enthalten und daher in einem gewissen Maße nicht allein konstruktiven Vorstellungen, sondern auch politischen Anschauungen entspringen. Das gilt für die von deutscher wie die von alliierter Seite verfochtenen Ansichten. Unter diesem Gesichtspunkt wird daher man berechtigt sein, eine bestimmte Sicht der deutschen Gegenwartslage nicht nur unter rein staatstheoretischen Aspekten zu würdigen, sondern ihr die Frage vorzulegen, ob sie in der Lage ist, auch künftigen Entwicklungen und Auseinandersetzungen über den Bestand des deutschen Staates, die Wiedervereinigung und die Grundlagen der deutschen rechtlichen Position standzuhalten. Es ist auch unter diesen Gesichtspunkten, daß mir eine Deutung der deutschen Lage geeignet erscheint, die im Sinne auch der neueren Abmachungen der Bundesrepublik deren Anspruch klarstellt, die maßgebliche Repräsentation des deutschen Gesamtstaates — wenngleich z. Z. in territorialer faktischer Begrenzung — zu sein und für alle Deutschen handeln können. Gegenüber der von Herrn von der Heydte vorgetragenen Auffassung, mit der ich nicht im einzelnen in Auseinandersetzung treten kann, will ich nur vier Fragen erheben.

1. Wie möchte Herr von der Heydte den Anspruch Deutschlands auf Wiedervereinigung begründen? Will er sich hier auf die fortbestehende Gesamtordnung stützen?
2. Kann er einer Teilordnung die Möglichkeit völkerrechtlichen Handelns zugestehen, ohne sie allen übrigen von ihm angenommenen Teilordnungen auch zuzubilligen?
3. Wie will er von seiner Sicht aus das Recht der Bundesrepublik klarlegen, sich jedes Deutschen anzunehmen und für die Gesamtheit des Volkes zu sprechen?
4. Wie gelangt er dazu, zwischen der Rechtsordnung der Deutschen Demokratischen Republik und der der Bundesrepublik zu differenzieren? Weshalb gelten deren Anordnungen nicht bei uns? Die Berufung auf das interlokale Privatrecht scheint mir hier zu versagen, wo allein die Einsicht darin, daß hier zwei rivalisierende Regierungen gegenseitig ihre politischen Akte nicht respektieren, weiterzuhelfen vermag.

Warncke-Köln: Wenn die Auffassung vertreten wurde, die Frage nach der „Rechtslage des deutschen Staates seit 1945" könne nicht gelöst werden, so möchte ich mit den beiden Herren Referenten sagen, daß eine Antwort des Juristen nicht nur verlangt, sondern auch gefunden werden kann.

Vom Völkerrecht her liegen, abgesehen von nicht grundsätzlichen Bestimmungen des Potsdamer Abkommens, rechtlich zwingende Änderungen bisher nicht vor. Mangels einer neugeschaffenen völkerrechtlichen Lage ist also von dem Weiterbestehen des deutschen Gesamtstaates auszugehen.

Bei der Prüfung der staatsrechtlichen Seite hat Herr Dürig eine Staatstheorie vorgetragen, die noch vor wenigen Jahren überwiegend abgelehnt worden wäre. Erich Kaufmann hat schon vor 28 Jahren vor diesem Gremium bei der Auslegung des Gleichheitsgrundsatzes in der Weimarer Verfassung unter Hinwendung zu einer idealistischen Rechts- und Staatsphilosophie Bedenken gegen den Rechtspositivismus geltend gemacht. Auch Herr Dürig wendet sich stark davon ab einer idealistischen Staatslehre zu. Er meint, die auch von Frhr. v. d. Heydte erwähnte Wendung vom rein normativen zum geistigen, zum historisch sozialen Staatsbegriff.

Recht und Staat erscheinen so wesentlich als geistige, finale Werte, die der traditio und fortgesetzten Verwirklichung (Integration) bedürfen, um lebendig zu sein. Schon von Parmenides und Plato wurden die hier auftauchenden Fragen beantwortet und den Namen von Theodor Litt und Nikolai Hartmann würde ich noch den von Aloys Müller hinzufügen, der unbedingt der Erwähnung bedarf.

Wenn das Recht als geistige „Realität" bezeichnet wurde, so möchte ich mit der Ontologie den Begriff „Irrealität" — nach platonischer Auffassung würde „Idealität" etwa dasselbe ausdrücken — vorziehen.

Jedenfalls ist Recht seinem Wesen nach nur dann Recht, wenn es im Einklang mit der Gesamtkultur steht, wenn eine enge Verbindung mit den anderen geistigen Werten, insbesondere den logischen, ethischen, religiösen gewahrt ist. Vor zwei Jahren hat hier Ernst von Hippel in seinem Referat über „Ungeschriebenes Verfassungsrecht" im Hinblick auf das Naturrecht diese Zusammenhänge stark betont. Und in Wirklichkeit haben alle Naturrechtslehren ihre Bedeutung für das Recht und die Rechtswissenschaft dadurch, daß sie die Abhängigkeit des positiven Rechts von dieser geistigen Grundlage betont haben: zunächst die Verknüpfung mit den religiösen Normen, dem göttlichen Recht, dann den Hinweis auf die ethischen Werte, die Regeln der Sittlichkeit (Leibniz) und schließlich die Begründung des Naturrechts als Vernunftrecht aus der Natur des Menschen als vernünftigen und moralischen Wesens. Diese Gedanken finden wir in der griechischen Staatsphilosophie, sie wurden im Mittelalter und in der Neuzeit wiederum begründet.

Was hier vom Recht gesagt ist, gilt in gleichem Maße vom Wesen des Staates. Auch er ist begrifflich zuerst von den geistigen Werten aus zu erfassen. Fritz Schulz wies nach, daß die „Prinzipien des römischen Rechts" auch die Hauptmerkmale der römischen Staatsidee waren, nämlich traditio, natio, humanitas, fides usw. Wenn Herr Dürig die Bedeutung der „Tradition" hervorhebt und vom „Strom der Zeit" spricht, der durch Staat und Staatsgewalt hindurchgeht, so drückt Cicero in seiner Schrift „de re publica" denselben Gedanken so aus: „nostra autem res publica non unius est ingenio sed multorum, nec una hominis vita, sed aliquod constituta saeculis et aetatibus".

Bei der Formulierung des soziologischen Staatsbegriffes halte ich ein gewisses Mißtrauen insofern für geboten, als manche Soziologen dazu neigen, den naturwissenschaftlichen Kausalbegriff in den Kreis der Geisteswissenschaften einzuführen. Der Staat als wesentlich geistiger Wert und Begriff ist aber nur mit geisteswissenschaftlichen Methoden, also phänomenologisch und vielleicht auch psychologisch zu begreifen. Jedenfalls ist die geistige und psychische Existenz des gesamten deutschen Volkes für Begriff und Rechtslage des deutschen Staates wesentlich.

Um diese Erörterungen auf das Thema anzuwenden, möchte ich mit folgendem schließen:

Ob man die verschiedenen Theorien, wie Identitäts-, Kontinitäts- oder Dachtheorie usw. für mehr oder weniger richtig hält, entscheidend ist eine entsprechende geistige Untermauerung, wie sie von beiden Referenten für erforderlich gehalten wurde. Jedenfalls ist Deutschland auch heute ein Staat, trotz der von außen gegen den Willen des deutschen Volkes aufgezwungenen organisatorischen, also rein geographisch-physischen Zonentrennung.

Merk-Tübingen: Ich fasse meine Ausführungen in fünf Punkte zusammen.

Zunächst ein Wort zu einer geschichtlichen Bemerkung des Herrn von der Heydte, mit der er auf den Westfälischen Friedensvertrag und die — in die Wiener-Kongreß-Akte — aufgenommenen Deutsche Bundesakte mit ihrer Regelung von verfassungsrechtlichen Verhältnissen Deutschlands hingewiesen hat. Diese Vorgänge zeigen gewiß die Bedeutsamkeit, aber auch die Gefahren der Mittellage Deutschlands in Europa. Aber es ist doch für uns betrübend, daß — was wir so bei keinem anderen europäischen Staate sehen — durch fremde Mächte innere Verfassungsverhältnisse des deutschen Volkes bestimmt und unter ihre Gewähr gestellt worden sind, also ohne deren Zustimmung rechtlich nicht geändert werden konnten; das verdanken wir unserer damaligen politischen Zerrissenheit und Ohnmacht. Einen ähnlichen Zustand haben wir wieder infolge der Überheblichkeit des nationalsozialistischen Führerstaats nach 1945 mit dem Eingreifen der Besatzungsmächte in die Regelung der verfassungsrechtlichen Verhältnisse Deutschlands erlebt.

Sodann ist in den Leitsätzen des Herrn von der Heydte unter B 1 bemerkt, der Staat sei der Inbegriff bestimmter Beziehungen zwischen bestimmten Menschen. Das erscheint mir zu unbestimmt und zu einzeltümlich gedacht. Der Staat stellt m. E. seinem Kerngehalt nach den Willens- und Machtverband eines Volkes auf einem bestimmten Gebiete im Sinne einer rechts- und handlungsfähigen Gesamtpersönlichkeit unter einer ursprünglichen, beim vollkommenen Staate auch unabhängigen, Herrschaftsgewalt dar. Wenn man die Auffassung Kelsens ablehnt, wonach Staat und Recht zusammenfallen, so sollte man m. E. auch nicht einfach mit Bezug auf den Staat von „Ordnung", und mit Bezug auf den gegenwärtigen Zustand Deutschlands von „Teilordnungen", sprechen. Staat und Recht verhalten sich vielmehr zueinander wie der Verband eines Volkes zur Ordnung dieses Verbandes.

Der dritte Punkt betrifft die Frage nach dem Fortbestand des Deutschen Reichs nach 1945. Es ist so, daß auch die völlige kriegerische Niederkämpfung und Besetzung eines Staates als solche nicht den Untergang des besiegten Staates zur Folge haben, sofern damit nicht der dauernde und endgültige Wegfall eines der wesentlichen Begriffsmerkmale des Staates — Staatsvolk, Staatsgebiet, Staatsgewalt —, d. h. hier insbesondere der Staatsgewalt, verbunden ist; dies kommt dann regelmäßig zum Ausdruck in einer rechtlichen Willenserklärung, entweder einer einseitigen Einverleibungserklärung des Siegerstaates oder einem Vertrag, insbesondere Friedensvertrag, des Siegerstaates und des besiegten Staates über dessen Aufgehen in den Siegerstaat, wie dies z. B. hinsichtlich der Burenfreistaaten im Friedensvertrag von Pretoria am 31. Mai 1902 geschehen ist. Von beidem ist mit Bezug auf Deutschland keine Rede. Die völlige Übergabe vom 8. Mai 1945 hat ausweislich der im Auftrage des deutschen Oberkommandos der Wehrmacht ausgefertigten Urkunde lediglich militärische Bedeutung — die Waffenstreckung der ganzen deutschen Wehrmacht —, nicht aber unmittelbar politische Bedeutung gehabt; eine Übertragung der deutschen Staatsgewalt insbesondere an die Feindbundmächte hat nicht stattgefunden. Weiter haben die verbündeten Mächte in der sog. Viermächteerklärung vom 5. 6. 1945 ausdrücklich erklärt, daß eine Einverleibung Deutschlands von ihnen nicht vorgenommen werde. So ist auch insbesondere die deutsche Staatsangehörigkeit nach wie vor von den Besatzungsmächten anerkannt worden; niemand, der am 9. 5. 1945 die deutsche Staatsangehörigkeit besessen hat, ist in diesem Zeitpunkte staatenlos geworden, um später erst wieder die deutsche Staatsangehörigkeit in einem neugebildeten Staate zu erwerben. Weiter ist in der Erklärung vom 5. 6. 1945 von den Grenzen Deutschlands vom 31. 12. 1937 die Rede. In der Frankfurter Urkunde Nr. 1 der drei westlichen Besatzungsmächte vom 1. 7. 1948 ist dann die Bestimmung enthalten, daß, wenn die zu beschließende Verfassung von zwei Dritteln der westdeutschen Länder angenommen ist, sie in Kraft tritt und für alle Länder bindend ist, was dann entsprechend in das Bonner GG übernommen worden ist; danach hat auch Bayern mitmachen müssen, obwohl bekanntlich dort der Landtag das GG abgelehnt hat. All das ist nicht denkbar, ohne die Vorstellung, daß der deutsche Staat, also das im Jahre 1871 gegründete neue Deutsche Reich, fortbestanden hat. Die deutsche Staatsgewalt, die nach der Beseitigung der kurzlebigen Regierung Dönitz zunächst wegen Fehlens staatlicher Willensträger geruht hat, ist zunächst in den neu bzw. (bei Bayern und den Hansestädten) wiedergebildeten Ländern und dann im Gesamtverband des westdeutschen Volkes wiederaufgelebt. Ich kann deshalb die Auffassung des Herrn Apelt nicht teilen, der sich auf den Bayerischen Verfassungsgerichtshof berufen hat, wonach das 1871 gegründete Reich 1945 untergegangen sei, wie das ja auch Kelsen und Nawiasky behauptet haben. Aber mit dieser Auffassung steht der Bayerische

Verfassungsgerichtshof — dessen Entscheidung mir übrigens nicht weiter bekanntgeworden ist — so gut wie allein, da nicht nur das GG, sondern auch der Bundesgerichtshof und das Bundesverfassungsgericht von dem Fortbestande des Reichs ausgehen. Ich für meine Person lehne jedenfalls die Auffassung ab, daß das Reich im Jahre 1945 untergegangen sei. In Bayern sind bekanntlich immer wieder besondere staatsrechtliche Auffassungen vertreten worden, die im übrigen Reiche keinen Anklang gefunden haben: es sei hier nur an die Lehre Max von Seydels über die rechtliche Natur des zweiten deutschen Kaiserreiches als eines bloßen Staatenbundes erinnert.

Dann zum vierten Punkt. Wenn wir danach von der Fortdauer des alten deutschen Staates nach 1945 auszugehen haben, wie steht es aber dann mit diesem Staate, nachdem im Jahre 1949 im Westen der Bundesfreistaat Deutschland und in Mitteldeutschland die DDR entstanden sind? Dabei sei hier der Einfachheit halber von den anderen Gebietsteilen, die am 31. 12. 1937 zum Deutschen Reich gehört haben, abgesehen. Ich vermag die Behauptung in den Leitgedanken des Herrn von der Heydte unter C 2, daß die Dieselbigkeitslehre und die Teilverbandslehre in gleicher Weise rechtlich vertretbar seien und es Sache der Politiker sei, hier die Entscheidung zu treffen, in dieser Form nicht als zutreffend anzuerkennen. Die rechtliche Erfassung der Wirklichkeit ist Sache der Rechtskundigen, während es Sache der Politiker ist, einen endgültigen politischen Zustand zu schaffen. Es handelt sich hier um einen Übergangszustand, wie dies ja auch im Vorspruch und in Art. 23 und 146 des GG zum Ausdruck gebracht ist. So ergeben sich gewisse Zweifelsfragen und Schwierigkeiten, da ein Friedensvertrag über die endgültige Gestaltung der deutschen Verhältnisse, und insbesondere der deutschen Grenzen, bisher nicht ergangen ist. Zunächst ist davon auszugehen, daß, wie gesagt, das Deutsche Reich von 1871 auch nach dem 8. 5. 1945 fortbestanden hat und auch heute noch fortbesteht. Daß es nun aber neben und über dem westdeutschen Bundesfreistaat und der DDR als Teilverbänden — unabhängig davon — das „Deutsche Reich" in den Grenzen von 1937 als Staats- und Rechtspersönlichkeit, also drei voneinander verschiedene staatliche Gebilde, bestehen sollen, wie dies in den mir soeben zugänglich gewordenen Aushängebogen der zweiten Auflage des Mangoldtschen Erläuterungsbuches zum GG behauptet wird (S. 27ff.), geht m. E. nicht an. Wir können nur sagen, der Gedanke eines einheitlichen deutschen Staates ist im westlichen wie im östlichen Besatzungsgebiet trotz der beiden von den Besatzungsmächten zugelassenen bzw. geschaffenen Gebilde, wobei das ganze deutsche Volk nicht zur Bildung eines einheitlichen deutschen Staates innerhalb der Grenzen von 1937 zugelassen wurde, noch lebendig; ferner bestehen auch noch gewisse Rechtseinrichtungen in Nachwirkung des früheren deutschen

Staates fort, das deutsche Staatsgebiet in den Grenzen von 1937 und weiter die deutsche Staatsangehörigkeit. Im übrigen aber sind der Bundesfreistaat Deutschland und die DDR vorerst nur vorübergehende Gebilde; die Eigentümlichkeit ist dabei, daß jedes dieser Gebilde das andere völkerrechtlich und diplomatisch nicht anerkennt, sondern in Anspruch nimmt, für das ganze deutsche Volk den wahren Staat darzustellen, mag auch deren Herrschaftsgewalt sich nur auf ein nach den Besatzungsmächten bestimmtes Teilgebiet z. Z. beschränken. Es ist dann aber doch die Frage, ob wir die DDR als einen Staat im wahren Sinne des Wortes betrachten können. Es handelt sich um ein von Rußland militärisch besetztes Gebiet, in dem von einer freien Willensäußerung der Bevölkerung keine Rede ist. Es besteht dort die Gewaltherrschaft einer kleinen Minderheit, gestützt auf die militärische Macht Rußlands, die aber bei freien Wahlen offenbar sofort verschwinden würde; die Vereinigung des dort wohnhaften deutschen Volksteils mit dem westlichen Teile wird nur durch äußere Maßnahmen verhindert, die Trennung beruht nicht auf dem Willen jenes Volksteils. Für den Bundesfreistaat Deutschland dagegen können wir sagen, daß er, im ganzen gesehen, auf dem freien Willen des westdeutschen Volkes beruht, mag auch das GG, das aber nur einen vorläufigen Notbau darstellt, nicht ohne erhebliche Einwirkung der westlichen Besatzungsmächte zustande gekommen sein. Man kann im übrigen nicht außer acht lassen, daß er drei Viertel der Bevölkerung mit etwa 50 Millionen, dagegen die DDR nur ein Viertel nit 18 Millionen umfaßt. So möchte ich meinen, daß wir für die Übergangszeit den Bundesfreistaat Deutschland jedenfalls mit mehr Recht als den deutschen Staat ansehen dürfen als die DDR. Er stellt ein vorläufiges „Kleinstdeutschland" dar; wir können im Falle der Wiedervereinigung von einer Ausdehnung der Staatsgewalt des westdeutschen Freistaats auf Mitteldeutschland sprechen, unbeschadet insb. der Frage, inwieweit Verträge, die der Bundesfreistaat Deutschland abgeschlossen hat, auch bei einer solchen Änderung den Gesamtstaat binden, was z. T. gegebenenfalls rechtlich zu regeln wäre, z. T. aber auch schon nach verschiedener Richtung hin geregelt ist, wie z. B. bei dem Londoner Schuldenabkommen. Jenes schattenhafte dritte staatliche Gebilde, der „Dachstaat", würde dabei überhaupt nicht in die Erscheinung treten. Nehmen wir an — was wir alle nicht hoffen wollen — in einem Friedensvertrage würde Mitteldeutschland endgültig von Deutschland losgetrennt werden, so wird man nicht sagen können, das 1871 gegründete Deutsche Reich sei jetzt untergegangen; wir würden nicht verstehen, wieso dann auf einmal und jetzt der Bundesfreistaat Deutschland dieselbe Staats- und Rechtspersönlichkeit sein soll wie das Deutsche Reich vor 1945. Wenn wir von derselben Staats- und Rechtspersönlichkeit mit Bezug auf den

Bundesfreistaat Deutschland ausgehen, dann verschwinden diese Schwierigkeiten. Ich halte hiernach die vorliegende Frage nicht, wie Herr Apelt meinte, jetzt für unlösbar. Gewiß, die Herrschaftsgewalt des westlichen Staates erstreckt sich z. Zt. grundsätzlich nur auf das Gebiet der westdeutschen Länder; aber es läßt sich nicht vermeiden, daß darüber hinausgegangen wird, weil in der DDR das deutsche Volk nicht frei seinen politischen Willen äußern kann, wie wir dies schon im Vorspruch des GG ausgedrückt finden. Es kann da von einer treuhänderischen Art der Wahrung von Angelegenheiten für das ganze deutsche Volk gesprochen werden. So können wir nur sagen: der Bundesfreistaat Deutschland ist vorerst an der Ausübung der Staatsgewalt innerhalb der ganzen Grenzen von 1937, insbesondere über die „deutschen Staatsangehörigen" des russisch besetzten Gebiets, gehindert (vgl. auch Art. 23 GG). Jedenfalls ist alles Reichsvermögen innerhalb des Bundesfreistaats grundsätzlich Bundesvermögen geworden und ist also nicht mehr ein davon verschiedenes Reichsvermögen; die Reichsgesetze sind Bundesgesetze geworden und nicht davon unabhängige Reichsgesetze geblieben: sollen sie denn etwa als solche unverändert fortbestehen, wenn eine Änderung im Bundesfreistaat vorgenommen worden ist? Man käme zu einem unwirklichen Gebilde, wenn man annimmt, daß eine besondere Staatspersönlichkeit, „Deutsches Reich" genannt, daneben noch — ohne Willensträger und ohne Handlungsfähigkeit — in den Grenzen von 1937 mit den deutschen Staatsangehörigen im Bundesfreistaat und der DDR fortbesteht. Ich vermag so die Auffassung, daß außer dem Bundesfreistaat Deutschland eine davon verschiedene besondere Staats- und Rechtspersönlichkeit „Deutsches Reich" als sogenannter „Dachstaat" vorhanden sei, nicht als richtig anzuerkennen. Wenn Mitteldeutschland abgetreten werden müßte — das könnte aber doch nur durch den Bundesfreistaat geschehen, und nicht durch jenen „Dachstaat", aber doch nicht als bloßen „Teilstaat", wozu er ja gar nicht befugt wäre — oder uns dauernd verloren ginge, da müßten wir diesen westdeutschen Staat eben endgültig als „Kleinstdeutschland", als das uns verbliebene Reich, ansehen müssen. Vorerst liegen aber nur einstweilige Zustände vor. Ich habe in der Vorlesung das Bild gebraucht: es ist bestenfalls vergleichsweise ähnlich, wie wenn ein Fluß sich in zwei Arme zerteilt und noch nicht feststeht, ob sie sich wieder vereinigen oder endgültig trennen, der eine sozusagen nach Westen und der andere nach Osten fließt; aber daß der hauptsächlichste Arm noch der alte Fluß ist, läßt sich nicht in Abrede stellen.

Endlich noch einige Bemerkungen zum gehaltvollen Vortrage von Herrn Dürig. Tatsächliches und Rechtliches geht — wie bei der Unterscheidung zwischen Tatbestand bzw. seiner Erfüllung und Rechtsfolge in den Rechtssätzen überhaupt — auch bei der Entstehung des Staates eng zusammen. Die Entstehung des Staates ist zunächst eine geschichtliche Tatsache, die freilich sofort eine Wendung ins Rechtliche nimmt, insofern damit ein Verband eines Volkes auf einem bestimmten Gebiete unter einer ursprünglichen, beim vollkommenen Staate auch unabhängigen Herrschaftsgewalt im Sinne einer rechts- und handlungsfähigen Gesamtpersönlichkeit gebildet wird. Es muß also durch einen geschichtlichen Vorgang eine rechtliche Vereinigung eines Volkes gebildet werden. Wir kommen weiter nicht darum herum, Staatsgebiet und Staatsvolk als natürliche Grundlagen des Staates anzusehen und dies im Staatsbegriff zu berücksichtigen. Das bedeutet nichts anderes, als daß die rechtliche Vereinigung eines Volkes unter einer ursprünglichen bzw. unabhängigen Herrschaftsgewalt auf einem bestimmten Gebiet besteht, m. a. W., daß es sich dabei nicht nur um einen persönlichen Verband handelt, sondern auch eine sachliche Grundlage vorhanden ist, der Staat eine sog. Gebietskörperschaft ist; nur so haben wir eine klare Abgrenzung gegenüber Gebilden anderer Art, die wir infolge Fehlens der Gebietsgrundlage nicht als Staat ansehen können, wie z. B. die katholische Kirche. Ich sehe nicht ein, warum neben der Staatsgewalt nicht auch Staatsvolk und Staatsgebiet zu den Begriffsmerkmalen des Staates gerechnet werden sollen.

Den Ausführungen über den sog. „objektiven Geist" im Sinne von Hegel in Verbindung mit Gedanken von Nikolai Hartmann, Theodor Litt und Smend, stimme ich weitgehend zu. Dieser sog. „objektive Geist" ist nichts außerhalb des Geistes der Einzelnen für sich Bestehendes; er kann sich freilich in äußeren Erscheinungen verkörpern. Er kann aber als eine geistige Tatsache, ja Macht, den Einzelnen gegenübertreten, aber nicht so, daß der Einzelne nicht seinerseits gestaltend auf ihn einwirken könnte. In Wirklichkeit ist hier alles im Flusse der Entwicklung: es kommt darauf an, ob und wie die Überlieferung von späteren Geschlechtern aufgenommen und wie sie weitergeführt und vielleicht umgeformt wird; führende Geister können sich im besonderen Maße schöpferisch auswirken. Im übrigen ist hier aber doch für unsere Betrachtung eine gewisse Einschränkung vorzunehmen; denn das Gesagte gilt für die gesamte geistige Kultur eines Volkes, Sprache, Kunst, Recht, Sitte usw., und nicht nur für den Staat als solchen. Wie zum Volke im letzten Grunde das Bewußtsein und der Wille der Zusammengehörigkeit gehört, so gilt dies ähnlich auch für den Staat. Daß ein Staat als Verband des Volkes ohne Bewußtsein und den Willen der überwiegenden Mehrheit des Volkes, diesem Staate anzugehören, im Fortgang der Zeiten bestehen kann, ist nicht denkbar. Von einem vierten Bestandteile des Staatsbegriffs zu sprechen, scheint mir nicht notwendig: der Verband eines Volkes ist eben im letzten Grunde eine geistige Wirklichkeit. Aber der

Staatsverband muß als eine tatsächliche Gegebenheit einmal geschichtlich geschaffen sein und fortbestehen, damit sich dieses Staatsbewußtsein daran anknüpfen kann, sonst fällt es ins Leere oder ist nicht oder nicht mehr vorhanden. Wir haben das bei unserem deutschen Volke in der Zeit von 1806—1871 gesehen, wo zwar ein gewisses gesamtdeutsches Kulturbewußtsein und ein Zusammengehörigkeitsgefühl vorhanden war, aber nicht ein Gesamtstaat und daher auch nicht ein Gesamtstaatsbewußtsein, sondern nur Bestrebungen auf Herstellung eines solchen Gesamtstaates. Wir können aber doch sagen, daß auch heute noch der Wille, einem gesamtdeutschen Staate im Sinne der Reichseinheit angehören zu wollen und nicht von ihm für immer abgetrennt zu sein, nicht nur im Westen, sondern auch größtenteils im Osten noch vorhanden ist, zumal da eine endgültige Regelung der staatlichen Verhältnisse noch nicht erfolgt ist. Aber wir müssen uns bemühen, die staatliche Einheit des deutschen Volkes wieder im vollen Sinne herbeizuführen: das Reich im Sinne eines gesamtdeutschen Staates ist uns im Augenblick aufgegeben und nicht gegeben.

Pfeifer-Wien: Aus den Reden der Vorredner sind verschiedene Gesichtspunkte hervorgegangen. Ich selbst habe das Thema des Herrn v. d. Heydte mit den realen Augen eines Wissenschaftlers und Politikers betrachtet und ich möchte vorwegschicken, daß realistisch und idealistisch zu sein keine Gegensätze sind, sondern realistisch und phantastisch. Wir müssen bei den realen Tatsachen bleiben.

Herr v. d. Heydte hat mit Recht an die Spitze seiner Ausführungen den Satz gestellt, daß die Frage: Staatsuntergang oder nicht? abhängig ist von der Frage, was wir unter Staat verstehen. Das auf einem bestimmten Gebiet seßhafte, organisierte und geführte Volk, das ist der Staat. Zunächst sind Völker da, Staaten sind Gebilde, die von Menschen geschaffen werden. Nach der klassischen Staatslehre ist für den Bestand eines Staates außer den naturhaften Elementen Staatsvolk und Staatsgebiet auch das institutionell-normative Element der Staatsgewalt erforderlich.

Der Begriff der Staatsgewalt bedarf der kritischen Beleuchtung. Nach Georg Jellinek ist sie der die gemeinsamen Zwecke des Verbandes versorgende Wille, der anordnet und die Vollziehung seiner Anordnungen leitet. Naturgemäß muß die Staatsgewalt eine einheitliche sein, die das ganze Staatsvolk und Staatsgebiet umfaßt. Damit steht und fällt der Staat. Wie steht es im Augenblick hier? Wenn wir Deutschland nennen, so müssen wir gestehen, daß es seit 1948/49 gespalten ist und daß sich tatsächlich zwei Staatsgewalten aufgetan haben. Das Deutsche Reich ist derzeit ein besetzter und handlungsunfähiger Staat. Aber gibt es überhaupt handlungsunfähige Staaten? Auf die Dauer gesehen nicht. Nur vorübergehend kann ein Staat seiner Regierung und damit seiner Handlungsfähigkeit beraubt sein und dennoch fortbestehen. Denn ich glaube, daß die Handlungsfähigkeit zum Wesen des Staates gehört. Ein handlungsfähiges Organ, das für das gesamte Deutsche Reich Pläne faßt, Anordnungen trifft und diese ausführen läßt, ist augenblicklich nicht vorhanden.

Herr v. d. Heydte hat am Schluß seiner Rede gesagt, daß bei ihm vielleicht doch noch mehr das Herz als der Verstand mitgesprochen hat. Dieser deutsche Staat, das Deutsche Reich, es lebt in den Herzen der Menschen, die dessen Staatsvolk ausgemacht haben; es ist augenblicklich nicht effektiv, sondern nur im Herzen und Willen der Nation vorhanden. Es soll wieder geschaffen werden.

Ich komme damit zum Verhältnis Staat und Nation. Herr v. d. Heydte meinte, daß beim Staate vom menschlichen Willen gewillkürte Beziehungen vorhanden seien, die Nation hingegen dem Menschen aufgegeben und von seinem Willen unabhängig sei. Diesem Nationsbegriff kann ich nicht beipflichten. Der Nationsbegriff in dem in Deutschland und Mitteleuropa gebräuchlichen Sinn setzt das Volk im natürlichen Sinne voraus. Dieses ist eine Bluts-, Kultur- und Schicksalsgemeinschaft, in die der Einzelne hineingeboren wird, und ist zugleich eine seelische Gemeinschaft, die auf dem Zusammengehörigkeitsgefühl des Volksgenossen beruht.

Bei voller Entfaltung des Gemeinschaftsbewußtseins wandelt sich das Volk zur Nation. Die Nation ist vorhanden, wenn das bloße Gemeinschaftsbewußtsein eines Volkes sich zum Gemeinschaftswillen steigert, d. h. zu einem Willen nach gemeinsamer Lebens- und Zukunftsgestaltung. In dem Augenblick, in dem ein Volk als Kampfgemeinschaft auftritt, wie die staatlich nicht geeinten Griechen im Kampf gegen die Perser, die deutschen Stämme im Kampf gegen die Ungarn und die deutschen Einzelstaaten im Befreiungskampf gegen Napoleon, in dem Augenblick ist das Volk bereits im vollen Maße Nation.

Die Nation ist also eine besondere Spielart des Volkes: das willensgeeinte oder politische Volk. Dieser deutsche Nationswille ist trotz augenblicklichen Fehlens der effektiven staatlichen Einheit vorhanden, und solange er diesseits und jenseits des eisernen Vorhanges erhalten bleibt, können wir gläubigen Herzens auf die staatliche Wiedervereinigung hoffen.

Herrfahrdt-Marburg: 1. zu Referat Frh. v. d. Heydte:

Die Bemerkung unter B 2, „die deutsche Staatsgewalt bestand trotz Fortfallens der Staatsspitze auf unteren Stufen weiter", ist leider im Vortrag selbst nicht ganz zur Geltung gekommen. Sie scheint mir aber von grundsätzlicher Bedeutung. Wir müssen uns frei machen von der Vorstellung des Absolutismus — die im Parlamentarismus infolge zentralisierender Tendenzen des Wahlkampfes weiterlebt —, daß die Staatsordnung wesentlich von der Spitze her zu verstehen sei. Nach 1945 lief der größte Teil unseres öffentlichen Lebens weiter, obwohl die Spitze fehlte. Die meisten Entscheidungen fallen nicht an der Spitze, sondern in unteren Instanzen an Hand alltäglicher örtlicher Bedürfnisse. Die Staatsspitze wirkt großenteils nur koordinierend. Diese Koordination ist 1945 weggefallen und durch den Willen der Besatzungsmächte ersetzt worden. Die alte Verwaltungstradition hat den Weimarer Staat und den Nationalsozialismus überdauert. Deshalb konnte z. B. unsere Ernährungswirtschaft unter schwierigsten Verhältnissen in Ordnung gehalten werden, während in Ländern ohne solche Tradition Menschen auf der Straße verhungerten.

Zu C, 2 und 3 des Referats v. d. Heydte (Identitäts- und Teilordnungstheorie) gingen m. E. in der Aussprache zwei verschiedene Fragen durcheinander. So unterscheidet Herr Apelt die Rechtsfrage (Bindung an die lex lata) und die freigestaltende Aufgabe des Politikers (lex ferenda). Das kreuzt sich mit einer anderen Gegenüberstellung: Recht als gerechter Ausgleich — Politik als Sieg der stärksten Macht. Sieht man aber in der Politik ebenso wie im Recht die Aufgabe gerechten Ausgleichs, so rücken beide einander näher. Wichtig ist deshalb der Satz von Herrn v. d. Heydte, daß wir die rechtlichen Deutungen eines außergewöhnlichen Zustandes nicht in endgültige Lösungen verfälschen dürfen. Der Jurist hat, auch als Richter, im Sinne gerechten Ausgleichs die künftigen politischen Lösungen geistig vorzubereiten.

2. Zum Referat Dürig möchte ich zu II,1 nur darauf hinweisen, daß sich die neukantianische Trennung Sein — Sollen nicht mit dem Begriffspaar Norm — Faktizität deckt.

Ermacora-Wien: Auch in Österreich wird eine Kontinuitätstheorie verfochten. Sie lehrt, daß Österreich nach dem 27. 4. 1945 dasselbe Staatswesen sei wie das am 13. 3. 1938. Diese Kontinuitätstheorie, auch Okkupationstheorie genannt, versucht ihr Ziel mit Argumenten zu erreichen, die sich einzig und allein auf positives Recht stützen. Die Theorie Dürigs ist eine Kontinuitätslehre, die ihre Argumente außerhalb positiven Rechtes sucht. Dürig geht hierbei durchaus originelle Wege. Die Phänomene, die — gemessen an der klassischen Staatslehre — Bestandteil eines vierten Staatsbegriffselementes sind, könnten von philosophischen Schulen, die der Phänomenologie nicht huldigen, mit schwerwiegenden Gründen als „Chimären" abgetan werden (vgl. z. B. die Existentialphilosophie). So würde einer gedeihlichen unangefochtenen Anwendung der Dürigschen Kontinuitätstheorie mit der Vernichtung der Elemente, die den „objektiven Geist" speisen, wohl der Boden unter den „Füßen" weggezogen. Ich möchte daher vermerken, daß die Theorie Dürigs in diesem Falle nur Mittel zum Zweck sein könnte; zum Zweck, die Wesensgleichheit des deutschen Staatswesens nach 1945 mit jener vor 1945 zu belegen. Glauben Sie als Juristen, die es mit der Anwendung positiven Rechtes zu tun haben, daß vier Jahre nach Setzung des „Bonner Grundgesetzes" die Dürigsche Theorie angewendet werden könnte, ohne mit dem positiven Rechte Deutschlands in Widerspruch zu treten? Ich glaube, der deutsche Gesetzgeber, wie auch die deutsche Vollziehung, haben Rechtslagen geschaffen, die die Dürig'sche Theorie als „reine Theorie" erscheinen ließen. Will sie nicht reine Theorie sein, müßte sie ihre praktisch-politische Durchschlagskraft beweisen. Juristisch gesehen, müßte sie sich vor der geschriebenen Verfassung — dem A und O der rechtlichen Existenz eines modernen staatlichen Gemeinwesens — bewähren. Die politischen Entscheidungen und Bekenntnisse in dieser müßte die Kontinuitätstheorie in sich tragen. Die wohl fundierte, originelle Theorie Dürigs könnte für den Verfassungsgesetzgeber und den Gesetzgeber des Bundes und der Länder für den Beweis die Quelle sein, daß das heutige Deutschland, gemessen an seiner rechtlichen Substanz, dem Deutschland vor dem 8. 5. 1945 gleichartig ist.

Stanka-Wien: Herr Scheuner hat das Beispiel Karl II. von England gebracht. Es wäre in diesem Zusammenhang vielleicht noch Ludwig XVIII. zu nennen, der 1814 vom 19. Jahr seiner Regierung gesprochen hat. Für ihn bestand keine Regierung Napoleons, für ihn hatte die bourbonische Herrschaft ununterbrochen weiterbestanden. Wenn wir heute den Ausspruch des Bourbonenherrschers betrachten, so scheint das geschichtliche Blindheit. Der Historiker wird einmal urteilen müssen und nur er allein wird urteilen können, wer heute den berechtigten Anspruch erhoben hat, Traditionsträger des deutschen Staates gewesen zu sein. Noch ein Wort bezüglich des Alliierten Kontrollrats. Einige Schriftsteller glaubten, in ihm in den Jahren 1945—1948 das oberste deutsche Staatsorgan zu sehen. Dies ist schon deshalb falsch, weil dieses Organ nicht den Anspruch erheben konnte auf eine innere Autorität und es lediglich äußere Autorität beanspruchte. Jede Kontinuitätstheorie muß sich gefallen lassen, in bezug auf ihre geschichtliche Wirklichkeit untersucht zu werden u. U. als zu leicht befunden zu werden. Die Männer, die heute Politik machen mit dem Anspruch darauf, daß sie vor dem Urteil der Geschichte einmal bestehen werden, können dies nur im Vertrauen auf die zukünftige Geschichte, nicht aber im Vertrauen auf eine Betrachtung der gewesenen Vorgänge.

Dürig-Tübingen (Schlußwort):

Meine Herren Professoren! Als ich dem Herrn Präsidenten unserer Vereinigung die Übernahme des Mitberichts zusagte, begrüßte ich ihn mit dem Notruf der Gladiatoren und Privatdozenten: moriturus te salutat. Ich danke Ihnen, daß Sie mich in der Diskussion wissenschaftlich „am Leben gelassen" haben. Ein Teil der Herren Diskussionsredner hat mich sogar mit den Sonnenstrahlen des Lobes bedacht. Besonders gefreut hat mich dabei die Anerkennung von Herrn Professor Scheuner. Das eröffnet völlig neue Perspektiven für die von seiner Seite aus so überaus hart geführte Kontroverse um den klassischen Enteignungsbegriff.

Aber auch den Herren, die nicht mit Kritik gespart haben, bin ich dankbar. Wenn ich nicht auf Einzelheiten eingehe, und hierfür um Nachsicht bitte, dann hat das den ganz einfachen Grund, daß ich infolge eines defekten Armes die fast dreistündige Diskussion nicht so exakt festhalten konnte, wie es für einen Anfänger nötig gewesen wäre, um konzise Antworten geben zu können. Nur soviel:

Ich kann die Skepsis meines verehrten Lehrers, Geheimrat Apelt, nicht teilen. Ich bin mit den Herren Professoren Scheuner und Merk und Herrn Kollegen Warncke der Meinung, daß wir uns solchen Problemen, wie sie heute erörtert wurden, stellen müssen. Wenn wir es nicht tun, was sollen dann unsere Gerichte tun?

Es täte mir leid, wenn ich Herrn Professor Nawiasky irgendwie Unrecht getan hätte. Ich darf betonen, daß ich schließlich drei Jahre lang auch zu seinen Füßen gesessen bin. Aber ich komme an folgender, wie mir scheint, Inkonsequenz nun einmal nicht vorbei: Herr Professor Nawiasky hat es auch heute wiederholt, daß er Staatsvolk und Staatsgebiet nicht als Wesensmerkmale des rechtlichen Staatsbegriffs gelten läßt. Die rein faktische Gegebenheit der militärischen Niederringung wird von ihm dann aber entscheidend für den rechtlichen Nachweis des Staatsuntergangs verwertet. Dieser, wie er schreibt, „nackten Tatsache" wird dann plötzlich also sehr erhebliche und entscheidende rechtliche Bedeutung beigelegt.

Im Anschluß an die Kritik Nawiaskys möchte ich es fast schon bedauern, daß ich einige Male, gewissermaßen in Klammern, vom „vierten" Staatselement gesprochen habe. Sie wollen mir bitte glauben, daß ich gewiß keine Ambitionen habe, eine Lehre vom vierten Staatselement aus der Taufe zu heben. Mir kam es darauf an, die Lücke — Günther Krauß spricht hier sehr schön von einem „unbewältigten Wirklichkeitsrückstand" — zwischen den seinsmäßigen Gegebenheiten einerseits und der geistigen Realität der Staatsgewalt andererseits zu schließen. Dies war mein ganzes Anliegen, das man nicht „dramatisieren" sollte, wie es m. E. Herr Ermacora getan hat.

Herr Warncke hat mir, wenn ich ihn recht verstanden habe, eine „idealistische Rechtslehre" unterstellt. Ich möchte betonen, daß ich auf gar keinen Fall einer Rückkehr zum „deutschen Idealismus", der im Sozialallgemeinen auch das wertmäßig Allgemeine sieht, das Wort rede. Mein Versuch war soziologisch orientiert und die Idee — hier berühre ich mich mit Martin Drath — ist ein Teil dieses soziologischen Wirklichkeitsstoffes.

Sie gestatten mir, ehe ich den Platz für Baron von der Heydte frei mache, noch eine persönliche Bemerkung. Als die Münchener Universität im Winter 1945/46 ihre Pforten öffnete und Geheimrat Apelt das erste öffentlich-rechtliche Seminar abhielt, lautete das Thema des ersten Seminarabends „Theodor Litt: Individuum und Gemeinschaft". Der Referent an diesem Abend war ich. Sie werden mir nach dem Inhalt des Referates, das zu halten ich heute vor Ihnen die Ehre hatte, zugeben, daß sich für mich heute ein gewisser Ring geistig geschlossen hat. Daß das so ist, verdanke ich meinem verehrten Lehrer, Geheimrat Apelt. Und ich glaube, es gibt für einen Anfänger kein geeigneteres Gremium, als die Vereinigung der Deutschen Staatsrechtslehrer, um ihm hierfür und für alles andere meinen tiefempfundenen Dank auszusprechen.

Von der Heydte-Würzburg (Schlußwort): Ich bitte um Entschuldigung, wenn ich nicht auf alle Einwände eingehe, sondern nur einige herausgreife.

Zunächst sind eine ganze Reihe terminologischer Einwände gemacht worden. Terminologie ist ein schwierig Ding: Ob man wohl jemals zu einer gemeinsamen Sprachregelung kommt? Ich weiß es nicht.

Noch größer werden die Gegensätze, sobald es sich nicht mehr um Terminologien, sondern um die Deutung des Wesens und Inhalts von Begriffen handelt. Hier möchte ich vor allem die Auffassung zurückweisen, daß das Recht eine geistige Irrealität sei. Im Gegenteil: Recht ist eine geistige Realität. Geist besteht allerdings zunächst darin, daß er nicht materialistisch aufzufassen ist. Doch die Materie ist nicht die einzige Erscheinungsform des Realen. Es gibt Realität auch außerhalb jeder Materie.

In den Bemerkungen, die ich in Bezug auf Staat, Volk und Nation gemacht habe, habe ich mich offenbar sehr unklar ausgedrückt. Ich darf wiederholen, was ich in meinem Vortrag als Nation versucht habe herauszustellen: Nation ist für mich die bewußt gewollte, erlebte und bekannte Einheit eines Volkes, die als Grundlage eine dem Menschen aufgegebene Beziehung hat, die der Mensch verleugnen, die er verraten, von der der Mensch sich aber nicht durch eigene Entscheidung lösen kann. Volk und Staatsvolk sind meiner Anschauung nach sehr klar zu trennen. Das Staatsvolk gehört zum Staat, es ist ein Teil und Wesenselement des Staates —

und wenn das Staatsvolk als solches noch weiterbesteht, wenn es noch weiter die Summe aller Angehörigen eines Staates umfaßt und wenn man dies nachweisen kann, dann kann man ohne weiteres dies nicht als einzigen, wohl aber als einen der Beweise auch für den Fortbestand dieses Staates anführen. Etwas ganz anderes ist das Volk im natürlichen Sinne, und etwas ganz anderes die Nation. Volk und Nation können Voraussetzung eines Staates sein, die Nation Ausgangspunkt für das Werden eines Staates, ein Staat in stadio nascendi, sie sind aber nicht Teil und Wesenselement des Staates.

Ich habe allerdings versucht, auch die Existenz der deutschen Nation als Beweis für den Fortbestand des deutschen Staates anzuführen: Solange eine Nation als Einheit existiert, hat sie ein sittliches Recht auch auf staatliche Einheit und eine sittliche Pflicht, für diese Einheit zu kämpfen.

Wenn ich schließlich den Staat einen Inbegriff bestimmter Beziehungen zwischen bestimmten Menschen genannt habe, so wollte ich damit keine Definition geben. Ich wollte nur eine Aussage über den Staat machen. Herr Abendroth hat den Staat für mich sehr überzeugend eine Wirkungseinheit genannt und meinte, diese Wirkungseinheit deutscher Staat habe nach 1945 nicht mehr bestanden. Ich kann mich dem nicht anschließen. Es gibt doch auch eine geistige Wirkungseinheit — und als geistige Wirkungseinheit hat dieser deutsche Staat nach 1945 jedenfalls fortbestanden.

Die Frage, ob die deutsche Staatsgewalt nach dem 8. 5. 1945 fortbestanden hat oder nicht, wurde von den einzelnen Rednern verschieden beantwortet. Ich muß allen Herren recht geben, da ja jeder unter Staatsgewalt im Grunde etwas anderes verstanden hat. Die Frage, ob die deutsche Staatsgewalt weiterbestanden hat, kann man nur dann beantworten, wenn man vorher sich über den Begriff der Staatsgewalt klar ist. Deshalb habe ich in meinem kurzen Referat zu Beginn versucht zu sagen, was ich unter Staatsgewalt verstehe. Ich habe von der Staatsspitze und von der Staatsführung gesprochen, die ich nicht mit der Staatsspitze gleichgesetzt habe, weil diese Führung auf verschiedenen Stufen erfolgt, und ich habe schließlich daneben von der Rechtsordnung, in deren Verwirklichung wiederum die Staatsgewalt aufscheint, gesprochen. Auch die Staatsführung im weitesten Sinn ist nach dem 8. 5. 1945 freilich zunächst gehemmt gewesen. Doch diese Hemmung der Staatsgewalt in ihrer Führungsaufgabe bedeutet nicht Aufhebung der Staatsgewalt; die langsam eintretende Erlaubnis, diese Führungsaufgabe wieder auszuüben, bedeutet nicht eine Delegation seitens der Besatzungsmächte.

Es wurde weiter von dem Plan gesprochen, Deutschland in Teile auseinanderzureißen, ein Plan, der in Jalta bestanden hat und auch bei der Vorbereitung der Potsdamer Konferenz noch einmal aufgetaucht ist. Der Plan bestand; aber Zielsetzungen schaffen noch kein Recht. Erst wenn der Plan in Willensakten, in Handlungen verwirklicht wird, wird er rechtlich erheblich und geeignet, eine neue Rechtslage zu schaffen. Eine solche Verwirklichung dieses Planes kann man jedoch nicht nachweisen.

Die Herren aus Österreich haben die Frage der Kontinuität in Zusammenhang mit der österreichischen Frage berührt. Zunächst darf ich entgegnen, daß ich bewußt die Frage des Staatsgebiets ausgeklammert habe, um nicht meine Zeit notwendigerweise zu überschreiten. Ich sprach bewußt nur von der Staatsgewalt und von dem Staatsvolk; ich wollte lediglich die Kontinuität des Staates nachweisen, und bei diesem Nachweis spielt die Frage des Umfanges des Staatsgebiets jedenfalls *keine* Rolle. Doch wenn Sie mich nach meiner Ansicht zum hier nicht zur Diskussion stehenden Problem des deutschen Staatsgebietes fragen, antworte ich gern: Ganz einerlei, zu welcher Theorie man sich hinsichtlich der Kontinuität des deutschen Staates bekennt, zum deutschen Staats*gebiet* gehört m. E. mindestens das Staatsgebiet, das bis zu dem Zeitpunkt zu Deutschland gehört hat, in dem Deutschland sein Staatsgebiet nicht durch eine völkerrechtswidrige Handlung erweitert hat.

Die Frage der Kontinuität Österreichs ist natürlich etwas anders gelagert als die der Kontinuität Deutschlands. Man macht es sich zu einfach, wenn man sich auf den Standpunkt stellt: Österreich besteht trotz Annexion und Okkupation, trotz Wegfall einer österreichischen Staatsgewalt 1938, trotz des Willens der Mehrheit seiner Bevölkerung 1938, sich an Deutschland anzuschließen, fort, das Deutsche Reich hingegen ist untergegangen, und wenn man als Beweis für diese These nur das Wiederinkrafttreten einer alten Verfassung anführt. Das Wiederinkrafttreten einer alten Verfassung beweist ebensowenig die Kontinuität eines Staates wie eine totale Verfassungsänderung den Untergang eines Staates bedeutet.

Ich habe versucht, in meinem Referat einfach und klar zu sein. Es ist mir offenbar nicht gelungen: sonst wäre der Eindruck nicht entstanden, daß ich von einer Stufenfolge verschiedener Staatsgewalten gesprochen habe. Es gibt nur *eine* deutsche Staatsgewalt: die Einheit der Staatsgewalt gehört zum Wesen des Staates. Dort, wo ich von der Okkupation sprach, habe ich nur eine herrschende Lehre des Völkerrechts vertreten. Daß sich bei der occupatio bellica die fremde Staatsgewalt des Okkupanten der Staatsgewalt des okkupierten Staates vorordnet, ist eine These, die allgemein vertreten wird. Diese Vorordnung der Okkupationsgewalt schafft für den Okkupanten eine Dispositionsbefugnis: Doch diese Dispositionsbefugnis des Okkupanten im okkupierten Staat kann nicht als Beweis für den Untergang des okkupierten Staates angeführt werden. Die Folge wäre die, daß jeder voll okkupierte Staat dadurch, daß die Okkupationsmacht in ihm diese ihr nach Völkerrecht zustehende Befugnis ausgeübt hat, untergegangen wäre. Das widerspricht nicht nur der herrschenden Völkerrechtstheorie, sondern auch jedem Sinn geschichtlicher Wirklichkeit.

Es ist teilweise meine Auffassung kritisiert worden, daß wir heute in einem Augenblick stehen, in dem die Dinge noch so in Fluß sind, daß der Jurist nicht sagen kann, daß die Identitätstheorie oder die Teilordnungstheorie für diesen Zeitpunkt des Übergangs die einzig mögliche rechtliche Lösung ist. Wenn ich sage, daß dies heute eine Frage ist, die die Juristen erst entscheiden können, wenn bestimmte politische Entscheidungen gefällt sind, die heute noch bevorstehen, so meine ich damit nicht, daß der Politiker eine rechtliche Entscheidung zu fällen hat. Doch der Politiker hat die Voraussetzungen für eine rechtliche Beurteilung zu schaffen; er hat dann im Rahmen des rechtlich Möglichen das Zweckmäßige zu tun.

Der Diskussionsbeitrag von Herrn Scheuner hat gezeigt, daß die Identitätstheorie, so wie sie Herr Scheuner heute vertritt, und die Teilordnungstheorie, so wie ich versucht habe sie zu vertreten, im Grunde genommen nicht weit von einander entfernt sind. Man muß beide Theorien in ihrer Dynamik sehen und nicht als statisch feste Ausschließlichkeit beanspruchende Thesen. Versteht man die Identitätstheorie richtig, so kann man nicht behaupten, die Sowjetzone gehöre nach der Identitätstheorie nicht mehr zu Deutschland. Auch die Identitätstheorie sieht in der Sowjetzone einen Teil Deutschlands. Ebensowenig kann man anderseits, wenn man die Teilordnungstheorie nur richtig versteht, den Schluß ziehen, die Teilordnungstheorie setze die Gleichberechtigung oder die Gleichheit der einzelnen Teilordnungen voraus.

Nun zu Herrn Scheuners Frage. Ich sehe nicht ein, inwiefern die Teilordnungstheorie den Anspruch Deutschlands auf Wiedervereinigung irgendwie auch nur gefährden sollte; gerade dadurch, daß wir immer wieder betonen: „Wir sind nur Teile und kein Ganzes!", wird dieser Anspruch auf Wiedervereinigung der Teile nur gestärkt. Inwiefern weiter in der Teilordnungstheorie die Möglichkeit nicht gegeben sein soll, die Regierung der Bundesrepublik als einzige legitime und demokratische Regierung innerhalb ganz Deutschlands, als einziges völkerrechtlich vom Westen anerkanntes Organ Gesamtdeutschlands zu betrachten und damit ihre Zuständigkeit zu begründen, für Gesamtdeutschland zu handeln und die Vertretung aller Deutschen im Auslande zu übernehmen, sehe ich ebenfalls nicht ein.

Betrachten wir die letzten Erklärungen der Alliierten im Hinblick auf die Bundesrepublik, sehen wir ganz klar, daß die Bundesrepublik als einzige legitime, demokratische Vertretung aller Deutschen anerkannt wird. Das bedeutet aber nicht irgendwie, daß sie als identisch mit Gesamtdeutschland im Sinne einer allzu starren Identitätstheorie betrachtet wird.

Eine letzte Frage: Die Frage des ordre public. Im Grunde genommen kann man gerade hier den Unterschied zwischen der Bundesrepublik als Teilordnung und der Bundesrepublik als Repräsentant Gesamtdeutschlands klarer sehen. Der ordre public, auf den die Bundesrepublik sich in der Behandlung von staatlichen Akten der Ostzone beruft, ist ja nicht nur der ordre public der Bundesrepublik, sondern der ordre public Gesamtdeutschlands; weil die Bundesrepublik treuhänderisch für Gesamtdeutschland handelt, muß sie gerade auch diesen ordre public bewahren.

Ich weiß, daß mein Referat wie meine Schlußworte das Problem im Grunde nur angerührt, aber keinesfalls gelöst haben. An der Lösung der deutschen Frage können wir als Juristen nur mitarbeiten; die Lösung ist nicht nur uns, sondern dem ganzen deutschen Volk als Aufgabe gestellt. Als Hochschullehrer müssen wir den Gedanken der deutschen Einheit, wie wir ihn staatsrechtlich in der Lehre von der Kontinuität des deutschen Staates erfassen, als Bekenntnis und politische Forderung unseren Studenten vermitteln und damit hinaustragen in die deutsche Bevölkerung und müssen dabei eines vor allem bekämpfen: Die Indifferenz diesen Dingen gegenüber, die leider auch in unserer akademischen Jugend schon in erschreckendem Maße um sich greift. Solange der Effektivität der Teilung Deutschlands die Effektivität unseres Widerstandes gegen diese Teilung gegenübersteht, ist die zweite Teilung Deutschlands nicht vollendet.

III. Zweiter Beratungsgegenstand

Die Berufsbeamten und die Staatskrisen

1. Bericht von Professor Dr. Richard Naumann, Hamburg und Lüneburg

I. Es kann verwundern, daß sich die Vereinigung der deutschen Staatsrechtslehrer innerhalb von wenig mehr als 20 Jahren schon zum zweiten Male mit Beamtenrecht befaßt. Ende Oktober 1931 berichteten Hans Gerber und Adolf Merkl über die Entwicklung und Reform des Beamtenrechts auf der Staatsrechtslehrertagung in Halle[1]). Die Fülle der damals, seit 1918/1919, aufgeworfenen beamtenrechtlichen Einzelprobleme wurde dabei dermaßen auf grundsätzliche Fragestellungen des Verfassungsrechts zurückgeführt, daß die Hallenser Ergebnisse bis heute weder überboten worden, noch die Anschauungen von damals überholt sein dürften, soweit die verfassungsrechtlichen Grundlagen des Grundgesetzes gegenüber der Weimarer Verfassung eine Anknüpfung gestatten. Die Voraussetzung dafür hat vor allem mit darin gelegen, daß sich die rechtswissenschaftliche Behandlung des Beamtenrechts von einer verwaltungsrechtlichen zu einer betont verfassungsrechtlichen gewandelt hatte: Im Mittelpunkt stand die Frage, wie sich das Berufsbeamtentum als eine Grundeinrichtung des Staates in den Gesamtzusammenhang der staatlichen Verfassung einfüge[2]). Die Auffassung, daß das Beamtentum als Träger der Amtseinrichtungen eine verfassungsrechtlich garantierte Institution sei, die Verfassungsbestimmungen dazu eine institutionelle Garantie bedeuteten, war dabei grundlegend[3]). Gerade diese Erkenntnis, aus der auch für die individuelle Rechtsstellung der einzelnen Beamten[4]) wesentliche Schlüsse gezogen

---

[1]) Veröffentlichungen der VDStRL., Heft 7, 1932, S. 2—130.

[2]) Vgl. Gerber in VDStRL 7, S. 3. In Anm. 2 und 3 daselbst ist die Literatur zum Beamtenrecht nach 1919 aufgeführt.

[3]) Zur institutionellen Garantie des Berufsbeamtentums vgl. die Literaturhinweise bei Gerber, VDStRL 7, S. 5, Anm. 10. Zum Streit über die Bezeichnung institutionelle Garantie und Institutsgarantie vgl. 39. Deutschen Juristentag Stuttgart, Verhandlungen Teil D, S. 101, 104/5, 147. Zutreffend Werner Weber, Staats- und Selbstverwaltung in der Gegenwart, 1953, S. 90 Anm. 4.

[4]) Vgl. Koellreutter, Deutsches Staatsrecht, 1953, S. 65ff.; Jess in „Bonner Kommentar" zu Art. 33; Wacke, Entstehungsgeschichte und Inhalt des Art. 33 Abs. 5 des GG, in „Neues Beamtentum", Beiträge zur Neuordnung des öffentlichen Dienstes, 1951, S. 152ff.; Grewe, Verhandlungen des 39. Dt. Juristentages, Teil D, S. 6; Fischbach, ebenda, S. D 34; Werner Weber, Staats- und Selbstverwaltung, S. 90.

werden konnten, ist auch im heutigen Staat als bedeutsam anerkannt, ja, Wert und Folgerungen dieser Erkenntnis werden heute mit Recht noch schärfer gesehen oder noch mehr betont als damals, weil man der Pluralisierung der gesellschaftlichen Kräfte in deren Einfluß auf die politische Willensbildung im Staat stärkere Aufmerksamkeit zu schenken hat[5]). Demgegenüber ist die statische „Neutralisierungsaufgabe" des Berufsbeamtentums besonders bedeutsam, und der Rechtsstaat ist unter den heutigen Lebensverhältnissen ohne Berufsbeamtentum wohl gar nicht vollziehbar[6]).

Von hier aus gesehen könnte eine erneute Behandlung beamtenrechtlicher Fragen oder Grundfragen durch die Staatsrechtslehrertagung kaum gerechtfertigt erscheinen; auch nicht deshalb, weil in der Zeit seit Inkrafttreten des Grundgesetzes eine Fülle von beamtenrechtlicher Literatur zu Einzelfragen des zu schaffenden Beamtenrechts oder zur erneuten Besinnung auf das verfassungsrechtliche Wesen des Beamtentums erschienen ist[7]). Gegen eine Behandlung beamtenrechtlicher Probleme hier könnte auch sprechen, daß sich andere Vereinigungen, Fachkongresse oder Institute nach 1945 bis zum Inkrafttreten des Bundesbeamtengesetzes mit beamtenrechtlichen Fragen de lege lata und de lege ferenda eingehend befaßt haben. Ich darf an das Thema der öffentlich-rechtlichen Abteilung des 39. Deutschen Juristentages mit den Referaten von Grewe und Fischbach erinnern[8]) sowie an die Weinheimer Arbeitstagung des Instituts zur Förderung öffentlicher Angelegenheiten vom Dezember 1950 über

---

[5]) Vgl. Werner Weber, Spannungen und Kräfte im westdeutschen Verfassungssystem, 1951, bes. S. 39ff.; ders., Staats- und Selbstverwaltung in der Gegenwart, 1953, S. 97ff.; ders., Das Berufsbeamtentum im demokratischen Rechtsstaat, 1952, S. 9.

[6]) Vgl. Werner, Rettung der Demokratie durch die Verwaltung, DV 1950, S. 107; Forsthoff, Verfassungsrechtliche Prolegomena zu Art. 33 Abs. 5 GG, ÖV 1951, S. 400ff.; Nöll von der Nahmer, Das Berufsbeamtentum — eine staatspolitische Notwendigkeit, BBZ 1951, S. 161ff.; 1952, S. 3ff.; Ernst Kern, Die Institution des Berufsbeamtentums im kontinentaleuropäischen Staat, S. 33ff.; ders., Die Verfassungsfunktion des Berufsbeamtentums, ÖV 1951, S. 432ff.; ders., Zur Institution und Geschichte des Berufsbeamtentums, ArchöffR 77, S. 107ff.; Werner Weber, Staats- und Selbstverwaltung S. 95; Forsthoff, Verfassungsprobleme des Sozialstaats, 1954, S. 20ff.; Eschenburg, Der Beamte in Partei und Parlament, 1952; ders., Last und Leid der Bürokratie, in „Der Volkswirt", 1954, Nr. 29, 30.

[7]) Vgl. die Literaturangaben in „Neues Beamtentum", Beiträge zur Neuordnung des öffentl. Dienstes, Wissenschaftliche Schriftenreihe des Instituts zur Förderung öffentlicher Angelegenheiten, Band 10, 1951 S. 263—281.

[8]) Verhandlungen des 39. Dtsch. Juristentages, öffentlich-rechtliche Abteilung, „Inwieweit läßt Art. 33 Abs. 5 des Grundgesetzes eine Reform des Beamtenrechts zu?" im Druck herausgegeben von der Ständigen Deputation des Juristentages 1952, Teil D.

Fragen der Neuordnung des Beamtenrechts[9]), ebenso an die Bochumer Beamtenrechtstagung vom März 1951[10]) und ganz neuerdings den 19. Staatswissenschaftlichen Fortbildungskurs der Hochschule für Verwaltungswissenschaften zu Speyer, Ende September 1954, mit dem Generalthema „Strukturwandel des öffentlichen Dienstes"[11]).

Das heutige Thema der Staatsrechtslehrertagung ist hauptsächlich daraus zu erklären, daß es durch einen bestimmten, geradezu aktuellen Vorfall ausgelöst worden ist: Die Entscheidungen des Bundesverfassungsgerichts[12]) zum Gesetz zu Art. 131 GG sind der konkrete Anlaß zur Behandlung des heutigen Themas. Das wird mir bei der notwendigen Begrenzung der Erörterung des allgemein gefaßten Themas eine gewisse Richtschnur geben.

Man könnte fast meinen, daß der Anlaß noch zu aktuell ist, als daß die durch ihn beleuchteten Fragen bereits Gegenstand der Erörterung einer Staatsrechtslehrertagung sein dürften. Indessen sind die vom Bundesverfassungsgericht aufgeworfenen Probleme für den Aufbau und Ausbau unseres Staates und auch für die juristische Methode der Behandlung staatsrechtlicher und beamtenrechtlicher Fragen von evidenter Bedeutung. Es mag daher als nicht genügend angesehen worden sein, wenn viele Einzelstimmen zu ihnen Stellung genommen haben[13]). Wenn es angebracht er-

---

[9]) Neues Beamtentum, Beiträge zur Neuordnung des öffentlichen Dienstes, Wissenschaftliche Schriftenreihe des Instituts zur Förderung öffentlicher Angelegenheiten e. V. Band 10, 1951; vgl. dazu auch den kritischen Bericht von Ule, DVBl. 1951, S. 566; ferner auch „Der Beamtenbund", 1951, S. 7ff.

[10]) Vgl. den ausführlichen Bericht von Fischbach, DVBl. 1951, S. 274ff., 307ff.

[11]) Vgl. den Bericht von Tietgen, DVBl. 1954, S. 699ff. und von Jarosch, ÖV 1954, S. 753.

[12]) Vor allem: Urteil vom 17. 12. 1953 — 1 BvR 147/52 — BVerfGE 3, S. 58ff., betr. Beamte; Urteil vom 17. 12. 1953 — 1 BvR 323/51 — BVerfGE 3, S. 162ff., betr. Angestellte; Urteil vom 24. 2. 1954 — 1 BvR 371/52 — BVerfGE 3, S. 288ff., betr. Berufssoldaten.

[13]) Vgl. aus der Fülle der Äußerungen vor allem: Bachof, Das BVerfG und die Beamtenverhältnisse, ÖV 1954, S. 33; Forsthoff, Das BVerfG und das Berufsbeamtentum, DVBl. 1954, S. 69; Krüger, Das BVerfG und der moderne Staat, ZBR 1954, S. 33; Reinhardt, Das BVerfG und das Gesetz zu Art. 131 GG, RdA 1954, S. 41; Reuss, Das 131. Urteil des BVerfG, JR 1954, S. 81; Giese, Zum Karlsruher Beamtenurteil, Rundschau für Kommunalbeamte und -angestellte, 48. Jhgg. 1954, S. 50; Fischbach, Kritische Betrachtungen zur Entscheidung des BVerfG vom 17. 12. 1953, NDBZ 1954, S. 21; Schack, Die staatsrechtlichen Grundlagen des Beamtenurteils, NDBZ 1954, S. 81; E. Kern, Probleme der Rechtsprechung des BVerfG zur Verfassungsmäßigkeit des Ges. gemäß Art. 131 GG, DVBl. 1954, S. 211, 273; Heegner, Die Entscheidungen des BVerfG und des BGH zum Gesetz 131, NJW 1954, S. 897; Bünger, Die Fortsetzung des Beamtenverhältnisses, Das Recht im Amt, 1954, S. 46; Jerusalem, Das methodische Prinzip der 131er Urteile des BVerfG, NJW 1954, S. 980; Helfritz, Der Dienstherr des Staatsbeamten — zum Urteil des BVerfG vom 17. 12. 1953, ZBR 1954, S. 97; Giesges, Zum Urteil des BVerfG vom

schienen ist, das Gewicht einer Jahrestagung der Staatsrechtslehrer einzusetzen, so hat das vor allem auch deshalb seine Berechtigung, weil die Staatsrechtslehrertagung berufen ist, die Methoden staatsrechtswissenschaftlicher Erkenntnisse zu prüfen und zu sichern. Im übrigen handelt es sich bei dem heutigen Thema, jedenfalls soweit ich es im Vortrag behandeln kann, gewissermaßen nur um einen verhältnismäßig kleinen Annex zu dem gestern behandelten Fragenkreis. Ich bin mir daher auch des relativ kleinen Umfanges meiner akzessorischen Aufgabe bewußt — nur im Bewußtsein dessen habe ich die mir angetragene Aufgabe überhaupt übernehmen dürfen.

Ich sehe mich bei Inangriffnahme meiner Aufgabe vor einer ganzen Reihe komplexer Schwierigkeiten. Zu diesen Schwierigkeiten gehört — ganz im Sinne der gestrigen Begrüßungsworte von Spektabilität Schneider — die typische Berufsgefahr des Staatsrechtlers nicht. Ich bin hier nicht durch sie beeinflußt, wie es auch der Atmosphäre dieser Universitätsstadt entspricht, wo der Mond durchs Neckartal braust*). Nein, es sind andere Schwierigkeiten: Die Fassung des Themas deutet auf eine allgemeine Problematik weit über die aus dem Jahre 1945 für Deutschland folgende hin: Es könnte daher in meinem Bericht nicht nur um die Behandlung der Frage gehen, ob und wie die Berufsbeamten des deutschen Staates bis 1945 den Zusammenbruch und die Staatskrise von 1945/1946 rechtlich überstanden haben. Vielmehr könnten oder müßten nach dem Thema die Fragen des Berufsbeamtentums nach Staatskrisen überhaupt, auch in anderen Staaten im Zusammenhang mit fremden Staatskrisen, untersucht werden. Der allgemeinen oder auch nur vergleichenden Betrachtung sind beim näheren Zusehen jedoch Grenzen gezogen: Die eine Begrenzung ist allerdings für mich hier beinahe selbstverständlich. Es geht mir lediglich um die juristische, die rechtswissenschaftliche, staatsrechtswissenschaftliche Behandlung, nicht um historische oder soziologische Betrachtung, mag solche auch für Gestaltung künf-

---

17. 12. 1953, ZBR 1954, S. 132; Bachof, Beamte und Soldaten, ÖV 1954, S. 225; Tietz, Sind am 8. Mai 1945 alle Beamtenverhältnisse erloschen? NJW 1954, S. 1269; Lucas, Zu den Fragen der Geltung der Eigentumsgarantie für Beamte, NJW 1954, S. 1273; Redaktion der JZ, Anm. in JZ 1954, S. 193; Lewald, Schlußbetrachtung NJW 1954, S. 1274; danach aber eingehend noch Koettgen, Das Beamtenurteil des BVerfG, ArchöffR. 79, S. 350; Laun, Zwei Entscheidungen des BVerfG zu Fragen des Völkerrechts, Jahrbuch f. Internat. Recht 4 (1954), S. 138; Peters, Der Streit um die 131er-Entscheidungen des BVerfG, JZ 1954, S. 589.

*) „Der Mond braust durch das Neckartal . . .", Ein romantischer Spaziergang durch das nächtliche Tübingen, nebst allerlei nützlichen und kurzweiligen Betrachtungen über Gott und die Welt, Raum und Zeit, Natur und Geist, und insonderheit über die Menschen untereinander von Theodor Haering, Bürger zu Tübingen, 17. Auflage 1935.

tigen Rechts von Bedeutung sein[14]). Inwieweit dies allerdings zu trennen ist, wird zu prüfen sein. Aber abgesehen davon bestehen für die allgemeine oder vergleichende staatsrechtswissenschaftliche Analyse der Folgen von Staatskrisen für die Berufsbeamten Grenzen: Erstens sind Berufsbeamtentum und Berufsbeamtenrecht durchaus nicht in allen Staaten gleichmäßig gestaltet, und dementsprechend sind auch die einzelnen Beamtenrechtsverhältnisse verfassungs- und verwaltungsrechtlich recht verschieden geordnet. Man muß daher schon, um für die deutschen Verhältnisse etwas zu gewinnen, von den deutschen staatsrechtlichen Verhältnissen und den deutschen Berufsbeamten ausgehen und im wesentlichen dabei bleiben. Zweitens stellt sich einer verallgemeinernden oder vergleichenden Betrachtung die Tatsache entgegen, daß es zwar in der Geschichte mannigfache Staatskrisen gegeben hat, daß diese aber in den rechtlichen Konsequenzen nicht ohne weiteres mit dem deutschen Zusammenbruch des Jahres 1945 verglichen werden können. Auch wenn man mit dem historischen Begriff der Katastrophe ohne Beispiel[15]) im Bereich der Staatsrechtswissenschaft vorsichtig umgeht, — und das sollte man schon deshalb, weil aus der Nähe des geschichtlichen Ereignisses eine schockhafte Überbewertung nicht ausgeschlossen ist, während die historische „Einmaligkeit" weiter zurück oder anderswo liegender Ereignisse, wie z. B. die Abschaffung der Monarchie, verblassen kann, im übrigen aber überhaupt jedes historische Ereignis unwiederholbar bleibt[16]) —, aber auch wenn man, sage ich, insofern zurückhaltend ist, bleibt doch die Tatsache bestehen, daß es sich bei der Staatskrise des Jahres 1945 um einen mit anderen Staats- oder Verfassungskrisen staatsrechtlich schwer vergleichbaren Vorgang handelt. Dies kommt vor allem daher, daß die Staatsverfassung der Jahre 1933 bis 1945 durch die totale Politisierung des sozialen Lebens im Sinne einer einzigen, ganz besonders geprägten Auffassung oder Weltanschauung gekennzeichnet war.

Aus diesen Gründen kann auch etwa der staatsrechtliche Vergleich mit dem Zusammenbruch des faschistischen Staates in Italien nichts wirklich Maßgebliches zur juristischen Erkenntnis der verfassungsrechtlichen und insbesondere beamtenrechtlichen Folgen des deutschen Zusammenbruchs erbringen. Die äußerlich in vielem übereinstimmenden Formen des Autoritären dürfen nicht darüber hinwegtäuschen, daß nach der faschistischen Auffassung und Praxis der Staat eine wesentlich größere Bedeutung bewahrt hatte, als es nach der nationalsozialistischen Auffassung

---

[14]) Vgl. die soeben erschienene Schrift von Herbert von Borch, Obrigkeit und Widerstand, zur politischen Soziologie des Beamtentums, Tübingen 1954.

[15]) BVerfGE 3, S. 87.

[16]) Vgl. zutreffend Ernst Kern, DVBl. 1954, S. 215.

von einem Führer-Gefolgschaftsverhältnis jedenfalls der Idee nach der Fall war. Dabei bleibt ganz offen, ob man bei solchen Vergleichen nicht mit der Unterstellung arbeiten müßte, das Beamtentum des italienisch-faschistischen Staates sei verfassungsrechtlich dem deutschen Berufsbeamtentum des nationalsozialistischen Staates gleichzustellen. Vergleiche würden daher auch insoweit nicht nur, wie alle Vergleiche, hinken, sondern wirklich unfruchtbar sein.

Juristisch wird die Besonderheit der deutschen Staatskrise nach 1945 außerdem — vielleicht entscheidend — dadurch charakterisiert, daß sich an den Zusammenbruch eine vollständige Okkupation des Landes und Übernahme aller Staatshoheit seitens der Siegermächte anschloß. Die völlige Lähmung oberster eigener deutscher Staatswillensbildung und die Ausübung der deutschen Hoheitsbefugnisse durch die Besatzungsmächte gibt der deutschen Staatskrise nach dem Zusammenbruch 1945 besondere, und zwar gerade auch besondere juristische Akzente. Die rechtlichen Verhältnisse können daher auch nicht sinnvoll etwa mit der französischen Staatskrise nach dem Zusammenbruch der napoleonischen Herrschaft verglichen werden.

So ist dem Referenten hier, jedenfalls in Anbetracht der begrenzten Zeit für einen mündlich vorzutragenden Bericht, trotz der Fassung des Themas eine verallgemeinernde und vergleichende Betrachtung im wesentlichen versagt. Für grundsätzliche Fragen und für die österreichischen Verhältnisse nach 1945 darf ich auf den Bericht unseres Herrn Spanner verweisen. Daß ich — schon aus Zeitgründen — bei den deutschen staatsrechtlichen Verhältnissen im Bereich der Bundesrepublik bleibe, brauche ich nicht besonders zu betonen.

Beschränke ich so das Thema darauf, die staatsrechtliche Lage des deutschen Berufsbeamtentums und die aus dem Beamtenstatus folgenden Pflichten und Rechte der Beamten nach 1945 rechtlich zu beurteilen, so bestehen in gewisser Weise Gefahren, die mit beinahe jeder aktuellen Behandlung politisch wertbedingter Fragen verknüpft sind: Ganz gleich welche Wege die kritische Erörterung geht und zu welchen Ergebnissen sie führt, kann man sich der Mißdeutung aussetzen, man sei mit politischen Vorurteilen oder vorgefaßten beamtenpolitischen Werturteilen belastet, man übersehe die vor oder hinter der formalen Ordnung stehende Wirklichkeit oder lege ihr in dieser oder jener Hinsicht zu viel oder zu wenig Gewicht bei, oder werde gar durch die Stellung als persönlich irgendwie Betroffener oder Nichtbetroffener mindestens unbewußt beeinflußt. Erhöht wird die Gefahr, im sachlichen juristischen Bemühen nicht voll verstanden zu werden, dadurch, daß die bisherigen Auseinandersetzungen um die Urteile des Bundesverfassungsgerichts zum Gesetz zu Art. 131 zum Teil recht heftig geführt wurden und auch die bisher in der Literatur geäußerten Meinungen im Ergebnis sachlicher Kritik weit auseinander liegen.

So ist z. B. gesagt worden: „Die Entscheidung des Bundesverfassungsgerichts vom 17. 12. 1953 ist in methodologischer Hinsicht wohl eine der großartigsten Leistungen der deutschen Judikatur seit dem Jahre 1945. Sie ist ausgezeichnet durch ihre geistige Redlichkeit, durch die Sauberkeit der angewandten Methode, durch ihre unerschrockene Betrachtung einer schlimmen Wirklichkeit, durch ihre Wahrheitsliebe und Objektivität, durch den Verzicht auf die Verschleierung einer unliebsamen Vergangenheit, durch ihre Klarheit und innere Konsequenz, vielleicht auch durch ihren Verzicht auf Popularität. Sie ist eine bedeutende, vortreffliche Leistung"[17]). Auf der anderen Seite stehen zum Teil sehr heftig ablehnende Äußerungen[18]). Auf jeden Fall ist es gerechtfertigt, von Stürmen zu sprechen, die die 131er-Entscheidungen des Bundesverfassungsgerichts ausgelöst haben[19]) oder — nämlich vor allem im Hinblick auf die vorherige Praxis in Verwaltung und Rechtsprechung — von einer „Schockwirkung der Urteile"[20]). Nun trifft der Hinweis von Peters[21]) sicher zu, daß sich bei Erörterung der Urteile höchster Gerichte in erster Linie diejenigen zu Wort melden, die der jeweiligen Entscheidung kritisch oder gar ablehnend gegenüberstehen. Der dadurch entstehende Eindruck, die 131er-Entscheidungen des Bundesverfassungsgerichts würden von der herrschenden Meinung abgelehnt, ist daher in der Tat mit einem gewissen Unsicherheitsfaktor belastet. Schon von hier aus ist der Versuch gerechtfertigt, auf der kühlen juristischen Plattform der Staatsrechtslehrertagung die Fragen nochmals zusammenfassend zu erörtern. Die Notwendigkeit dazu ergibt sich aber vielleicht besonders daraus, daß die Auffassungen des Bundesverfassungsgerichts vom höchsten deutschen Zivilgericht, dem Bundesgerichtshof, im Vorlagebeschluß des Großen Zivilsenats vom 20. 5. 1954[22]) in zum Teil scharfer Kritik abgelehnt worden sind, so daß hier sogar in der Rechtsprechung eine unerquickliche Situation entstanden ist. Diese Situation kann zwar auch von einer Staatsrechtslehrertagung nicht befriedet werden. Selbst wenn eine eindeutige staatsrechtswissenschaftliche Stellungnahme zu der materiellen Frage zu erreichen ist, welches rechtliche Schicksal das deutsche Berufsbeamtentum durch die Staatskrise von 1945 erlitten hat, so bleibt doch für die Praxis der Rechtsanwendung in Zukunft die Frage offen, ob etwa entgegengesetzte Auffassungen

[17]) Heegner, NJW 1954, S. 903.

[18]) Denen Bachof in ÖV 1954, S. 33, mit Recht wegen ihrer Form deutlich entgegentritt.

[19]) Bachof, ÖV 1954, S. 228.

[20]) Bursche, DVBl. 1954, S. 597.

[21]) JZ 1954, S. 589.

[22]) Abgedruckt in JZ 1954, S. 489ff. (BGHZ 13, S. 265ff.).

des Bundesverfassungsgerichts maßgeblich bleiben, ob sie nach § 31 Abs. 1 BVerfGG bindend sind[23]).

Diese Frage der Tragweite des § 31 Abs. 1 BVerfGG ist nicht Gegenstand meines Berichtes, und ich möchte sie nur am Rande berühren, zumal ich mir vorstellen kann, daß sie in der Aussprache einen breiteren Raum einnimmt. Meine Meinung zum Umfang der Bindungskraft von Entscheidungen des Bundesverfassungsgerichts kann ich nur kurz dahin andeuten: Die Auffassung des Bundesverfassungsgerichts, sämtliche Beamtenverhältnisse seien institutionell mit dem 8. 5. 1945 erloschen, erscheint mir als eine die Urteilsformeln wirklich tragende, die Auslegung des Verfassungsrechts betreffende Erwägung im Sinne des § 31 Abs. 1 BVerfGG bindend. Weder mit dem Problem der Rechtskraft noch mit der Frage der Gesetzeskraft hat diese Bindung etwas zu tun. Die Bindung im genannten Umfang dürfte der verfassungsgesetzlich dem Bundesverfassungsgericht aufgelasteten Aufgabe entsprechen, bei Streitfragen und Meinungsverschiedenheiten über das Verfassungsrecht mit Rücksicht auf die Rechtssicherheit das maßgebende letzte Wort zu sprechen[24]). Die Antwort auf die Frage des

---

[23]) Die Verbindlichkeit der vom BVerfG in den Urteilsgründen niedergelegten Auffassung, „daß die Arbeitsverhältnisse derjenigen Angestellten und Arbeiter, die am 8. 5. 1945 bei seither weggefallenen Dienststellen des Reichs beschäftigt waren, durch den Zusammenbruch endgültig beendet wurden" anerkennt z. B. das Urteil des Bayr. Gerichtshofs für Kompetenzkonflikte vom 14. 1. 1954 (Samml. von Entscheidungen des BayrVGH 1954, Bd. 7 NF Teil IV, Heft 1, S. 1 ff.). Bindungskraft der tragenden Entscheidungsgründe bejaht für das Erlöschen der Beamtenverhältnisse mit dem 8. 5. 1945 OVG Lüneburg vom 24. 2. 1954, ZBR 1954, S. 175, mit krit. Anm. von Schulz-Koffka.

[24]) Die Diskussion des Problems der Bindungskraft ist gerade durch die Entscheidungen des BVerfG zum Gesetz zu Art. 131 GG lebhaft angefacht worden. Aus der Literatur vgl. besonders Forsthoff, DVBl. 1954, S. 72; Reinhardt, RdA 1954, S. 42 ff.; Schneider, DVBl. 1954, S. 184 ff., 219, u. JZ 1954, S. 710; Baring, ZBR 1954, S. 65 ff.; Kern, DVBl. 1954, S. 273 ff.; Schulz-Koffka, ZBR 1954, S. 177; Thieme, ZBR 1954, S. 193 ff.; Bursche, DVBl. 1954, S. 597 ff.; Geiger, NJW 1954, S. 1057 im Anschluß an Komm. z. BVerfGG, Anm. 6 zu § 31, DRiZ 51, S. 172 und BAnz. 1951, Nr. 218, Anlage; Sellschopp, ÖV 1954, S. 324; Lucas, NJW 1954, S. 1273; Willms, JZ 1954, S. 525; Jesch, JZ 1954, S. 528; Lechner, Komm. z. BVerfGG S. 180 und JZ 1954, S. 351; Bachof, ÖV 1954, S. 228 und NJW 1954, S. 510; Scheuner, ÖV 1954, S. 641 ff.; Friedrich Giese, JR 1954, S. 401; Schack, NDBZ 1954, S. 81 ff.; Giesges, ZBR 1954, S. 132 ff.; Stumpf, NDBZ 1954, S. 84 ff. Aus der Rechtsprechung vgl. OVG Lüneburg in DVBl. 1954, S. 191 und NJW 1954, S. 1094; LAG Frankfurt in NJW 1954, S. 1096; BGH GZS vom 20. 5. 1954, BGHZ 13, S. 265 ff. — Soweit übrigens die Praxis von einer Bindungskraft der tragenden Entscheidungsgründe ausgeht, ist sie gegenüber ihren bisherigen Ergebnissen kaum nachhaltig erschüttert, sondern kommt bei der Anwendung des Ges. zu Art. 131 GG auch dann zurecht: Vgl. z. B. Anders, Komm. zum Ges. zu Art. 131, 2. Aufl. S. 28/29: „Die Prämissen der Entscheidungen des BVerfG sind für die Anwendung des Gesetzes nicht von ausschlaggebender

Umfangs der Bindungskraft verfassungsgerichtlicher Entscheidungen darf natürlich dadurch nicht beeinflußt werden, daß Ergebnis oder tragende Gründe einer verfassungsgerichtlichen Entscheidung als unrichtig oder als richtig befunden werden, auch nicht dadurch, daß gegen eine verfassungsgerichtliche Entscheidung einmal der Vorwurf erhoben werden kann, sie verstoße gegen das weise Rezept jedes Gerichts, nur das wirklich unbedingt für die Entscheidung Wesentliche zu sagen. Ich brauche im übrigen in diesem Kreise nicht zu betonen, daß es nicht um „Demonstrationen" für oder gegen dieses oder jenes höchste Gericht geht. Es sind übrigens keine Staatsrechtler gewesen, die dem Bundesgerichtshof eine Demonstration gegenüber dem Bundesverfassungsgericht haben unterschieben wollen[25]). Wie irrig das hinsichtlich des Anlasses der Vorlage wäre, geht schon daraus hervor, daß die Vorlage des III. Zivilsenates an den Großen Zivilsenat nach § 137 GVG — wie mir kürzlich in einem persönlichen Gespräch auch Bundesverfassungsrichter Geiger bestätigt hat — aus dem Jahre 1952 stammt, aus einer Zeit also, in der mit der Entscheidung des Bundesverfassungsgerichts zeitlich noch gar nicht entfernt zu rechnen war. Die Vorlage des Großen Zivilsenates an das Bundesverfassungsgericht aber dient in erster Linie der Klärung der Frage, wieweit die Entscheidungen des Bundesverfassungsgerichts für andere Gerichte bindend sind.

II. Bei Erörterung der Frage des rechtlichen Schicksals des deutschen Beamtentums nach der Staatskrise des Jahres 1945 ist es nicht zu umgehen, nochmals einen kurzen Überblick über Entstehung und Entwicklung des aktuellen Problems zu geben, wobei Vollständigkeit hier im Vortrag nicht zu erreichen ist.

Bedeutung. Wäre die Prämisse zu a) (Erlöschen des Beamtenverhältnisses mit dem 8. 5. 45) richtig, so würden die Regelungen des Gesetzes, die von einer anderen Auffassung ausgehen, Fiktionen darstellen."

Die Fortsetzung der vor den Entscheidungen des BVerfG vom 12. 12. 1953 liegenden beamtenrechtlichen Praxis ist vor allem dadurch ermöglicht worden, daß man den Grundsatz der Formstrenge im Beamtenrecht, vor allem bei Ernennungen für die Zeit nach 1945 zunächst nicht mehr als strikt maßgeblich erklärt hat. Vgl. BGHZ 2, S. 198ff. (202); 3, S. 1ff. (29); 6, S. 348ff. (350); VGH Karlsruhe in VerwRspr. 2, S. 471; OLG Braunschweig, DVBl. 1953, S. 220, Dienststrafhof Rheinland-Pfalz in VerwRspr. 5, S. 47ff ; HambgOVG Bf. II 149/53 und Bf. II 329/53 (noch nicht veröffentlicht); a. A. LVG Rheinland-Pfalz in VerwRspr. 3, S. 440.

[25]) Vgl. die von Peters, JZ 1954, 549 zitierte Äußerung der Deutsch. Zeitung Nr. 73 vom 11. 9. 1954, S. 3 mit der Überschrift „Fehde in Karlsruhe"; ferner den Artikel in „Die Zeit" vom 5. 8. 1954 mit der Überschrift „Karlsruhe contra Karlsruhe", wo davon gesprochen wird, der Große Zivilsenat habe dem BVerfG „eine Bremse angelegt", habe „den Kirchturm wieder ins Dorf gestellt und den Verfassungsrichtern des Ersten Senats eine ernste Lehre erteilt". Abdruck dieses Artikels im vollen Wortlaut auch in „Hamburgische Beamtenzeitung, 6. Jahrgang 1954, Nr. 9, S. 8.

Seinen Ausgang nimmt das Problem praktisch von dem sozialpolitisch und finanzpolitisch als bedrückend empfundenen Komplex[26]) derjenigen Beamten und sonstigen Bediensteten, die am 8. Mai 1945 im öffentlichen Dienst standen, ihre Stellungen aber aus anderen als beamtenrechtlichen oder tarifrechtlichen Gründen tatsächlich verloren hatten. Der Parlamentarische Rat nahm sich auch dieses Fragenkreises an und bestimmte in Art. 131 GG, daß die Rechtsverhältnisse dieser Personen, soweit sie nicht bereits bis zum Inkrafttreten des GG wieder verwendet waren, durch einfaches Bundesgesetz zu regeln seien. Von vornherein war es umstritten, ob dieses Bundesgesetz nur das Fortbestehen der bisherigen Rechtsverhältnisse entsprechend der Auffassung vom Fortbestand des deutschen Staates deklaratorisch festzustellen und bundeseinheitlich lediglich zu modifizieren habe, oder ob es die bisherigen Rechtsverhältnisse mitsamt den Ansprüchen und Pflichten daraus rechtsgestaltend („konstitutiv") regeln dürfe und müsse[27]). Diese Kontroverse ist rückschauend nicht mehr so ganz zu verstehen, weil das eine (Fortbestand der bisherigen Beamtenverhältnisse) das andere (konstitutive Neuregelung der Ansprüche) nicht prinzipiell auszuschließen brauchte. Jede Erörterung stand doch auf jeden Fall weithin im Schatten der allgemeinen Konkurs-Situation des deutschen Staates[28]) oder doch der Zweifel an den finanziellen Möglichkeiten der Bundesrepublik. Aber man sprach sogar von der Alternative, die Regelung auf der Plattform des Finanziellen und Politischen oder auf der Plattform des Rechtlichen vorzunehmen[29]). In einer Zusammenfassung der Bundestagsdebatte zum 131er Gesetz wies der Abgeordnete Dr. Würmeling darauf hin, der Bundestag habe „dieses Gesetz nicht ausschließlich unter formalrechtlichen Gesichtspunkten sehen dürfen, sondern auch soziale, allgemeinpolitische, beamtenpolitische wie auch technische und nicht zuletzt finanzielle Gesichtspunkte maßgebend" sein lassen müssen[30]). Die Auffassung, daß Art. 131 GG den Grundgesetzgeber zu einer gestaltenden, konstitutiven Regelung ermächtigt und verpflichtet, setzte sich

[26]) von Mangoldt, Komm. z. GG, S. 641.

[27]) Vgl. Heyland, Die Rechtsstellung der entfernten erfolgreich entnazifizierten deutschen Beamten, 1950; Wahl, ZBR 1950, S. 26; Wenzel, Rechtsstellung der entnazifizierten Beamten, 1949; derselbe, Die gegenwärtige Rechtslage der entfernten und heimatvertriebenen Beamten, 1950; Jess, ZBR 1950, S. 4ff. und ÖV 1950, S. 269ff.

[28]) Vgl. Erich Kaufmann, Rechtliche Bemerkungen zur Frage der Versorgungsansprüche der Wehrmachtsangehörigen, München, 1950, ungedruckt; Jahrreiß, Die Rechtspflicht der Bundesrepublik Deutschland zur Entschädigung für Reparations- und Demilitarisierungseingriffe der Kriegsgegner des Reiches in Privatvermögen, gedrucktes Rechtsgutachten, Oktober 1950, S. 16.

[29]) Vgl. Die Übersicht bei Dennewitz-Jess, Bem. zu Art. 131 S. 3—12 des „Bonner Kommentars".

[30]) Deutscher Bundestag, Stenographische Berichte, Band 6, S. 5090 (A).

schließlich durch, allerdings wohl auf dem Boden staatsrechtlicher Unklarheit über die Grundlagen solcher Auffassung. Holtkotten[31]) setzte sich besonders nachdrücklich für konstitutive Regelungsmöglichkeit ein, und das Bundesverfassungsgericht führte im Urteil vom 20. 3. 1952[32]) aus, nach der Entstehungsgeschichte könne „kein Zweifel sein, daß das Grundgesetz den Bundesgesetzgeber ermächtigt hat, den . . . Komplex der Rechtsverhältnisse verdrängter Beamter nach eigenem gesetzgeberischen Ermessen konstitutiv zu ordnen".

Von Mangoldt war — unter Hinweis auch auf Art. 123 GG — der Auffassung, Art. 131 GG habe nur die Folgerung daraus gezogen, daß die Bundesrepublik in die Rechte und Verpflichtungen des Reiches eingetreten ist, soweit die Westzonen an ihnen beteiligt sind[33]). „In Art. 131 wird also, wie sich insbesondere aus Satz 3 ergibt, das Fortbestehen von Rechtsverhältnissen für den in ihm umschriebenen Personenkreis anerkannt. Zugleich wird der Gesetzgeber aber verpflichtet, die durch die umwälzenden Ereignisse der Jahre 1945 und 1946 in weitem Umfang unklar und zweifelhaft gewordenen Rechtsverhältnisse und die aus ihnen hervorgehenden Ansprüche und Verpflichtungen rechtsgestaltend zu regeln"[34]). Holtkotten suchte seine Auffassung, der Gesetzgeber sei bei Erledigung der ihm durch Art. 131 erteilten Aufträge grundsätzlich frei, noch dadurch zu unterstreichen, daß er — im Gegensatz zur wohl herrschenden, prozessualen, Auffassung — die Meinung vertrat, in logischer Folgerichtigkeit habe Satz 3 des Art. 131 die „materiellrechtliche Suspendierung bestehender Rechte" angeordnet, eine Auffassung, die ziemlich deutlich auf einen petitio principii hinauskommt. „Wo nach der bisherigen Rechtslage bei Inkrafttreten des BGG Rechte bestanden, hat der Verfassungsgesetzgeber sie zwar einerseits nicht selbst von Verfassungs wegen endgültig aufgehoben, sie aber auch andererseits ebensowenig in ihrem Rechtsbestand irgendwie verfassungskräftig anerkannt"[35]).

Die Fülle der zu Art. 131 GG und zum dazu ergangenen Gesetz entstandenen Judikatur und der verschiedenen Meinungen in der Literatur kann hier nicht erörtert werden, braucht auch nicht im einzelnen erörtert zu werden. Es ist auf jeden Fall insgesamt gesehen nicht ohne Interesse, daß sich wohl die meisten Äußerungen in der Literatur damit befassen, ob und inwieweit die als fortbestehend erachteten Rechte und Ansprüche der einzelnen Beamten

---

[31]) „Bonner Komm." Bem. zu Art. 131, S. 13ff.

[32]) BVerfGE 1, S. 167, 177.

[33]) Vgl. BFH v. 21. 2. 1952, JZ 1952, S. 435.

[34]) v. Mangoldt, aaO S. 641, unter Hinweis auf Kleindienst, Stenogr. Berichte des Bundestags, S. 4985 C; v. Arnim, Kommentar zum Gesetz zu Art. 131 S. 11 Ziff. 3; Kern, MDR 1951, S. 396.

[35]) Holtkotten, Bem. B 6 b zu Art. 131, S. 28.

nach dem GG zur Disposition des Verfassungsgesetzgebers und des von ihm beauftragten Bundesgesetzgebers standen oder nicht standen. Seltener wurde die Frage erörtert, welches verfassungsrechtliche Schicksal die Institution des Berufsbeamtentums überhaupt habe, nachdem sich der Zusammenbruch des Reiches ereignet hatte. Die Debatte um Art. 131 ist gewissermaßen umgekehrt verlaufen wie die beamtenrechtliche Diskussion nach 1919, wo sie sich aus einer vorwiegend die Einzelrechte und Pflichten des Beamten berührenden Diskussion zu einer verfassungsrechtlichen Erörterung der staatsrechtlichen Einrichtung des Beamtentums als Ganzem entwickelt hatte, innerhalb deren die Einzelansprüche nur eine abgeleitete Rolle spielten[36]). Eine solche Entwicklung ist an sich verständlich, wenn man bedenkt, daß das GG selbst zum rechtlichen Verhältnis der Bundesrepublik zum Reich keine umfassende Stellungnahme gebracht, sich für den Bereich des Beamtentums lediglich für eine Berücksichtigung der hergebrachten Grundsätze bei Durchführung eines Reformprogramms für „den öffentlichen Dienst" ausgesprochen sowie die Regelung der Einzelrechtsverhältnisse der verdrängten und sonst ausgeschiedenen Beamten ziemlich maßstabslos in die Hand des Bundesgesetzgebers gelegt hatte.

Allerdings blieb der Zusammenhang des Problems mit den Fragen der Identität oder auch der Rechtsnachfolge der Bundesrepublik mit dem Reich nicht verborgen. So erörterte z. B. schon 1949 das OLG Schleswig[37]) die Frage, was „tatsächliches Ausscheiden" sei und bemerkte, insbesondere die Beamten auf Lebenszeit könnten, soweit sie Flüchtlinge oder Vertriebene seien, wohl nur als tatsächlich Ausgeschiedene angesehen werden, „wenn man nicht von der Auffassung ausgehen will, daß das deutsche Reich durch Untergang . ., ohne daß es einen Rechtsnachfolger gefunden hat, einfach weggefallen sei". Auch Grewe hatte schon 1949[38]) dargelegt, das ganze Verfassungsrecht sei von dem Grundsatz der Identität des Bundes mit dem deutschen Reich beherrscht, wie sich auch aus Art. 131 (neben Art. 123) erweise. Die durchaus herrschend gewordene Auffassung vom Fortbestand des deutschen Staates nach 1945 und dessen jedenfalls teilweiser Fortsetzung in der Bundesrepublik hat aber die verfassungsrechtliche Sonderfrage des Fortbestehens der staatsrechtlichen Institution des Berufsbeamtentums als scheinbar unproblematisch immerhin zum Teil verdeckt. Wenn man davon ausging, daß die Bundesrepublik den deutschen Staat fortsetze, schien damit auch bereits die Frage

[36]) Vgl. Köttgen, Die Entwicklung des deutschen Beamtenrechts und die Bedeutung des Beamtentums im Staat der Gegenwart, Hdb. d. dt. StR II, § 61, sowie Gerber, VDStRL, 7.
[37]) DV 1949, S. 589.
[38]) DRZ 1949, S. 315.

bejahend gelöst, ob die früheren Beamten des Reiches in einem rechtlich fortbestehenden Beamtenverhältnis zur Bundesrepublik stünden[39]). Wenn die überwiegende Meinung den in Art. 131 enthaltenen Auftrag an den Bundesgesetzgeber dennoch als eine Ermächtigung zu konstitutiver Regelung der beamtenrechtlichen Rechtsverhältnisse ansah, so deshalb, weil man der Auffassung war, daß die Rechtsverhältnisse und die aus ihnen hervorgehenden Ansprüche und Verpflichtungen „durch die umwälzenden Ereignisse der Jahre 1945 und 1946 in weitem Umfang unklar und zweifelhaft" geworden waren[40]). Die an sich denkbare Möglichkeit, daß die staatsrechtliche Institution des Berufsbeamtentums weggefallen war, obwohl der Staat rechtlich weiterbestand, wurde kaum erörtert.

Der bei den Beratungen zum Gesetz zu Art. 131 stark im Vordergrund stehende und auch kritisierte Gedanke der Grenze finanzieller Leistungsfähigkeit der Bundesrepublik wurde zur Rechtfertigung des Gesetzes nach dessen Erlaß nur noch wenig und kaum noch als selbständiger Gesichtspunkt herangezogen. Allerdings bemerkte z. B. Holtkotten[41]), der Gesetzgeber habe das Spezialproblem des Art. 131 „im Sinne einer Liquidation zu lösen" gehabt; er wertete diesen Hinweis aber nur bei der Prüfung der Frage aus, ob das Gesetz zu Art. 131 etwa hergebrachte Grundsätze des Berufsbeamtentums verletze. Während bei Erörterung der allgemeinen Frage, ob und wieweit die Bundesrepublik für Schulden des Reiches hafte, und ob die Bundesrepublik zwischenstaatlich für Reichsschulden einstehen müsse, der Gesichtspunkt einer beschränkten Haftung im Hinblick auf die gebietsmäßig nur teilweise übernommenen Aktiva des Reiches durchaus deutlich herausgestellt wurde[42]), verblaßt dieser Gedanke verhältnismäßig bei

[39]) Vgl. v. Mangoldt, Bem. 2 zu Art. 131 GG, S. 641: „In Art. 131 wird also, wie sich insbesondere auch aus Satz 2 ergibt, das Fortbestehen von Rechtsverhältnissen für den in ihm umschriebenen Personenkreis anerkannt".

[40]) v. Mangoldt, S. 641 mit weiteren Hinweisen.

[41]) Bonn. Komm. zu Art. 131 S. 31.

[42]) Vgl. Stödter, Deutschlands Rechtslage, 1948, S. 265ff.; Krüger, SJZ 1950, S. 113ff.; Scheuner, DVBl. 1950, S. 481ff., 514ff. (516). Zum Londoner Schuldenabkommen berichtet Wolff (JZ 1954, S. 109): „Bei aller Bereitschaft, für die Verbindlichkeiten in Deutschland einzutreten, mußten die deutschen Vertreter doch darauf hinweisen, daß die finanzielle Lage der Bundesrepublik unter den Gebietsverlusten und unter dem Verlust aller deutschen Werte im Ausland, sogar im neutralen Ausland, erheblich gelitten hat. Dieser beschränkten Leistungsfähigkeit hätte nach Ansicht der deutschen Vertretung in noch stärkerem Umfange Rechnung getragen werden müssen, als es geschehen ist. Immerhin haben sich die Gläubigerstaaten zu nicht unerheblichen Konzessionen entschlossen. Die rund 13,5 Milliarden DM deutscher Schulden sind auf rund 7,3 Milliarden DM herabgesetzt worden."

den Erörterungen um das Gesetz zu Art. 131[43]). Er kam aber in der Kritik gegenüber den Gründen der Urteile des Bundesverfassungsgerichts vom 17. 12. 1953, gewissermaßen aus der Nähe des Konkursrechts, zur Rechtfertigung des Ergebnisses des Bundesverfassungsgerichts wieder deutlich zum Vorschein[44]).

Ging die überwiegende Meinung somit vom Fortbestand des deutschen Staates aus, so erschien es ihr auch als geradezu selbstverständlich, daß die zum Reich begründet gewesenen beamtenrechtlichen Verhältnisse nach 1945 fortbestanden. Dies schloß allerdings die Annahme, Art. 131 GG enthalte eine verfassungsrechtlich gültige Ermächtigung des Bundesgesetzgebers, die Rechtsverhältnisse, Ansprüche und Verpflichtungen konstitutiv neu zu regeln, nicht aus. Die Begründung zum Regierungsentwurf[45]) verstand darunter eine „Umformung" bestehender Rechte. Daß der Bundesgesetzgeber über diese „Umformung" hinaus auf Grund der weit gespannten Ermächtigung des Art. 131 bis zu einer Rechte vernichtenden Negation der fortbestehenden Ansprüche gehen dürfe, bejahte z. B. Holtkotten[46]) mit dem Hinweis darauf, der Gesetzgeber sei hier nicht an „wohlerworbene Rechte" gebunden. Die Freiheit des Gesetzgebers, Ansprüche zu vernichten, ergebe sich auch aus der umgekehrten Tatsache, daß er ermächtigt sei, bereits rechtswirksam erloschene Rechtsverhältnisse in irgend einer Form wieder aufleben zu lassen. Abgesehen aber von allem habe Art. 131 GG selbst alle Rechte eben gerade unter den Vorbehalt der hier vorgesehenen bundesgesetzlichen Regelung gestellt[47]).

Diese letzten Endes unbewiesene Auffassung entspricht im wesentlichen auch maßgeblichen Stimmen, die sich in der heftigen Debatte des Bundestags bei Beratung des Gesetzes zu Art. 131 zur Frage des Umfangs des Gesetzesauftrags aus diesem Artikel geäußert hatten[48]). Bei der Debatte des Bundestages zum Gesetz

---

[43]) Vgl. aber Scheuner, DVBl. 1950, S. 516. Lit. bei Anders, Komm. z. Ges. zu Art. 131, zu § 77.

[44]) Vgl. Kern, DVBl. 1954, S. 211ff.; 273ff.; Krüger, ZBR 1954, S. 37, Tietz, NJW 1954, S. 1270.

[45]) Bundestags-Drucksache 1306, S. 129.

[46]) „Bonn. Kommentar" zu Art. 131, S. 29.

[47]) Holtkotten, „Bonn. Komm." zu Art. 131, S. 29.

[48]) Vgl. die Debatten in Verhandlungen des Deutschen Bundestages, I. Wahlperiode 1949, Stenogr. Berichte, Bd. 6 (1951) S. 4984ff., 5089 bis 5111. Vgl. insbesondere den Berichterstatter Dr. Kleindienst, S. 4985: „Der Artikel 131 des Grundgesetzes erkennt nach seinem Wortlaut und nach den Verhandlungen des Parlamentarischen Rates das Fortbestehen von Rechtsverhältnissen der in Frage kommenden Personen des öffentlichen Dienstes ... an und hat insofern eine deklaratorische Bedeutung. Soweit er aber verpflichtet, die durch die umgestaltenden Ereignisse des Jahres 1945 und 1946 unklar und zweifelhaft gewordenen Rechtsverhältnisse und die aus ihnen hervorgehenden Ansprüche und Verpflichtungen zu regeln, stellt er der Gesetzgebung ohne Zweifel eine rechtsgestaltende Aufgabe". Von dieser

zu Art. 131 kam bei einigen Abgeordneten zur inneren Rechtfertigung des die Ansprüche auch vernichtenden oder beschneidenden Gesetzes (vgl. vor allem § 77) der Gedanke des Lastenausgleichs ziemlich deutlich zum Ausdruck. Diese Grundauffassung äußerte sich übrigens auch darin, daß ins Gesetz zu Art. 131 auch solche Personen als anspruchsberechtigt aufgenommen wurden, die keine beamtenrechtlichen Ansprüche gegen das Reich hatten, nämlich Beamte deutscher Staatsangehörigkeit, die bei einer staatlichen oder kommunalen Dienststelle der autonomen Verwaltung des ehemaligen Protektorats Böhmen und Mähren im Dienst standen (Ges. zu Art. 131, § 1 Ziff. 1 c); volksdeutsche Beamte, die bei einer staatlichen oder kommunalen Dienststelle eines fremden Staates im Dienst standen, wegen ihrer deutschen Volkszugehörigkeit vertrieben und als Vertriebene anerkannt worden sind (§ 1 Ziff. 1 d)[49]).

Es leuchtet ein, daß sich mit solchen und ähnlichen Erörterungen die Kritik gegenüber dem Gesetz zu Art. 131 im wesentlichen auf der Ebene bewegte, inwiefern der Bundesgesetzgeber bei der Regelung der Einzelansprüche etwa grundrechtliche Bestimmungen zu beachten gehabt habe, die er trotz Ermächtigung zu konstitutiver Regelung nicht habe verletzen dürfen. Die Frage: Welchen Rechtsstatus die unter Art. 131 fallenden Bediensteten 1945, 1946, 1949, 1951 hatten, — eine Frage, die sich lediglich aus der Prüfung hätte beantworten lassen, welchen verfassungsrechtlichen Status die Institution des Beamtentums nach dem Zusammenbruch des Reiches hatte — diese Frage wurde als unbeachtlich oder neben der Sache liegend bezeichnet[50]). Die Kritik am Gesetz zu Art. 131

Grundauffassung aus habe auch der Ausschuß des Bundestages gedacht, daß es „den durch die Folgen der Katastrophe von 1945 ohnedies überlasteten finanziellen Kräften der Bundesrepublik" nicht möglich sei, die Ansprüche voll zu erfüllen. — Abgeordneter Dr. Würmeling betonte dazu (S. 5090) besonders deutlich, daß „die Rechtsansprüche jedes Staatsbürgers gegen die staatliche Gemeinschaft ihre natürlichen Grenzen finden an dem nicht weniger berechtigten Anspruch anderer Volksschichten auf das Existenzminimum, das ein menschenwürdiges Leben gewährleistet". Vgl. auch Abgeordneter Fröhlich, S. 5093. Als „Vorleistung zum Lastenausgleich" bezeichnet der Abgeordnete Dr. Reismann das Gesetz (S. 5097). Auch Bundestagspräsident Dr. Ehlers stellt das Gesetz unter „die übrigen großen sozialen Gesetze des Bundes" (S. 5110).

[49]) Wohl in einem gewissen Mißverständnis des Gleichheitssatzes wurde durch die Aufnahme solcher Regelungen das beamtenrechtliche Gesetz zu Art. 131 GG — wenn es ein solches sein wollte — in seiner Grundkonzeption verworren; denn Bestimmungen jener Art gehörten systematisch ins Flüchtlings- und Vertriebenenrecht und in das allgemeine Lastenausgleichsrecht.

[50]) Holtkotten, Bonn. Komm. zu Art. 131, S. 29: . . . „liegen insofern alle noch so subtilen Erörterungen zur Ermittlung des derzeitigen Rechtsstatus der unter Art. 131 fallenden Bediensteten neben der Sache". — Auch Anders bemerkte, daß „die zahlreichen Streitfragen wie Identität von Bund und Reich . . . keine entscheidende Rolle" spielten (Vorwort zur 1. Aufl. des Kommentars zum Gesetz zu Art. 131, 1951).

befaßte sich statt dessen überwiegend damit, ob das Gesetz grundgesetzlich garantierte hergebrachte Grundsätze des Berufsbeamtentums und wohlerworbene Beamtenrechte oder Grundrechte verletze[51]), etwa den Gleichheitssatz[52]), die Eigentumsgarantie des Art. 14, oder die Artikel 97, 101, Abs. 1, Satz 2, oder 139 GG, oder auch, ob schon Art. 131 selbst verfassungswidrig sei[53]). In etwa auf dieser Basis kam es auch zu den Verfassungsbeschwerden, über die das Bundesverfassungsgericht zu entscheiden hatte. Dies geht aus der Sachdarstellung, die das Bundesverfassungsgericht seiner Entscheidung vom 17. 12. 1953 — 1 BvR 147 — vorangestellt hat, deutlich hervor[54]). Es kann auch durchaus nicht als ein Mangel in der Begründung der erhobenen Verfassungsbeschwerden angesehen werden, wenn sie die Grundfragen des Fortbestandes des Reiches in der Bundesrepublik und des Fortbestandes der Institution des Berufsbeamtentums als Ganzem nicht noch mehr vertieften als es geschehen war[55]). Denn mochten auch die im Bundestag in der 3. Lesung vor allem vom Abgeordneten Reif[56]) geäußerten Auffassungen nicht ganz eindeutig für allgemeine Bejahung der Kontinuität der Institution des Beamtentums gesprochen haben, — auf die Meinung und Auffassungen der einzelnen Abgeordneten und die Motive des Gesetzgebers sonst kommt es bei Beurteilung, Anwendung und Nachprüfung eines Gesetzes prinzipiell nicht an, soweit der im Gesetz objektivierte Wille des Gesetzgebers insgesamt hinreichend deutlich Ausdruck gefunden hat. Dieses konnte aber bei näherer Betrachtung des Gesetzes zu Art. 131 wohl ohne weiteres im Sinne der Bejahung der Kontinuität des Beamtentums und der aus ihm fließenden Rechtsverhältnisse festgestellt werden:

So unterstellt z. B. § 9 des Gesetzes die 131er-Beamten auch wegen solcher Dienstvergehen unter disziplinargerichtliche Ahndung, die sie vor dem 8. 5. 1945 begangen hatten. Wenn § 77 des Gesetzes „Ansprüche" aus dem „früheren Dienst- oder Arbeitsverhältnis gegen den Bund oder andere im Bundesgebiet befindliche öffentlichrechtliche Dienstherren" ausschließt, soweit die Ansprüche über die nach Gesetz zu Art. 131 hinausgehen, so kann das kaum anders verstanden werden, als daß das Gesetz solche Ansprüche aus dem früheren Dienstverhältnis wegen Fortbe-

---

[51]) Vgl. dazu die bei v. Mangoldt, S. 642 gebilligten Ausführungen des OLG Köln vom 2. 7. 1951, MDR 1952, 115; Giese, JZ 1952, S. 253; Wenzel, Die Wiederherstellung der Beamtenrechte, S. 17.

[52]) Vgl. OLG Hamburg, DV 1949, S. 586.

[53]) Vgl. Krüger, NJW 1950, S. 163; Bachof, Verfassungswidrige Verfassungsnormen, 1951.

[54]) BVerfGE 3, S. 68ff.

[55]) Vgl. Jahrreiß, Das Recht der ehemaligen berufsmäßigen Wehrmachtsangehörigen, Gedrucktes Rechtsgutachten vom 9. 6. 1950.

[56]) Stenographische Berichte Bd. 6, S. 5108.

standes des Instituts des Beamtentums voraussetzt, sie wegen des aus Art. 131 entnommenen Auftrags zu „konstitutiver" Regelung jedenfalls im Verhältnis zu den heutigen Dienstherren aber aberkennt. Dies geht wohl auch aus § 77 Abs. 2 des Gesetzes hervor, wenn er die gesetzlichen Vorschriften über die „Sicherung des Dienstverhältnisses der Heimkehrer" unberührt läßt[57]). Auch § 82 des Gesetzes läßt deutlich erkennen, daß das Gesetz zu Art. 131 von der Kontinuität des Beamtentums und der Beamtenverhältnisse ausgeht, und zwar aus dem Gedanken der Funktionsnachfolge heraus; denn das Gesetz sagt: „ist ihr Dienstherr" nicht etwa: „gilt als Dienstherr"[58]). Vom Fortbestand des Beamtentums gehen aber auch §§ 1 und 2 des Gesetzes aus, soweit es sich um den deutschen Berufsbeamtendienst handelt, denn es ist hier in Erläuterung des „Ausscheidens" in Art. 131 GG nur vom Wegfall der Dienststelle und Aufgabe des Dienstes die Rede, nicht aber von deren rechtlichem Ende. Diese Voraussetzung der Kontinuität des Beamtentums liegt offenbar auch Art. 132 GG zugrunde, wie sich insbesondere aus Abs. 2 ergibt.

Es ist an den Entscheidungen des Bundesverfassungsgerichts bedeutsam, daß sie die Fragestellung zunächst darauf konzentriert haben, welches rechtliche Schicksal das Beamtentum als staatsrechtliche Institution durch den staatlichen Zusammenbruch erlitten hat. Die Prüfung des rechtlichen Schicksals der Einzelansprüche wurde damit dorthin zurückgeführt, wo alle Erörterungen über einzelne Beamtenrechte und Pflichten zunächst einmal ihren Grund haben: In der staatsrechtlichen Einrichtung des Beamtentums als Ganzem. Ob das Bundesverfassungsgericht die Frage des Fortbestandes der Institution zutreffend beantwortet hat, wird noch zu prüfen sein. Ich darf es mir hier versagen, den Inhalt und die wesentlichen Linien der Gedankenführung der Entscheidungen des Bundesverfassungsgerichts wiederzugeben. Die Entscheidungen sind hinreichend bekannt.

III. Die Frage unseres Themas präzisiert sich nun auf dem Boden der Erwägungen des Bundesverfassungsgerichts dahin, ob das Berufsbeamtentum von 1933 bis 1945 verfassungsrechtlich ein „Regime-Beamtentum" war, so daß es den Zusammenbruch dieses Regimes rechtlich nicht überdauern konnte, oder ob es ein Staatsbeamtentum war, das mangels Untergangs des deutschen Staates auch nach 1945 rechtlich bestehen blieb oder jedenfalls bestehen bleiben konnte.

Um Mißverständnissen vorzubeugen, möchte ich darauf hinweisen, daß es mir bei der Stellungnahme nicht um das Ergebnis der Entscheidungen des Bundesverfassungsgerichts geht. Ich bin

[57]) Vgl. Anders, Komm. 3. Aufl. S. 324.
[58]) Vgl. Anders, aaO S. 337.

der Auffassung, daß die Zurückweisung der Verfassungsbeschwerden und die Feststellung der Verfassungsmäßigkeit von Bestimmungen des Gesetzes zu Art. 131 im Ergebnis zu Recht erfolgt sind: Auch bei der Annahme, das Beamtentum habe als staatsrechtliche Institution den Zusammenbruch 1945 rechtlich überdauert, ergab sich die Notwendigkeit, ungeachtet aller Rechtsansprüche aus dem Beamtenverhältnis gesetzlich eine lastenausgleichsähnliche Liquidationsregelung zu treffen. Der Bundesgesetzgeber hatte insofern praktisch die Grundlagen seiner Aufgabe nicht geradezu verfehlt verstanden, wenn er in die Regelungen des Gesetzes zu Art. 131 sogar solche Verhältnisse einbezog, bei denen ein Anschluß an beamtenrechtliche Positionen nach deutschem Staatsrecht überhaupt nicht gegeben war. Die viel besprochene konstitutive Regelung im Vollzug des Art. 131 GG beinhaltete gerade auch bei Annahme des Fortbestandes des Beamtentums und der beamtenrechtlichen Rechtsverhältnisse die Kompetenz, die Rechtsansprüche dann doch in Anbetracht der Notlage des gesamten Volkes und Staates zu kürzen oder ganz abzuschneiden, so lange das nicht willkürlich geschah. Auch bei Annahme fortbestehenden Beamtentums und fortbestehender Beamtenverhältnisse folgte aus der dem Beamtenstatus innewohnenden Treuepflicht und dem wechselseitigen Angewiesensein aufeinander die beinahe selbstverständliche Rechtspflicht des Beamten, der den Amtsplatz faktisch zunächst einmal verloren hatte, sich wegen seiner auf den vergangenen Dienst gestützten Ansprüche zu bescheiden, sich auch mit der — in rechtsstaatlich geordnetem Gerichtsverfahren nachprüfbaren — Verwirkung solcher Rechtspositionen abzufinden, die er unter Verletzung beamtenrechtlicher Bestimmungen oder wegen individueller enger Verbindung zum vergangenen Regime erlangt hatte (§7 des Ges. zu Art. 131). Betrachtet man das einzelne Beamtenverhältnis mit seinen Ansprüchen und Verpflichtungen, so läßt sich in der Tat sagen, der Beamte dürfe „am allerwenigsten verlangen, aus einer solchen Katastrophe ungeschoren hervorzugehen"[59]). Es kann rechtlich im Blick auf das einzelne Beamtenverhältnis kaum bezweifelt werden, „daß der Bundesgesetzgeber bei der ihm aufgetragenen Regelung nach der tiefgehenden Erschütterung, die das gesamte Staatsgefüge durch die Katastrophe von 1945 erlitten hatte, angesichts des Verlustes weiter Gebiete, angesichts der schweren Verluste an Wirtschaftskraft, insbesondere der umfangreichen Verwüstungen und Zerstörungen an Eigentum und Einrichtungen der privaten und öffentlichen Hand, sowie der Zerrüttung der Währung und angesichts des Zustroms von Flüchtlingen einschließlich zahlreicher verdrängter deutscher Beamten in das Bundesgebiet, in beste-

---

[59]) BGH III Z R 30/53 vom 5. 7. 1954, ZBR 1954, S. 271ff. (272).

hende Beamtenverhältnisse eingreifen, sie zur Anpassung an die tiefgreifenden politischen, wirtschaftlichen und sozialen Verhältnisse umgestalten und Ansprüche daraus beschneiden durfte"[60]). Zum Inhalt gerade des Beamtenrechtsverhältnisses hat man auch die Pflicht des Beamten zu rechnen, „sich den grundlegend veränderten Verhältnissen des Dienstherrn anzupassen"[61]).

Doch zurück zu unserer Frage, wie sie sich auf dem Boden der Untersuchungen des Bundesverfassungsgerichts stellt: War das Beamtentum 1933 bis 1945 noch eine staatsrechtliche, d. h. noch auf den Staat bezogene Institution, oder war es — ähnlich etwa wie die Amtswalterschaft der NSDAP — ein Regime-Beamtentum, das den Zusammenbruch des Regimes rechtlich nicht überdauern konnte? Daß der deutsche Staat nach 1945 weiterbesteht, wird dabei übrigens auch vom BVerfG vorausgesetzt[62]).

Wenn man sich die Frage stellt, ob das Beamtentum nach 1933 von einem Staatsbeamtentum zu einem Regime-Beamtentum umgestaltet worden ist, so muß man sich kurz wieder vergegenwärtigen, worin die wesentlichen staatsrechtlichen Züge der Institution des Berufsbeamtentums vorher bestanden hatten. Zu den wesentlichen Kennzeichen des Beamtentums gehörte es, daß es nicht mit eigener politischer Entscheidungsmacht betraut war[63]). Das deutsche Beamtentum war ferner seit der absoluten Monarchie dadurch gekennzeichnet, daß die Beamten als Amtsträger in einer im

---

[60]) BGH aaO v. 5. 7. 1954; ähnlich BGH GSZ 6/63, BGHZ 13, S. 265ff.

[61]) BGH in ZBR 1954, S. 273; Vorlagebeschluß des GSZ BGH vom 20. 5. 1954 — GSZ 6/53 — Leitsatz 6 des DVBl. 1954, S. 569; Reinhardt, RdA 1954, S. 45: „Modifizierung (der fortbestehenden Beamtenverhältnisse) im Sinne der finanziellen Tragbarkeit, — allerdings nicht ohne Gerechtigkeit"; Krüger, ZBR 1954, Heft 2, Sonderdruck Seite 5, stellt als Kern der Sache ebenfalls die Frage heraus, wie sich eine nationale Katastrophe auf erworbene Rechte auswirkt. Er weist auf die Sozialpflichtigkeit aller Rechte hin, auf die allen Rechten immanenten Bindungen an das Schicksal der Gemeinschaft; BGH GSZ (ZBR 1954, S. 252) führt zutreffend aus: „Das Beamtenverhältnis trägt bereits aus eigenem Recht die Möglichkeit in sich, die Ansprüche der Beamten oder Versorgungsberechtigten in Fällen tiefgehender Erschütterung des Staatsgefüges der veränderten Lage durch Herabsetzung oder sonstige Umformung in gewissem Umfange anzupassen".

[62]) Es trifft nicht zu, daß sich das Bundesverfassungsgericht in der Entscheidung vom 17. 12. 1953 (BVerfGE 3, S. 58ff., 88, 89) der Auffassung angeschlossen hätte, der deutsche Staat sei 1945 untergegangen. Auf S. 89 heißt es: „Aber auch wenn man — mit der herrschenden Lehre . . . — das Weiterbestehen eines zunächst nur seiner Handlungsfähigkeit beraubten deutschen Reiches annimmt" (Sperrung nicht im Original!). Es heißt nicht: „annehmen wollte", oder: „annehmen würde", und insofern kann man von klarem Wortlaut sprechen. Mit Recht hat das Bundesverfassungsgericht in der Entscheidung vom 26. 2. 1954 (BVerfGE 3, S. 288ff., 319, 320) die Auffassung als eine Mißdeutung gekennzeichnet, daß es den Auffassungen über das Aufhören des deutschen Staates „zumindest zuneige". Keinesfalls ist etwa die Auffassung vom Ende des deutschen Staates irgendwie tragender Entscheidungsgrund für das Bundesverfassungsgericht gewesen.

[63]) Köttgen, Handbuch des deutschen Staatsrechts Bd. II, S. 5.

Staat repräsentierten Idee aufgingen[64]). Das deutsche Beamtentum hatte damit einen ganz bestimmten Wertakzent. Das Beamtentum der Weimarer Republik stimmte mit dem des monarchisch verfaßten Staates darin überein, daß es an die Staatsidee gebunden war[65]). Der deutsche Beamte der Weimarer Republik hatte auch staatsrepräsentativen Charakter. Daß das Fehlen formalrechtlicher Unabhängigkeit des Beamten dessen rechtliche Repräsentationsstellung nicht entscheidend in Frage stellen konnte, hat Köttgen[66]) überzeugend dargelegt. Die geistige Selbständigkeit des Beamtentums gegenüber dem parlamentarisch verantwortlichen, politischen Minister wurde mit Recht hervorgehoben, fand übrigens auch in Art. 130 RV 1919 („Diener der Gesamtheit") deutlich Ausdruck, und zwar in Übereinstimmung mit der Tradition der überparteilichen Staatsbezogenheit, die sich das deutsche Beamtentum als Ganzes bewahrt hatte.

Parteipolitische Neutralität und Bindung an die Rechtsidee der im Staat verfaßten Gesamtheit waren im monarchischen Staat beinahe selbstverständlich[67]). Im republikanischen Parteienstaat hob man die überparteiliche Neutralität und Staatsbezogenheit des Beamtentums besonders stark hervor. Man bezeichnete mit Recht diese Neutralität als Voraussetzung dafür, daß das parlamentarische System überhaupt funktionsfähig war[68]). Wenn das deutsche Beamtentum durch die Bindung an die Staatsidee charakterisiert wurde, dann war es begreiflich, wemn man sich Sorge um den Bestand dieses Berufsbeamtentums deshalb machte, weil die Staatsidee nach 1919 an Geltung verloren zu haben schien[69]). Deshalb sprach man mit Recht auch von einer Krise des Beamtentums, wie von einer Krise der Staatsidee[70]), weil die Gemeinschaftsgrundlage zersetzt erschien und daher dem Staat nicht mehr so „solide Fundamente" bieten konnte[71]), wie die Idee des korporativen Staates sie erfordert. Die Hoffnung, die Krise des Beamtentums zu überwinden, lag in der Neuentfaltung der staatstra-

[64]) Köttgen, aaO S. 6.

[65]) Vgl. Gerber, Vom Begriff und Wesen des Beamtentums, ArchöffR NF 18, S. 1ff.; Köttgen, Das deutsche Berufsbeamtentum und die Parlamentarische Demokratie, S. 57ff.

[66]) Handbuch des deutschen Staatsrechts, II, S. 7—9.

[67]) Köttgen, Das deutsche Berufsbeamtentum S. 35; Handbuch des Deutschen Staatsrechts II, S. 10.

[68]) Köttgen, Handbuch des deutschen Staatsrechts, II, S. 10, 13.

[69]) Vgl. Thoma, Artikel „Staat" im Handwörterbuch der Staatswissenschaften, 4. Aufl. 1926, Band VII, S. 743; Kägi, Die Verfassung als rechtliche Grundordnung des Staates, 1945.

[70]) Köttgen, Das deutsche Berufsbeamtentum und die parlamentarische Demokratie, S. 77; derselbe, Handbuch des deutschen Staatsrechts II, S. 19.

[71]) Köttgen, aaO vgl. auch die Klage von Erwin Jacobi über das Versagen der gemeinschaftsbildenden Kraft des Volkes; Diskussion Vereinigung deutscher Staatsrechtslehrer 7, S. 123.

genden, die Staatsidee nachhaltig bestimmenden Gemeinschaftsgrundlagen[72]). Die Integrationslehre von Rudolf Smend konnte auch auf beamtenrechtlichem Gebiet eine starke Bedeutung erhalten[73]). Im gesetzes- und staatsbezogenen Beamtentum erblickte man den geradezu notwendigen statischen Faktor eines Verfassungslebens, das pluralistisch zu zerfallen drohte[74]). Im Dienst am Staat als Rechtsgemeinschaft wurde mit Recht die besondere Funktion des Berufsbeamtentums gefunden[75]). Das Beamtentum wurde als „Träger der institutionellen Organe und als Verwalter des rechtlichen Funktionskreises" und damit als „ein unabhängiger Faktor staatlichen Lebens" erkannt[76]). Konsequent forderte man daher eine in den organisatorischen Teil der Verfassung aufzunehmende ausdrückliche Garantie der Institution des sachbezogenen, gesetzesgebundenen, staatsbezogenen Beamtentums[77]). Ebenso konsequent wurde der Gedanke der sogenannten parteipolitischen Neutralisierung des Beamtentums verfochten[78]). Von hier ergab sich auch die Folgerung der Neutralität des Beamtentums gegenüber der Staatsform und die Auffassung, daß das deutsche Berufsbeamtentum den Wechsel der Staatsform 1918/19 juristisch ohne weiteres überdauert habe. Am einleuchtendsten war diese rechtliche Unempfindlichkeit des Beamtentums gegenüber der Staatsform dann zu begründen, wenn man im Berufsbeamtentum, „juristisch gesehen nichts als eine bestimmte Organisationstechnik der Vollziehung" erblickte[79]). Aber auch bei einer materiell auf die Staatsidee bezogenen repräsentativ-organschaftlichen Auffassung des Berufsbeamtentums kam Hans Gerber mit Recht zu dem Ergebnis: „Der Sinn des Berufsbeamtentums hängt nicht mit einem bestimmten Staatsformprinzip zusammen, nicht mit den Grundsätzen der Monarchie, unter der es entstanden ist, sondern mit dem modernen Staatsdenken schlechthin"[80]). Natürlich war der Verfassungswandel nicht ohne jede Bedeutung für das Beamtentum, aber doch nur insofern, als dem Beamten-

---

[72]) Köttgen, aaO.

[73]) Verfassung und Verfassungsrecht 1928, besonders auch S. 29ff. zur Integration durch die Bürokratie.

[74]) Vgl. Richard Schmidt, Volksstaat und Obrigkeitsstaat, Zeitschr. für Politik XV (1926) S. 193ff.; Giese, Das Berufsbeamtentum im Deutschen Volksstaat 1929, 2. Aufl. 1930; Carl Schmitt, Der Hüter der Verfassung, Beiträge zum öffentlichen Recht der Gegenwart, 1931, Bd. I, S. 149ff.

[75]) Gerber, VDStRL, 7, S. 18.

[76]) Gerber, VDStRL S. 22 unter Hinweis auf weitere Literatur.

[77]) Vgl. Köttgen, Berufsbeamtentum, S. 244; Giese, Berufsbeamtentum S. 39; besonders klar Gerber, VDStRL 7, S. 27ff.

[78]) Köttgen, Berufsbeamtentum, S. 58ff., derselbe, Handbuch des deutschen Staatsrechts, II, S. 10; Giese, Berufsbeamtentum, S. 31; Carl Schmitt, Hüter der Verfassung, S. 149ff.; Gerber, VDStRL 7, S. 28ff.

[79]) Merkl, VDStRL 7, S. 57.

[80]) Gerber, VDStRL 7, S. 4.

tum im systematischen Zusammenhang der staatstragenden Kräfte eine etwas veränderte Stellung zuzuweisen war, von soziologischen Strukturwandlungen ganz abgesehen.

Ich kann es mir hier beim Vortrag ersparen, im einzelnen darzulegen, wie ähnlich die heutigen Probleme des Beamtenrechts und des Beamtentums sind. Hervorragende Vertreter des Staatsrechts und des Beamtenrechts haben dem Ausdruck gegeben. In der heutigen deutschen Literatur über das Beamtentum findet sich aber im allgemeinen ein weißer Fleck für die Zeit von 1933 bis 1945[80a]); das hat leicht einzusehende Gründe. Niemand setzt sich gern der Gefahr aus, bei der juristischen Darstellung des Beamtentums in jenen Jahren des nationalsozialistischen Regimes ohne ausreichenden äußeren und inneren Abstand von den damaligen historischen und politischen Ereignissen etwa rechtlich falsche Schlüsse zu ziehen. Das Bundesverfassungsgericht hat es trotzdem unternommen, jenen weißen Fleck in der Beurteilung des Beamtentums im nationalsozialistischen Staat auszufüllen — eine in der Tat wenig populäre Aufgabe, mag sie so oder so gelöst werden. In der Methode der dazu erforderlichen Untersuchungen kann ich dem Bundesverfassungsgericht nicht folgen; denn zwar kann das Staatsrechtliche nicht vom Politischen getrennt[81]), aber andererseits darf die rechtswissenschaftliche Erörterung auch nicht mit einer sozialwissenschaftlichen oder soziologischen oder historischen Betrachtung verwechselt oder auch nur vermengt werden[82]). Daher habe ich in immanenter Kritik zu den Auffassungen des Bundesverfassungsgerichts nur wenig auszuführen.

Es ist bei unseren derzeitigen Einsichten in die Grundlagen unserer deutschen und rechtsstaatlichen Verfassungsordnung sicher kaum bestreitbar, daß in einem demokratischen Parteienstaat, in dem vielleicht auch noch außerparlamentarische Gruppenkräfte um maßgebenden Einfluß bei der Staatswillensbildung ringen, das Beamtentum als statischer Faktor gesamtheitsbezogener, insofern neutraler, Gewalt eine ganz bedeutsame staatsrechtliche Rolle spielt. Man kann auch den Staat lediglich als Prozeß, ohne alle statische Faktoren, rechtlich nicht voll erfassen. Die Spätentwicklung eines statischen Berufsbeamtentums in ausländischen alt-demokratischen Ländern bestätigt das in der Praxis. All das kann aber noch nichts darüber besagen, ob das

---

[80a]) Von ausländischer Literatur vgl. Morstein-Marx, Government in the Third Reich, 2nd. ed. 1937, bes. S. 128ff.; Loewenstein, Hitler's Germany, 1940, S. 173ff.; Franz Neumann, Behemoth, 1944, S. 369ff.

[81]) Vgl. Triepel, Staatsrecht und Politik, 1926; Smend, Verfassung und Verfassungsrecht, 1928; Gerber, VDStRL 7, S. 19ff.

[82]) Vgl. dagegen Draht, Zur Soziallehre und Rechtslehre vom Staat, ihren Gebieten und Methoden, Festgabe für Rudolf Smend, 1952, S. 41ff. — Gegen Draht: Kern, Probleme der Rechtsprechung des Bundesverfassungsgerichts, DVBl. 1954, S. 211ff. (218).

Beamtentum in einem Staat rechtlich existieren kann, der das parlamentarische Mehrparteiensystem noch nicht kennt, wie die absolute Monarchie, oder nicht mehr kennen will, so daß er es aufhebt. Zwar ist ein Höchstmaß gerechter Verfassungsordnung unter Achtung der Würde des Menschen sicherlich auf Dauer nur dann gewährleistet, wenn die Staatswillensbildung auf dem Boden echter Toleranz und Diskussion unter Anerkennung der sozialen und politischen Gruppenbildung und Interessen geschieht. Es ist im modernen Staat hybris, wenn einer sich anmaßt, unter gewaltsamer Auslöschung aller Diskussionspartner die politische Einheit in sich selbst zu repräsentieren und allein zu gestalten. Aber verfassungsrechtlich möglich ist ein Versuch, den Pluralismus gesellschaftlicher und politischer Teilkräfte autoritär oder auch diktatorisch zu beseitigen, so lange nur die so verfaßte Einheit noch als Staat angesehen werden kann. Das Herrschaftssystem in einem solchen Staat kann als sittlich wertlos und moralisch verwerflich zu verdammen sein, — der Staat kann als solcher rechtlich trotzdem bestehen. In diesem Staat kann auch staatsrechtlich die Institution eines Beamtentums bestehen. Die Wahrscheinlichkeit, daß ein moderner Staat ohne Berufsbeamtentum auskommen kann, ist dabei verhältnismäßig gering, mindestens in dem Sinne, daß wohl jeder komplizierte moderne Staat organisatorisch Techniker der Vollziehung braucht[82a]). Dem eigentümlich deutschen traditionellen Wesen des Berufsbeamtentums würde man allerdings mit einem so inhaltlich entleerten Beamtentum nicht gerecht. Es muß daher gefragt werden, ob es in dem autoritären und totalitären Staat nach 1933 noch ein echt deutsches, d. h. auf Staat und Volk als Ganzem bezogenes Beamtentum gab. Auch das muß bejaht werden. Ohne Fortführung der riesenhaften sachlichen Verwaltungsaufgaben des modernen Staates konnte auch der nationalsozialistisch geführte Staat nicht existieren. Schon die Verhältnisse zwangen gewissermaßen zur Kontinuität mit der auf den Staat bezogenen Verwaltung und damit dem Beamtentum[83]).

Das Bundesverfassungsgericht ist der Auffassung, das Beamtenverhältnis sei „in ein besonderes persönliches Treueverhältnis zu Hitler selbst und in ein Abhängigkeitsverhältnis zu der den Staat beherrschenden Partei umgestaltet" worden, das parteipolitisch neutrale Berufsbeamtentum (das nach 1945 hätte fortgesetzt werden können) sei — zumal nach Beseitigung des verfassungsmäßigen Schutzes der Beamten gegenüber dem Gesetzgeber — zerstört worden[84]). „Gegenüber der Bindung des Beamten an den Staat lag nunmehr das Schwergewicht auf der lebenslänglichen

[82a]) Vgl. Friedrich, Der Verfassungsstaat der Neuzeit, 1953, S. 40ff., 449ff.

[83]) Vgl. Reinhardt, Recht der Arbeit, 1954, S. 44.

[84]) BVerfGE 3, S. 89.

Bindung an die Person des Führers und eine von ihm gelenkte, den Staat beherrschende und mit ihm unlöslich verbundene Partei[85]"). Diese Bindung an die politische Auffassung einer einzelnen Partei stehe im schärfsten Widerspruch zum Begriff eines Beamtentums, das dem Staat und Volk als Ganzem verpflichtet ist. „Ein auf solcher Rechtspflicht beruhendes Rechtsverhältnis verliert seine entscheidende Grundlage, wenn der Staat von der ihn beherrschenden Partei befreit und die Partei selbst für illegal erklärt wird"[86]).

Die Auffassung von der Umwandlung des primär auf den Staat und die Staatsidee bezogenen Berufsbeamtentums in personhaft gedachte Rechtsverhältnisse zum Führer der den Staat beherrschenden Partei sucht das Bundesverfassungsgericht durch eine Analyse der Entwicklung sowie von Äußerungen im Schrifttum und Rechtsprechung, vor allem von Disziplinargerichten, zu gewinnen. Es mag sein, daß es den Wünschen und Absichten der NSDAP entsprochen hat, das staatsbezogene Berufsbeamtentum in eine geradezu mystische Führergefolgschaft umzugestalten, jeden einzelnen Beamten zum Gefolgsmann des Führers zu machen, das Beamtenverhältnis zu einem rein personal verstandenen Verhältnis zu einer Führerperson zu formen. Es kann kaum bestritten werden — auch ohne daß ich die Gestalten des Landbriefträgers oder Katasterbeamten beschwöre —, daß eine solche Verpersönlichung zwar möglich, aber doch im modernen Verwaltungsstaat sehr schwierig gewesen wäre[87]). Die dafür u. a. rechtlich nötige Konsequenz, die Beamten auf die Lebenszeit des Führers zu ernennen, ist übrigens wohl niemals erörtert worden[88]). Die unentrinnbare Notwendigkeit, trotz aller personhaften Vorstellungen ein institutionalisiertes, auf den Staat bezogenes Beamtentum beizubehalten, fand auch ihren gesetzlichen Niederschlag in § 1 DBG, wo es hieß, der deutsche Beamte stehe zum Führer und zum Reich in einem öffentlichrechtlichen Dienst- und Treueverhältnis. Auf diese Bindung an das Reich, also an den Staat, hat Reuss schon nach Inkrafttreten des DBG besonders hingewiesen[89]). Übrigens ließ auch das ganze DBG von 1937 den gesamten traditionellen Gehalt des Staatsbeamtenverhältnisses noch deutlich erkennen[90]). Es ist gewiß richtig, daß die Forderung einer personalisierten Treuepflicht zum Führer betont erhoben wurde, so daß sogar der Treueeid mit dem auf den Monarchen zu leistenden Treueeid nicht vergleichbar sein sollte. Aber die objektive Struktur der Beamten-

[85]) BVerfGE 3, S. 118.
[86]) Ebenda.
[87]) Vgl. Krüger, ZBR 1954, Heft 2, S. 2.
[88]) Vgl. Giesges, ZBR 1954, S. 134.
[89]) Beamtenjahrbuch 1937, S. 198, vgl. auch schon JW 1953, S. 2320.
[90]) Zutreffend Wichert, Deutsches Beamtengesetz, 1952, S. 21, 33.

verhältnisse, die versachlichte Funktion des Staats-Beamtentums konnte dadurch in der Wirklichkeit schlechterdings nicht beseitigt werden[91]. „Die institutionelle Staatlichkeit ist einfach stärker als jede denkbare politische Strebung"[92].

In welchem Maße unter diesen Umständen ein verfassungsgesetzlicher Schutz der Einzelrechte der Beamten (Art. 129, RV 1919) aufrecht erhalten blieb oder abgeschafft wurde, ist nicht entscheidend, da die Institution des Beamtentums als solche nicht beseitigt wurde. Auch dadurch wurde das Beamtentum nicht zu einem aliud, daß es über das Treueband zu dem Führer in völlige Abhängigkeit zu der den Staat beherrschenden Partei geraten wäre. Weder wurden die Beamtenstellen zu Parteiführerstellen — von kumulierter Ämterhäufung in bestimmten Einzelfällen abgesehen —, noch wurde die staatliche Amtsorganisation von der Parteiorganisation aufgezogen. Staat und Partei blieben getrennt[93]. Aber selbst wenn man eine weitgehende politisch-ideologische Durchdringung des gesamten Beamtentums als Institution annehmen wollte, bliebe juristisch immer noch die Frage, ob die so erreichte nationalsozialistisch-strukturelle Substanz des Beamtentums wirklich das Wesentliche in dem Sinne war, daß es ohne diesen 1945 vernichteten Wesenszug rechtlich nicht weiter bestehen konnte. Hierbei ist staatsrechtlich zu bedenken:

Auch wenn man die beamtenrechtlichen Rechtsverhältnisse nicht mit der formalen Konstruktion eines besonderen Gewaltverhältnisses abtun will, dann ist doch für eine auch auf den Inhalt des beamtenrechtlichen Rechtsverhältnisses bedachte juristische Charakterisierung des Beamten der Begriff des Statusverhältnisses bedeutsam. Arnold Köttgen[94] hat mit Recht betont, daß mit jedem Status geschichtsgebunden ein spezifischer Inhalt mitgesetzt ist. Es ist in der Tat die Frage, inwieweit diese Inhalte veränderlich sind, ohne daß die Hülle der Inhalte, der Status, notwendig mitverändert wird. Dabei ist zu beachten, daß jedem Status rechtlich eine besonders starke — eben statische — Konstanz innewohnt. Insofern kann man sicherlich für das Statusrecht vom Prinzip oder doch der Vermutung der rechtlichen Kontinuität sprechen[95]. Bei der juristischen Analyse eines rechtlichen

---

[91]) Vgl. Dahm, Deutsches Recht, 1. Aufl. 1944, S. 229: „denn zur Verwaltung gehört nun einmal das unpersönliche Amt, das Fachliche und Rationale, die Institution, die feste Ordnung und Zuständigkeit".

[92]) Forsthoff, DVBl. 1954, S. 71.

[93]) Die „Einheit von Partei und Staat" ist zwar schlagworthaft viel berufen worden, konnte aber nicht verwirklicht werden.

[94]) ArchöffR 79, S. 357.

[95]) Jerusalem, Das methodische Prinzip der 131er Urteile des Bundesverfassungsgerichts, NJW 1954, S. 980ff., sieht im „juristischen Kontinuum" eine der großen Gesetzmäßigkeiten des menschlichen Daseins in der Ordnung eines Volkes, Staates oder einer Kirche überhaupt. Das BVerfG habe das

Status ist die Feststellung statusrechtlich entscheidender Strukturveränderung des Inhalts sehr schwierig. Statusrechtliche Rechtsverhältnisse stellen eine wesentliche Grundlage der Rechtssicherheit dar. Daher besteht gerade bei einem rechtlichen Status die kaum anders als durch positives Gesetz auszuschließende Vermutung, daß der Status als solcher juristisch bestehen bleibt, mag auch historisch, politisch, ideologisch, soziologisch betrachtet der Inhalt des Status wesentlich verändert worden sein.

Wenn man die Frage der Konstanz der Beamtenrechtsverhältnisse nicht institutionell, gemessen am Beamtentum als staatsrechtlicher Institution beantworten will, sondern individuell, persönlich, gemessen am einzelnen Beamten und dessen Beamtenrechtsverhältnis, dann kann die Antwort in jedem Einzelfall anders ausfallen. Das zeigt im Grunde die gesamte verwaltungsgerichtliche Judikatur zu § 7 des Gesetzes zu Art. 131. Aber auch hier bei der rechtlichen Beurteilung des einzelnen Beamtenrechtsverhältnisses kann der allgemeine Gedanke der Verwirkung allein für sich die rechtliche Feststellung nicht tragen, der Status habe aufgehört; dies kann vielmehr nur auf der Grundlage eines Tatbestände normierenden Gesetzes entschieden werden[96]). Die Rechtsinstitution des Beamtentums als Ganzem aber hat erst recht einen historisch-politisch etwa zu bejahenden inneren Strukturwandel überdauert, wenn sie nicht ausdrücklich durch den dazu befugten Gesetzgeber beseitigt worden ist[97]).

übersehen und die „Negierung des Kontinuums" zum methodischen Prinzip gemacht. Auch Krüger, Das Bundesverfassungsgericht und der moderne Staat, ZBR 1954, Heft 2 (S. 4), betont, im Zweifel sollte man es mit der Kontinuität halten. „Im Grunde genommen ist es das wesentliche Anliegen des Rechts, der Politik die Kontinuität der Rechtsverhältnisse abzugewinnen". Auch der Status der deutschen Staatsangehörigkeit bewährt seine Konstanz, obwohl er bis 1945 vom politischen Inhalt des Reichsbürgers wesentlich überlagert war. Vgl. auch Krüger, SJZ 1950, S. 115.

[96]) § 7 des Ges. zu Art. 131 setzt daher auch, wenn Ernennungen und Beförderungen „unberücksichtigt bleiben" sollen, eine im Verwaltungsrechtsweg nachprüfbare konstitutive Entscheidung der obersten Dienstbehörde voraus.

[97]) Dies übersieht man, wenn man die Frage stellt, ob der Satz, daß das Berufsbeamtentum vom Wechsel der Staatsform unberührt bleibt, auch nach dem Umbruch 1945 in der Neuformung oder Wiederherstellung einer traditionell rechtsstaatlichen Verfassungsordnung Geltung beanspruchen kann. Das Bundesverfassungsgericht verneint diese Frage aus zwei Gründen: Erstes stellten die Ereignisse vom Mai 1945 keinen bloßen Wechsel der Staatsform dar, und zweitens setze die Geltung jenes Satzes voraus, „daß es sich wirklich um „Beamtenverhältnisse" im traditionell-rechtsstaatlichen Sinne handelt, wie sie sich im Laufe des 19. Jahrhunderts in Deutschland entwickelt haben" (BVerfGE 3, S. 116). Diese Auffassung begründet das BVerfG noch näher damit: „Der Satz, daß der Wechsel der Staatsform das Beamtenverhältnis nicht berührt, ist überhaupt nur sinnvoll, wenn angenommen wird, daß dieses Verhältnis den Beamten mit dem Staat als einer von seinem jeweiligen obersten Repräsentanten einerseits, von den politi-

Bei staatsrechtswissenschaftlicher Betrachtung hängt der Fortbestand der Institution des deutschen Berufsbeamtentums nach 1945 daher davon ab, ob die zur staatsrechtlichen Neuordnung befugte Autorität die Institution aufgehoben hat oder nicht.

Das ist nicht der Fall. Bei Prüfung dieser Frage darf man allerdings nicht nur das Gesetz zu Art. 131 und das Grundgesetz zur Hand nehmen, sondern muß zunächst auch die in ihrer Geltungskraft darüber stehenden Regelungen der Sieger- und Besatzungsmächte betrachten. Ebenso wenig wie der deutsche Staat nach dem Willen der Siegermächte durch Annexionsmaßnahmen beseitigt worden ist, ist die institutionalisierte staatliche Ämterorganisation des deutschen Staates von ihnen beseitigt worden. Die für das deutsche Recht maßgebenden Anordnungen des Kontrollrats und der Besatzungsmächte über die Beseitigung der nationalsozialistischen Ämter, Organisationen und Stellen umfassen im wesentlichen Parteiorganisationen, nicht aber die staatliche Amtsorganisation. Dieses Vorgehen entsprach auch durchaus dem Okkupationsstatut, der Haager Landkriegsordnung, und den Zielen der Siegermächte, und es kann wohl nicht behauptet werden, daß sich die Entscheidung der Siegermächte insoweit nicht in Übereinstimmung mit dem eigenen Willen des deutschen Volkes befunden hätte. Denn ebenso wie die Siegermächte zur Erreichung der gesteckten Kriegsziele nach der Kapitulation die deutsche Amts-

---

schen Gruppen andererseits unabhängigen, in diesem Sinne neutralen Rechtsperson verbindet". (So auch Peters, JZ 1954, S. 592). Dieser Auffassung kann nicht gefolgt werden. Sie würde den Versuch bedeuten, die staatsrechtliche Institution des Berufsbeamtentums gerade nur auf den demokratischen Mehrparteienstaat moderner Prägung zu beschränken. Die Entwicklung des deutschen Beamtenrechts und Beamtentums zeigt aber, daß die rechtliche Einrichtung des Beamtentums nicht auf Verfassungsverhältnisse beschränkt gewesen ist, deren Struktur durch mehrere demokratische Parteien und ein darauf beruhendes Parlament gekennzeichnet war. Richtig ist nur, wie ausgeführt, daß in einem Mehrparteienstaat dem Berufsbeamtentum eine ganz besondere Aufgabe zukommt. Wo aber ein Staat nicht auf der Grundlage mehrerer Parteien verfaßt ist, dort ist noch längst nicht gesagt, daß ein Berufsbeamtentum wesensmäßig als besondere Institution des Staates nicht existieren könnte. Wie der BGH (ÖV 1954, S. 249) in seinem Vorlagebeschluß zutreffend ausgeführt hat, kann eine staatsrechtliche Umformung des Mehrparteienstaates zu einem Einparteienstaat für sich allein die Institution des staatsverbundenen Berufsbeamtentums noch nicht entscheidend berühren. Richtig ist auch, daß ein solcher Einparteienstaat, wie gerade das nationalsozialistische Regime gezeigt hat, in der steten Gefahr steht, zum Unrechtsstaat zu entarten und dabei auch das Beamtentum zu Maßnahmen des Unrechts zu mißbrauchen und seinen Dienst an den fortdauernden legitimen Staatsaufgaben rechtswidrig zu verfälschen. Bei so unrechtmäßiger Gleichschaltung kann dann auch die Frage aufgeworfen werden, ob das einzelne Beamtenverhältnis eine derartige Übung überdauern kann. Von hier aus gesehen finden auch § 7 und § 8 des Gesetzes zu Art. 131 ihre Rechtfertigung. Die gesamte Rechtseinrichtung des Beamtentums kann aber dadurch juristisch nicht in Frage gestellt werden.

organisation und das auf die sachlichen Aufgaben und Dienste für die Allgemeinheit eingestellte Beamtentum brauchen und benutzen wollten [98]), ebenso benötigte das verzweifelte und zerrissene deutsche Volk das Beamtentum zur Wiederherstellung der Lebensordnung und zum Aufbau. Das deutsche Volk und die Besatzungsmächte wollten zwar die nationalsozialistischen Beamten beseitigt sehen, nicht aber das Beamtentum des deutschen Staates. Diese Entscheidung trafen auch, zunächst maßgeblich für die deutsche Rechtsordnung, die Siegermächte, und ich kann nicht finden, daß der Grundgesetzgeber mit seinen Entscheidungen, insbesondere in Art. 33 Abs. 5 und Art. 131, darüber hinausgegangen wäre.

Letzten Endes ist alles, was man unter historisch-soziologisch-politischer Betrachtung für die Institution des Beamtentums zu gewinnen sucht, in Wahrheit Sache einer — wie Jahrreiß einmal gesagt hat — Staats-Natur-Wissenschaft und nicht Sache der Staatsrechtswissenschaft [99]). Für den Juristen ist die Frage, ob das Berufsbeamtentum die Staatskrise von 1945 überdauert hat, methodisch dahin zu fassen, ob die nach dem deutschen Zusammenbruch zur Grundentscheidung zunächst allein berufenen Siegermächte die Institution des Beamtentums beseitigt haben oder nicht. Es kommt auf den Beschluß und auf die Entscheidung der Besatzungsmächte an, ob der deutsche Staat und ob staatsrechtliche Institutionen weiter bestanden oder wegen des besonders engen Zusammenhanges mit der bekämpften Ideologie aufgelöst oder abgeschafft wurden. Es kann aber wohl kein Zweifel sein, daß die Besatzungsmächte die tatsächlich entstandene Organisationskrise der Staatseinrichtungen nach kurzer Übergangszeit mit der Entscheidung beendet haben, daß die Institution des deutschen Beamtentums fortbestehen solle. Die Bejahung des Fortbestehens des Berufsbeamtentums nach 1945 aus diesen rechtlichen Gründen hat weder mit der reinlichen historischen Scheidung von Vergangenheit und Gegenwart etwas zu tun, noch gar mit dem Versuch einer nachträglichen politischen Rechtfertigung des verflossenen Regimes.

Historische oder soziologische Betrachtungen dürfen gewiß für die Rechtserkenntnis nicht außer acht gelassen werden. Das heißt aber nicht, daß jede Änderung sozialer Kräfteverhältnisse und

---

[98]) Vgl. Proklamation Nr. 1 des obersten Befehlshabers der Alliierten Streitkräfte.

[99]) Jahrreiß, Die Rechtspflicht der Bundesrepublik Deutschland zur Entschädigung für Reparations- und Demilitarisierungseingriffe der Kriegsgegner des Reichs in privatem Vermögen, gedrucktes Rechtsgutachten, Oktober 1950, S. 6 Anm. 9; vgl. auch Jahrreiß, Das Recht der ehemaligen berufsmäßigen Wehrmachtsangehörigen und ihrer Hinterbliebenen auf Versorgung durch die Bundesrepublik Deutschland (gedrucktes Rechtsgutachten 1950).

politischer Ideologien von selbst eine rechtliche Änderung gerade institutioneller Staatseinrichtungen bewirkte. Die Abschaffung von staatsrechtlichen Institutionen kann nur durch Rechtssätze geschehen, die vom Träger der Staatsgewalt oder an dessen Stelle vom völkerrechtlichen Inhaber der höchsten Entscheidungsgewalt gesetzt werden[100]). Mit einer historisch-soziologischen Methode verfehlt man den Sinn des Rechts. Es geht dabei nicht etwa um den „Ruhm der Methodenreinheit"[101]) der Staatsrechtswissenschaft. Es geht aber um die Einsicht, daß die Normen des Staatsrechts zwar in enger Beziehung stehen „zu den politischen Kräften, die sie schaffen und ausgestalten", daß diese aber „ihrerseits wieder vom staatlichen Rechte gemeistert werden"[102]). Man braucht heute wohl wenig Sorge davor zu haben, daß „der Staat im Recht verschwindet" — wie es Triepel einmal formuliert hat[103]). Aber man muß wohl — mit Kägi[104]) — acht geben auf die Gefahr des Niederganges alles Normativen im Staatsrecht, und zwar schon in der Methode! Ich bekenne mich damit als Jurist zu der Auffassung, daß die Aufgabe der Staatsrechtswissenschaft heute im Umfang relativ bescheiden, wenn auch intensiv ist, und ich glaube mich da in voller Übereinstimmung mit Ernst Forsthoff zu befinden[105]). In dieser Selbstbescheidung liegt nicht der Verzicht auf die Aufgabe des Juristen, sondern, wie ich finde, gerade mit seine Stärke.

---

100) Vgl. Stoedter, Deutschlands Rechtslage, S. 104.

101) Triepel, Staatsrecht und Politik, S. 19.

102) Triepel, aaO.

103) Triepel, aaO S. 27.

104) Kägi, Die Verfassung als rechtliche Grundordnung des Staates Zürich 1945, bes. S. 18ff.

105) Vgl. Aussprache auf der Bonner Staatsrechtslehrertagung, Schlußwort. VDStRL Heft 12, S. 129.

Leitsätze des Berichterstatters über:

Die Berufsbeamten und die Staatskrisen

1. *Wegen der staatsrechtlichen Besonderheiten des deutschen Berufsbeamtentums und der deutschen Staatskrise, wie sie sich im Zusammenbruch 1945 darstellt, muß die Fragestellung aus dem Thema für den zu erstattenden Bericht auf die staatsrechtliche Lage des deutschen Berufsbeamtentums vor und nach 1945 konzentriert werden.*

2. *Der aktuelle Anlaß des Themas wird in den Urteilen des Bundesverfassungsgerichts zum Gesetz zu Art. 131 GG ersichtlich; die Erörterung des Themas geschieht aber ohne Rücksicht auf die Frage des Umfanges der Bindung bundesverfassungsgerichtlicher Entscheidungen. Die vom Bundesverfassungsgericht als tragend verwendete Erwägung, sämtliche Beamtenverhältnisse seien mit dem 8. Mai 1945 erloschen, wird im übrigen nach § 31 Abs. 1 BVerfGG als bindend anzusehen sein.*

3. *Der rechtliche Fortbestand des deutschen Staates hat das verfassungsrechtliche Sonderproblem des Fortbestehens der staatsrechtlichen Institution des Berufsbeamtentums teilweise verdecken können; es ist nicht ausgeschlossen, daß trotz Fortbestandes des Staates staatsrechtliche Institutionen juristisch zu bestehen aufgehört haben.*

4. *Das Bundesverfassungsgericht hat bei seinen Entscheidungen zum Gesetz zu Art. 131 GG zutreffend die Fragestellung auf das rechtliche Schicksal des Beamtentums als staatsrechtlicher Institution gerichtet. Das Ergebnis des Bundesverfassungsgerichts, die Bestimmungen des Gesetzes zu Art. 131 GG seien mit dem GG vereinbar, ist zu billigen, jedoch nur aus der Erwägung heraus, daß wegen der stark beschränkten Leistungsfähigkeit der Bundesrepublik eine liquidationshafte Anpassung der Ansprüche und Verpflichtungen aus den Beamtenrechtsverhältnissen geboten und auch für den einzelnen Beamten zumutbar war.*

5. *Auf dem Boden der Argumentation des Bundesverfassungsgerichts muß geprüft werden, ob das Beamtentum 1933—1945 noch Staats-Beamtentum war, oder ein Regime-Beamtentum. Entgegen der Auffassung des Bundesverfassungsgerichts kann kaum angenommen werden, daß es dem Regime gelungen wäre, die auf den Staat bezogene, versachlichte Funktion des Berufsbeamtentums und damit dessen traditionellen Wesenskern zu beseitigen.*

Letzten Endes wäre aber eine entgegengesetzte, in historisch-politischer Methode gewonnene, Feststellung staatsrechtlich nicht entscheidend.

6. *Staatsrechtlich hängt der Fortbestand der Institution des Berufsbeamtentums nach 1945 davon ab, ob die zur staatsrechtlichen Neuordnung befugte Autorität die Institution rechtswirksam aufgehoben hat oder nicht. Die maßgebenden rechtlichen Anordnungen der Siegermächte lassen erkennen, daß von ihnen die Institution des Berufsbeamtentums nicht beseitigt werden sollte und nicht beseitigt worden ist. Deshalb hat staatsrechtlich betrachtet, das deutsche Berufsbeamtentum die Staatskrise überdauert, mag auch historisch-politisch Diskontinuität angenommen werden.*

Die Berufsbeamten und die Staatskrisen

2. Mitbericht von Professor Dr. Hans Spanner, Graz

I.

Schon im Jahre 1931 hat sich die Tagung der Vereinigung der Deutschen Staatsrechtslehrer zu Halle mit Berichten der Herren Gerber und Merkl mit einem ähnlichen Problemkreis „Entwicklung und Reform des Beamtenrechts" befaßt*). Das Thema „Die Berufsbeamten und die Staatskrisen", welches seine besondere Aktualität aus den Ereignissen der jüngsten Vergangenheit heraus gewonnen und seine Beleuchtung wiederum in den bekannten Urteilen des deutschen Bundesverfassungsgerichts vom 17. 12. 1953 und vom 26. 2. 1954, im „Beamtenurteil" und im „Soldatenurteil"[1]) erfahren hat, kann von verschiedenen Gesichtspunkten aus betrachtet werden.

Hierbei muß aber zuvor festgestellt werden, in welchem Sinn der Begriff „Staatskrise" hier Verwendung finden soll. Ich glaube, daß wir für unseren Zusammenhang und nach den geschichtlichen Ereignissen, die vor allem auch das Berufsbeamtentum in seinem innersten Bestand berührt haben, von einer Staatskrise im juristischen Sinn einmal dann sprechen können, wenn sich in einem Staat verfassungsrechtlich revolutionäre Vorgänge ereignen, d. h. wenn eine neue verfassungsrechtliche Ordnung ohne rechtlichen Zusammenhang mit der früheren Verfassung entsteht oder wenn zumindest eine erhebliche Gefahr eines solchen revolutionären Wechsels gegeben ist. Eine Staatskrise kann sich aber auch in formalrechtlichen Bahnen abwickeln, indem die von einer Verfassung — und zwar insbesondere von einer wertneutralen Verfassung — dargebotenen formalen Möglichkeiten zur Herbeiführung einer materiellen Totaländerung der Verfassungslage benützt werden. Solche Vorgänge haben sich in Deutschland in der Machtübernahme durch den Nationalsozialismus, in Österreich beim Übergang zum autoritären Regime 1933/34 und schließlich beim „Anschluß" des Jahres 1938 ergeben. Wir können daher von einer Staatskrise bei einer Totaländerung der Verfassung sprechen, wobei dieser letzte Begriff im materiellen Sinn verstanden

---

*) Veröffentlichungen der VdDSt., Heft 7, 1932.

[1]) Entscheidungen des Bundesverfassungsgerichts, 3. Bd., 1954, Nr. 10, S. 58ff. u. Nr. 20, S. 288ff.

wird. So versteht der österr. Verfassungsgerichtshof (Slg. 2455/52)[2]) unter Gesamtänderung der Verfassung eine solche Änderung, die einen der leitenden Grundsätze der Bundesverfassung betrifft, als welche das demokratische, das rechtsstaatliche und das bundesstaatliche Prinzip in Betracht kommen. Staatskrisen dieser Art finden sich auch in der österr.-ungarischen Monarchie laufend in der Zeit zwischen 1848 und 1867, als bis zur Dezember-Verfassung von 1867 immer wieder, meist unter Scheinbezugnahme auf die eben bestehende Verfassung, in einer Kette von Verfassungsbrüchen die Verfassungslage mehrfach einschneidende Veränderungen erfuhr, ohne daß hierbei aber die Identität des Staatswesens in Frage gestellt war. Eine Staatskrise, bei der gleichfalls die Identität des Staates, sofern man ihn nicht mit seiner Rechtsordnung, insbesondere mit seiner Verfassungsordnung identifiziert, außer Frage stand, ergab sich in der Republik Österreich in den Jahren 1933 und 1934 mit dem Übergang zur autoritären Staats- und Regierungsform. Hier trat der Übergang insbesondere in den durch Regierungsverordnungen verfügten Verboten politischer Parteien in Erscheinung, nämlich in dem Verbot der Kommunistischen Partei durch Verordnung vom 26. 5. 1933, BGBl. Nr. 200, der Nationalsozialistischen Partei durch Vdg. vom 19. 6. 1933, BGBl. Nr. 240, und der Sozialdemokratischen Partei durch Vdg. vom 12. 2. 1934, BGBl. I, Nr. 78. Auch hier kann man nur von einer scheinbaren Verfassungskontinuität sprechen, da die formale Bezugnahme auf das „Kriegswirtschaftliche Ermächtigungsgesetz" vom 24. 7. 1917, RGBl. Nr. 307, nur dadurch bei den Regierungsverordnungen — mit einer solchen wurde zunächst sogar die neue „Verfassung 1934" erlassen — so lange gehandhabt werden konnte, weil der Verfassungsgerichtshof ebenfalls auf dem Wege einer solchen Verordnung ausgeschaltet worden war.

Anders geartet sind die Staatskrisen im Zusammenhang mit dem Untergang der österr.-ungarischen Monarchie im Jahre 1918, mit der Eingliederung Österreichs in das Dritte Reich 1938 und endlich mit dem Untergang des nationalsozialistischen Regimes im Jahre 1945. Diese Krisen waren so einschneidend, daß sie um Untergang der österr.-ungarischen Monarchie, verbunden mit dem Entstehen neuer Staaten auf dem Territorium des untergegangenen Staatswesens führten und daß sie 1945 Diskussionen über den Weiterbestand oder Untergang des Deutschen Reiches und dessen Fortbestand und damit die Frage der Identität des Staates entstehen

[2]) Sammlung der Erkenntnisse und wichtigsten Beschlüsse des Verfassungsgerichtshofes; in der Folge zitiert als „VerfGH Slg." oder nur „Slg.", sofern sich aus dem Zusammenhang ergibt, daß es sich um den VerfGH handelt. Das gilt sinngemäß für die Sammlung „Erkenntnisse und Beschlüsse des Verwaltungsgerichtshofes", Neue Folge, Administrativrechtlicher Teil. (VwGH Slg.)

ließen, Fragen, die auch im Zusammenhang mit der Eingliederung Österreichs in das „Dritte Reich“ 1938 und seinem Wiedererstehen 1945 erörtert worden sind.

Für unseren Zusammenhang sollen unter Staatskrisen ganz allgemein Situationen verstanden werden, die entweder zu einer mit formalrechtlichem Zusammenhang oder ohne einen solchen mit der bestehenden Verfassung erfolgenden Totaländerung der Verfassung — Totaländerung im materiellen Sinn als Änderung eines oder mehrerer der leitenden Grundsätze einer Verfassung verstanden — oder zum Untergang des Staates führen oder führen können. Die Krise kann daher entweder durch das Entstehen und die Festigung der neuen Ordnung oder durch den Sieg der bestehenden Ordnung gegen die revolutionären Kräfte ihr Ende finden.

In allen Fällen von Staatskrisen liegt daher eine tiefgehende Veränderung oder im Fall des Obsiegens der bestehenden Ordnung doch ein tiefgehendes, wenn auch vorübergehendes Infragestellen, ein weitgehendes Unsicherwerden der bestehenden politischen Grundordnung vor. Alle solchen Vorgänge können die Einrichtung des Berufsbeamtentums als einer tragenden Säule des modernen Staates nicht unberührt lassen, und zwar nicht nur infolge wesentlicher Veränderung des Dienstgebers Staat, ja vielleicht sogar in Anbetracht des Unterganges desselben, verbunden mit Fragen der Rechtsnachfolge, sondern vor allem infolge der Eigenart der beim Berufsbeamtentum besonders engen Bindung des Beamten gegenüber dem Staat, die ja schon in den ersten Anfängen des Berufsbeamtentums in Erscheinung getreten ist. Daraus folgt, daß mit einer Staatskrise, welche die tragenden Leitgedanken einer Verfassungsordnung oder den Bestand des Staates berührt, in der Regel eine Krise des Berufsbeamtentums verbunden ist. Wenn wir sagen „in der Regel“, so deshalb, weil es sich unter Umständen um eine Änderung eines solchen leitenden Grundsatzes einer Verfassung handeln kann, der das Berufsbeamtentum in seinem inneren Bestand weniger berührt, zum Beispiel eine Änderung im föderalistischen Prinzip. Änderungen von tragenden Grundsätzen einer Verfassung vollziehen sich aber meist nicht so isoliert, sondern berühren regelmäßig doch mehr oder weniger alle Grundprinzipien der Verfassung.

Die Krise des Berufsbeamtentums, die im Zusammenhang mit einer Staatskrise entstanden ist, kann diese überdauern und länger anhalten. Wenn wir die gegenwärtige Verfassungsordnung in der deutschen Bundesrepublik oder in Österreich betrachten, so besteht wohl kein Anlaß, von Staatskrisen zu sprechen, während es manche Erscheinungen gibt, die es zu rechtfertigen vermögen, noch immer von einer Krise des Berufsbeamtentums zu sprechen, insbesondere wenn man an das Streben der politischen Parteien auf Erlangung und Verstärkung ihres Einflusses auf die Beamtenschaft oder an die Frage der Freiheit politischer Betätigung des Beamten selbst denkt. Eine tiefgehende Krise des Beamtentums kann umgekehrt auch zu einer Staatskrise führen.

Die sich aus Staatskrisen ergebenden Einflüsse auf das Berufsbeamtentum und dessen Krisen selbst können nun entweder von einem ausschließlich juristischen Standpunkt in ihrer normativen Ordnung dargestellt werden, indem die sich ergebenden Rechtsfragen erörtert und untersucht werden, oder von einem historisch-soziologischen Standpunkt aus, indem die tatsächlichen Gegebenheiten festgestellt und, insbesondere auf ihre tatsächlichen Gründe und Auswirkungen hin untersucht werden.

Zu einer umfassenden Untersuchung des Themas sind wohl beide Betrachtungsweisen erforderlich. Ob dies zur Entscheidung einzelner Rechtsfragen erforderlich ist und ob daher das deutsche Bundesverfassungsgericht richtig gehandelt hat, als es in den eingangs erwähnten Urteilen in so weitem Maß historisch-soziologischen Betrachtungen Raum gab — man hat ja sogar von einem Ausweichen auf die Soziologie und Geschichtsdeutung[3]) gesprochen —, mag hier dahingestellt bleiben. Eine solche Untersuchung wäre jedenfalls nötig, wenn es sich etwa um die Frage nach Bestand eines derogatorischen Gewohnheitsrechts handeln würde. Eine historisch-soziologische Betrachtung neben der juristischen Betrachtung ist aber erforderlich, wenn aus einer Analyse einer bestehenden Rechtslage und eines tatsächlichen Zustandes heraus Folgerungen für eine künftige Ordnung im Sinn rechtspolitischer Forderungen gezogen werden sollen.

Wie aus den früher schon angezogenen Beispielen aus der österr. Entwicklung bereits hervorgehen mochte, bietet sich hier manches Vergleichsmaterial zu den Problemen, denen sich das Beamtentum in der deutschen Bundesrepublik gegenübersieht, und ich darf daher die mir gestellte Aufgabe des Mitberichters wohl dahin auffassen, speziell über die österreichische Entwicklung und die österreichischen Erfahrungen zu berichten, wobei sich selbstverständlich zahlreiche Parallelen zur deutschen Rechtslage und zu deutschen tatsächlichen Verhältnissen werden feststellen lassen.

Hierbei wird sich vielfach Gelegenheit bieten, die Rechtsprechung des österr. Verfassungsgerichtshofes und des Verwaltungsgerichtshofes heranzuziehen, wobei allerdings gleich vorweg gesagt werden soll, daß diese Rechtsprechung, und zwar teils infolge ihrer gegenüber dem deutschen Bundesverfassungsgericht erheblich beschränkteren Zuständigkeit und teils

---

[3]) So Kern, Probleme der Rechtsprechung des Bundesverfassungsgerichts zur Verfassungsmäßigkeit des Gesetzes gemäß Art. 131 GG, DVBl. 69. Jg. 1954; S. 211ff. u. S. 273ff., insbes. S. 216.

infolge ihrer insbesondere vom Verfassungsgerichtshof wiederholt unterstrichenen Beschränkung auf die Entscheidung des konkreten Falles auf Grund des positiven Rechts, niemals die ihr unterbreiteten Probleme beinahe in der Art einer umfassenden wissenschaftlichen Untersuchung behandelt und erörtert hat, wie dies in den schon erwähnten Urteilen des deutschen Bundesverfassungsgerichts der Fall gewesen ist, was übrigens bekanntlich verschiedentlich Widerspruch erregt hat[4]). Der österr. Verfassungsgerichtshof hat in einem konkreten Fall, als eine Landesregierung in einem Antrag auf Aufhebung eines Gesetzes einfach auf eine in einer Zeitschrift erschienene wissenschaftliche Abhandlung verwiesen und auch die Bundesregierung in ihrer Gegenäußerung hierzu Stellung genommen hatte, grundsätzlich erklärt: „Der VerfGH sieht sich demgegenüber zu der Feststellung veranlaßt, daß seine Erkenntnisse nicht der Ort sind, wissenschaftliche Meinungsverschiedenheiten zu erörtern, zu ihnen Stellung zu nehmen und sie auszutragen. Der VerfGH ist nach seiner im Bundesverfassungsgesetz festgelegten Zuständigkeit ausschließlich dazu berufen, über Anrufung durch die dazu Berechtigten über die nach der Bundesverfassung zulässigen Anträge, Anfechtungen, Klagen und Beschwerden zu erkennen" (Slg. 2455/52).

Wenn ich im folgenden auch von der Möglichkeit Gebrauch machen werde, mich auf die deutsche Literatur zu beziehen, so muß ich leider feststellen, daß ich hierbei nicht in der Lage war und bin, auch nur annähernde Vollständigkeit zur Grundlage zu haben, da mir diese Literatur nicht immer im wünschenswerten Ausmaß zur Verfügung stand.

II.

Völlig zu Recht wird stets, wenn die Lage des Berufsbeamtentums im Zusammenhang mit seiner Stellung und Funktion im Staat behandelt wird, der geschichtlichen Entwicklung des Berufsbeamtentums besondere Bedeutung beigemessen. Diese Entwicklung verlief naturgemäß im deutschen und österreichischen Raum zunächst innerhalb des heiligen römischen Reiches deutscher Nation in gleichartigen Bahnen[4a]).

Beim Entstehen des modernen Staates, der sich bekanntlich in den Territorien des Reiches entwickelte, spielte das Entstehen des Berufsbeamtentums im Kampf zwischen Landesherrn und Ständen eine sehr wesentliche Rolle. Beide damaligen Machtfaktoren suchten in richtiger Erkenntnis der Bedeutung des aufkommenden Berufsbeamtentums ihren Einfluß auf das Beamtentum und die

---

[4]) z. B. Bachof, Das Bundesverfassungsgericht und die Beamtenverhältnisse, DÖV. 7. Jg. 1954, S. 33ff., insbes. S. 34; derselbe, Beamte und Soldaten, aaO S. 225ff., insbes. S. 226.

[4a]) Vgl. Merkl, aaO. S. 55f.

Besetzung der Ämter zu gewinnen, zu bewahren und zu steigern, so daß man versucht ist, damit den Kampf der heutigen politischen Parteien um einen solchen Einfluß zu vergleichen. Insbesondere Maximilian I. bemühte sich, seine landesherrliche Gewalt im Wege der Verwaltung zu erweitern, wobei er sich der Berufsbeamten als Werkzeuge bediente[5]). Dieses Bestreben, die beherrschten Lande durch ein vom Landesherrn abhängiges und ihm treu ergebenes Beamtentum straff zusammenzufassen, wurde noch gefördert durch die Übernahme des römischen Rechts, da dessen Anwendung das Entstehen und Vorhandensein eines durch besondere Vorbildung gekennzeichneten Standes bedingte. Das Entstehen und Vorhandensein eines durch besondere Vorbildung gekennzeichneten, in besonderen Besoldungsverhältnissen stehenden und dem Landesherrn in besonderem Treueverhältnis verbundenen Standes führte unter Maximilian I. zum Entstehen des modernen, zunächst vom Landesherrn persönlich abhängigen Berufsbeamtentums. Ein Grund für die Notwendigkeit des Berufsbeamtentums ergibt sich eben stets aus der Notwendigkeit des Vorhandenseins von in bestimmter Weise vorgebildeten und ganz bestimmte Kenntnisse besitzenden Personen bei der Durchführung der staatlichen Aufgaben.

Das Anwachsen und die Ausweitung der Aufgaben des Staates führte in der geschichtlichen Entwicklung zur Neueinrichtung von Behörden und damit sowohl durch die Steigerung der Zahl der Beamten als auch von der Aufgabenseite her zur Steigerung der Bedeutung des Beamtenstandes. Der Grundauffassung des absoluten Staates entsprechend ist das Beamtenverhältnis zunächst auf die den Staat verkörpernde Person des Landesfürsten abgestellt. Ihm gegenüber ist das Treueverhältnis des Amtsträgers begründet. Die Beamten erscheinen grundsätzlich, von Ausnahmefällen abgesehen, in denen sie gleichzeitig als Vertrauensleute der Stände erschienen, als Diener des Landesfürsten. Gelang es dem Landesfürsten, seine Macht gegenüber den Ständen weiter zu festigen, so wirkte sich dies in der Richtung einer Verstärkung der Bindung der Beamten gegenüber dem Landesherrn aus. Eine solche Reform führte insbesondere Ferdinand II. nach der Schlacht am Weißen Berge (1620) durch, indem er die in Böhmen an der Spitze des Landes stehenden Beamten aus Vertretern der Stände zu Dienern des Landesherrn machte. Ähnliche Maßnahmen folgten in Schlesien und Mähren. Die enge Verbindung zwischen Beamtenstand und Landesfürsten zeigte sich im steigenden Ansehen des Beamtentums, in welches in zunehmendem Maß auch Angehörige alter Adelsgeschlechter eintraten, während andererseits

[5]) Zur folgenden kurzen Darstellung der historischen österr. Entwicklung: A. Luschin v. Ebengreuth, Grundriß der österr. Reichsgeschichte, 2. Aufl. 1918, passim.

verdiente Beamte vom Landesfürsten geadelt wurden. Unter Maria Theresia waren praktisch alle höheren Beamtenstellen bis zum Kreishauptmann herunter mit Adeligen besetzt. Erst seit der Mitte des 18. Jahrhunderts vollzog sich hier wieder ein langsamer, aber stetiger Wandel in diesen personellen Verhältnissen, der schon durch das zahlenmäßige Ansteigen der Beamten bedingt war.

Schon diese stärkere oder geringere Verbindung von Beamtentum und Adel im Lauf der geschichtlichen Entwicklung des Beamtentums zeigt in einem nicht unwesentlichen Detail, wie sich das Beamtentum durch seine geschichtlich bedingte enge Verbindung mit dem Landesfürsten, in Österreich später mit dem Kaiser, als konservativer Faktor entwickelte, eine Feststellung, die in gleicher Weise für den deutschen Raum im engeren Sinn und für den österreichischen Raum zutrifft, und ein Umstand, der dann beim Zusammenbruch der österr.-ungarischen Monarchie dieses historisch mit der Monarchie gewachsene und dieser besonders verbundene Beamtentum schwer treffen mußte. Zwar hatte die Kompromißform der konstitutionellen Monarchie eine stärkere Bindung der Beamten an den Staat selbst gebracht, aber grundsätzlich war doch auch hier die auf dem Gewaltenteilungsschema aufgebaute konstitutionelle Monarchie dadurch gekennzeichnet, daß die Exekutive als die Domäne des Monarchen anzusehen war, wenn auch durch das vordringende demokratische Prinzip weitgehende Einbrüche erfolgten. Die grundsätzliche persönliche Treuebindung des Beamten gegenüber dem Monarchen blieb bestehen und fand stets ihren deutlichen Ausdruck in dem dem Monarchen zu leistenden Treueeid, mochte er auch mit einem Verfassungseid verbunden sein. Mit Recht betont etwa Köttgen, daß die Gewaltenteilung der konstitutionellen Monarchie dem Verwaltungsbeamten seinen Platz an der Seite der Krone gewiesen hat, so daß der „königliche Dienst" innerhalb des konstitutionellen Antagonismus zwischen Krone und Parlament nicht neutral war[6]).

Die konservative, staatserhaltende Funktion des Beamtentums und die enge Bindung an den Monarchen war im österreichischen Vielvölkerstaat von besonders großer Bedeutung. Das Beamtentum war neben der Armee der hervorragendste Träger der gesamtösterreichischen Staats- und Kulturidee[7]), so daß hier die Funktion des Beamtentums als einer tragenden Säule des Staatswesens noch deutlicher in Erscheinung treten mochte als anderswo. Die Vorherrschaft des deutschen Elements im Beamtentum trug

---

[6]) Köttgen, Das Beamtenurteil des Bundesverfassungsgerichts, Arch. d. ö. R., Bd. 79, 1954, S. 350ff., insbes. S. 360. Vgl. auch Maunz, Deutsches Staatsrecht, 2. Aufl., 1952, S. 193; H. Peters, Lehrbuch der Verwaltung, 1949, S. 239.

[7]) so Hantsch, Die Geschichte Österreichs, 2. Bd., S. 364.

einerseits zwar wohl zur Einheit und Festigung des Staatsgefüges bei, erhöhte aber andererseits die Abneigung der anderen Völker gegen das Deutschtum in der Monarchie.

Zusammenfassend kann aber auch für die historische Entwicklung des Beamtentums in Österreich gesagt werden, daß es in engster Verbindung mit der Entwicklung des modernen Staates und zwar wesentlich als Werkzeug des Landesfürsten entstanden ist und daß der engen Bindung gegenüber dem Monarchen gerade in der österreichischen Vielvölkermonarchie eine besonders große Bedeutung zukam. Das Beamtentum war zwar keine verfassungsmäßig verankerte Einrichtung, aber in der tatsächlichen politischen Grundordnung und im tatsächlichen politischen Leben eine tragende Säule des Gesamtstaates.

III.

Mit dem Zusammenbruch der Monarchie hatte das Beamtentum in Österreich jenen festen Bezugspunkt verloren, den es hier seit seiner Entstehung besessen hatte: das persönliche Treueband gegenüber der Monarchie fiel weg. Dies wog hier besonders schwer, weil, wie wir eben gesehen haben, Herrscherhaus und Monarchie in der österr. Monarchie in höherem Maß als anderwärts die Staatsidee und die Einheit des Reiches verkörpert hatten. Aus diesem Grund hatten auch die Verfassungskrisen in der Zeit zwischen 1848 und 1867 keine Krise des Beamtentums mit sich gebracht, weil Herrscherhaus und Monarchie unbestritten waren.

Aus dem Zusammenbruch der Monarchie zog das Gesetz vom 12. 11. 1918 über die Staats- und Regierungsform von Deutsch-Österreich, StGBl. Nr. 5, ausdrücklich auch die Folgerung: „Die Beamten, Offiziere und Soldaten sind des dem Kaiser geleisteten Treueides entbunden". Kelsen bemerkt hierzu richtig[8]), daß diese Bestimmung eigentlich überflüssig war, da dieser Treueeid ohnedies nur verbindlich war unter der Voraussetzung der Verfassung, die ihn anordnete.

Die aus der Monarchie in die Republik übernommene Beamtenschaft, gewohnt, dem Staat treu zu dienen, blieb schon infolge des Beharrungsvermögens der Institution des Berufsbeamtentums eine Stütze auch für das republikanisch gewordene Staatswesen. Erst allmählich zeigten sich, und zwar im Zusammenhang mit den neuen politischen Kraftzentren, den nunmehr nach Wegfall der Monarchie zur, allerdings pluralistischen, wenn man so sagen darf, Alleinherrschaft gelangten politischen Parteien und ihren Versuchen, Einfluß auf das bislang im wesentlichen einheitliche Berufsbeamtentum zu gewinnen, Krisenerscheinungen auch für das

---

[8]) Die Bundesverfassung vom 1. 10. 1920, herausgegeben in Verbindung mit G. Froehlich u. A. Merkl von H. Kelsen, 1922, S. 36.

Beamtentum, die aber wesentlich erst mit dem Übergang zum autoritären Staats- und Regierungssystem in Erscheinung traten.

In den ersten Jahren nach dem Zerfall der Monarchie spielten jene Rechtsfragen in der Praxis die Hauptrolle, die sich aus diesem Zerfall im Zusammenhang mit dem Entstehen der Nachfolgestaaten auf dem Gebiet des ehemaligen Reiches ergaben. Dies zeigt sich vor allem in der Rechtsprechung des damals in weitem Ausmaß mit Beamtenrechtsfällen befaßten Verfassungsgerichtshofes. Schon im ersten Erkenntnis des Gerichtshofes hatte er Anlaß, festzustellen (Slg. 1/19, vom 10. 3. 1919): „Die Errichtung des Staates Deutsch-Österreich bewirkte bereits eine Änderung, ja eine völlige Umwälzung in der Grundlage der Gerichtsverfassung. Die Quelle aller in diesem Staat ausgeübten Gerichtsbarkeit entspringt ja aus der Staatsgewalt des neugeschaffenen Deutsch-Österreich ... So weit also die in der untergegangenen Monarchie bestellten Richter, als vorläufig von Deutsch-Österreich übernommen, in diesem Staate richterliche Funktionen ausüben, konnten sie dies nur deshalb tun, weil sie eben durch die Gewalt des neugeschaffenen Staates mit dieser Aufgabe betraut waren".

Und in seinem zweiten Erkenntnis (Slg. 2/19, vom 11. 3. 1919) nimmt der Verfassungsgerichtshof grundsätzlich zur Frage der Rechtsnachfolge Stellung und behandelt damit für die damalige Rechtslage eine Frage, die dann in der Zeit seit 1945 sowohl in der deutschen Bundesrepublik als auch in Österreich wiederum, freilich in anderem Zusammenhang, an die Gerichte herantrat. „Das Rechtsverhältnis" so heißt es in diesem Erkenntnis, „bestand zwischen dem Kläger und dem alten Staat Österreich, der Gesamtheit der im Reichsrate vertretenen Königreiche und Länder. Dieser Staat besteht als öffentlich-rechtliches Subjekt nicht mehr .. Auf dem Boden des alten Staates Österreich sind Nationalstaaten entstanden, neue Staaten, die nicht Nachfolger des alten Staates sind und für seine Verpflichtungen nicht ohne weiteres haften. Nach völkerrechtlichen Grundsätzen sind allerdings, wenn ein Land von einem Staat an einen anderen übergeht oder wenn an Stelle eines Staates andere sich bilden, der erwerbende oder die neuen Staaten verpflichtet, einen angemessenen Teil der Verpflichtungen des früheren Staates zu übernehmen, entsprechend der staatlichen und volklichen Gütermasse, die in dem an sie übergegangenen Land durch die unmittelbare Tätigkeit oder unter dem Schutze des früheren Staates entstanden sind. Aber im einzelen Fall muß die Übernahme und deren Maß durch völkerrechtliche Vereinbarung festgestellt werden, und so auch zwischen den Nationalstaaten im Gebiete Österreichs" [9]).

---

[9]) Auf die völkerrechtlichen Fragen nach dem Zusammenbruch der österr.-ungar. Monarchie weist auch hin: Kern, aaO S. 212.

Den Beamten der Monarchie stand kein Rechtsanspruch auf Übernahme in den Dienst der Republik zu, was der Verfassungsgerichtshof gleichfalls mehrfach ausdrücklich aussprach: Die Republik „setzt das zwischen den aktiven Beamten und dem untergegangenen Staate bestandene Dienstverhältnis nur mit jenen Beamten fort, die sie einzeln und ausdrücklich in ihren Dienst übernommen hat ... Ein rechtlicher Anspruch auf diese Übernahme stand ihm (sc. dem Kläger) in keinem Falle zu" (Slg. 50/20).

Hinsichtlich der Pensionsempfänger bestimmte Art. 216, des Staatsvertrages von St. Germain vom 10. 9. 1919: „Die Bezugsberechtigten von Zivil- oder Militärpensionen des ehemaligen österreichischen Kaiserstaates, die auf Grund dieses Vertrages als Staatsangehörige eines anderen Staates als Österreichs anerkannt sind oder zu solchen Staatsangehörigen werden, können aus dem Titel ihrer Pension keine Ansprüche an die österreichische Regierung stellen".

Diese Bestimmung bezieht sich aber nicht auf aktive Staatsbedienstete der ehemaligen Monarchie. Diese konnten Ansprüche gegen die Republik nur im Fall ihrer Übernahme durch dieselbe oder auf Grund einer Vereinbarung derselben mit den Sukzessionsstaaten stellen (VerfgGH Slg. 73/21). Aber auch in solchen Verträgen war grundsätzlich eine Übernahme nur im einzelnen Fall vorgesehen. So bestimmte das Venediger Abkommen, betr. die Regelung der westungarischen Frage (sc. Übernahme des Burgenlandes) vom 13. 10. 1921, BGBl. Nr. 138/22; „Von Erwägungen der Menschlichkeit ausgehend verpflichtet sich die österreichische Regierung im Prinzip, die zum Zeitpunkt der tatsächlichen Übergabe im abgetretenen Gebiet diensttuenden Beamten nicht in Masse und aus politischen Rücksichten zu entlassen. Sie wird die Beibehaltung der Beamten in ihren gegenwärtigen Funktionen vom Ergebnis der Prüfung jedes einzelnen Falles abhängig machen. Die österreichische Regierung erkennt im Prinzip die Verpflichtung an, die diesen Beamten zukommenden Pensionen zu übernehmen. Die bezüglichen Detailbestimmungen werden durch ein spezielles Abkommen zwischen den beiden Regierungen geregelt werden".

Aus diesem Text ist besonders hervorzuheben, daß die Beamten im allgemeinen nicht „aus politischen Rücksichten" entlassen werden sollen, während bei allen späteren Staatskrisen immer mehr politische Gründe für die Lösung der Beamtenverhältnisse in den Vordergrund treten.

Zusammenfassend läßt sich für die Übernahme der Beamten der österr. Monarchie durch die österr. Republik feststellen: Hinsichtlich der aktiven Beamten bestand kein Rechtsanspruch auf Übernahme, zumal auch in staatsvertraglichen Sonderabkommen grundsätzlich nur eine Übernahme im einzelnen Fall auf Grund spezieller Prüfung vorgesehen war. Der Staatsvertrag von St. Germain regelte grundsätzlich nur die Aufteilung der Pensionslasten.

Das österreichische Bundes-Verfassungsgesetz (B-VG) vom 1. 10. 1920, BGBl. Nr. 1, enthielt und enthält keine verfassungsrechtliche Verankerung des Beamtentums als Institution, sondern nur einige, teils Kompetenzfragen regelnde, teils Verpflichtungen (Amtsverschwiegenheit, Weisungsgebundenheit in der Verwaltung), teils in den Rahmen der Grundrechte fallende diesbezügliche Bestimmungen. Abgesehen von der gemäß Art. 149 B-VG als Bundesverfassungsgesetz geltenden Bestimmung des Art. 3 des Staatsgrundgesetzes über die allgemeinen Rechte der Staatsbürger vom 21. 12. 1867, RGBl. Nr. 142, über die allen Staatsbürgern gewährleistete gleiche Zugänglichkeit zu den öffentlichen Ämtern, sieht das B-VG im Art. 7 im Anschluß an den Gleichheitsgrundsatz vor, daß allen öffentlichen Angestellten, einschließlich der Angehörigen des Bundesheeres, die ungeschmälerte Ausübung ihrer politischen Rechte gewährleistet ist. Im Zusammenhang damit ordnet Art. 59 B-VG an, daß öffentliche Angestellte, einschließlich der Angehörigen des Bundesheeres, zur Ausübung eines Mandates im Nationalrat oder Bundesrat keines Urlaubes bedürfen. Sofern sie sich um ein Mandat bewerben, ist ihnen die dazu erforderliche freie Zeit zu gewähren. Für die Bundesbeamten enthält die nach wie vor in Kraft stehende „Dienstpragmatik" vom 25. 1. 1914, RGBl. Nr. 15 (§ 71), die entsprechende Ausführungsbestimmung, wie sie auch schon in der Monarchie für die Wahlen und Mandatsausübung im Reichsrat gegolten hatte. Ähnliche Bestimmungen gelten für die Landtage der einzelnen Länder, gemäß Art. 95 B-VG und den einzelnen Landesverfassungen.

Nachdem der bis zu einem gewissen Grad über den politischen Parteien stehende feste Bezugspunkt, den das Beamtentum in der Monarchie gehabt hatte, weggefallen war, konnte es nicht ausbleiben, daß die Beamtenschaft nunmehr — wenigstens zum Teil — sich den politischen Parteien als zu eroberndes Gebiet darbot. Hält man sich die Entstehung des Berufsbeamtentums als eines wesentlichen Werkzeuges des Landesfürsten zur Festigung seiner Herrschaft vor Augen und betrachtet man den Kampf der politischen Parteien um den Einfluß auf die Beamtenschaft, so ist es nur zu natürlich, daß auch jedes neuere autoritäre System, wiederum aus ganz richtiger Erkenntnis der großen Bedeutung des Beamtentums für den Staat, versucht, sich dieses Instruments in möglichst weitem Ausmaß zu bemächtigen und darauf Einfluß zu gewinnen.

Dies zeigte sich schon in den Maßnahmen im österreichischen autoritären System zwischen 1933 und 1938, als es einer politischen Richtung gelang, die anderen auszuschalten und zu einer Alleinherrschaft zu gelangen. Die Verordnung vom 10. 5. 1933,

BGBl. Nr. 173, ordnete an, daß die öffentlich-rechtlichen Bundesangestellten des Dienststandes neuerdings den Diensteid zu leisten hatten. Mit der Disziplinarstrafe der Entlassung wurden die öffentlich-rechtlichen Bundesangestellten bedroht, die sich u. a. einer Verletzung ihrer Dienstpflichten dadurch schuldig machten, daß sie geflissentlich staats- oder regierungsfeindliche Bestrebungen förderten. Im Zusammenhang mit den Verboten der kommunistischen, der nationalsozialistischen und der sozialdemokratischen Partei verfügte die Verordnung vom 26. 1. 1934, BGBl. I Nr. 52/34, über Maßnahmen, betreffend die öffentlichen Angestellten, daß die rechtskräftige Abstrafung auf Grund einer der im Absatz 2 des § 1 der Verordnung aufgezählten Verordnungen — unter diesen befanden sich insbesondere die Verordnungen über die Verbote der genannten politischen Parteien[10]) — bei Personen, die in einem öffentlich-rechtlichen Dienstverhältnis stehen oder auf Grund eines solchen einen Ruhegenuß beziehen, den Verlust des Amtes und aller aus dem Amt fließenden Befugnisse, Rechte und Ansprüche für sie und ihre Angehörigen zur Folge habe, wenn das Bundeskanzleramt den Eintritt dieser Rechtsfolge ausspricht, Eine andere Verordnung vom 23. 2. 1934, BGBl. I Nr. 120/34, sah eine vereinfachte Dienstenthebung von Personen, die in einem öffentlich-rechtlichen Dienstverhältnis stehen, durch das Bundeskanzleramt vor, und zwar aus Gründen der Aufrechterhaltung der öffentlichen Ruhe, Ordnung und Sicherheit. Hierbei konnte eine Kürzung der Bezüge auf zwei Drittel verfügt werden.

Wenn diese Maßnahmen, insbesondere auch in ihrer praktischen Anwendung, nicht im entferntesten in Ausmaß und Folgen an die Maßnahmen des nationalsozialistischen Systems — das sie ja wesentlich mit bekämpfen sollten — heranreichten, so liegen sie im Grundsätzlichen doch insofern mit diesen auf einer Linie, als es auch hier um die Ausrichtung des Beamtentums auf eine einzige, ganz bestimmte politische Richtung unter Ausschaltung aller dem herrschenden System feindlich oder ablehnend gegenüberstehenden Gruppen ging. Zu den erwähnten Vorschriften kam hinzu das nachdrückliche Bestreben, die Beamten möglichst zahlreich in die einzige erlaubte politische Organisation, die „Vaterländische Front" einzugliedern. Das Bundesgesetz vom 1. 5. 1934, BGBl. II, Nr. 4, betreffend die Vaterländische Front, berief (§ 2) diesen als juristische Person des öffentlichen Rechts eingerichteten Verband dazu, „Träger des österreichischen Staatsgedankens zu sein. Sein Ziel ist die politische Zusammenfassung aller Staatsangehörigen, die auf dem Boden eines selbständigen, christlichen, deutschen, berufsständisch gegliederten Bundesstaates Österreich stehen und

[10]) Die VO. über das Verbot der Sozialdemokratischen Partei wurde durch VO. BGBl. I, Nr. 162/34 eingefügt.

sich dem derzeitigen Führer der Vaterländischen Front oder dem von diesem bestimmten Nachfolger unterstellen". Der Beamte, der diesem Verband beitrat, unterwarf sich damit, im Sinne eines Führerprinzips, dem Führer dieser Organisation.

Zur Wertung und Beurteilung der Maßnahmen des nationalsozialistischen Regimes soll und kann hier kurz gesprochen werden, da diese für den österreichischen Bereich grundsätzlich keine anderen waren, als eben im Gesamtbereich des Dritten Reiches und all dies in der deutschen Bundesrepublik in weitestem Maß erörtert wurde und wird.

Im Beamtenurteil des deutschen Bundesverfassungsgerichts vom 17. 12. 1953 wird zur Begründung der Behauptung des Erlöschens der Beamtenverhältnisse mit dem 8. 5. 1945 ausgeführt, daß das nationalsozialistische Regime das Beamtenverhältnis im überkommenen Sinn „ausgehöhlt" und dadurch zum Erlöschen gebracht habe. Diese „Aushöhlung" — ein nicht unumstrittener Begriff[11]) — wird in der Hauptsache damit begründet, daß das nationalsozialistische Regime das Beamtentum völlig auf die den Staat beherrschende NSDAP und ihren „Führer" ausgerichtet und zugleich seine wesentlichen Sicherungen, die es traditioneller Weise kennzeichnen, vernichtet habe. Diese beiden auch formalrechtlich und tatsächlich durchgeführten Tendenzen trafen wohl im allgemeinen zu — die Darstellung des Bundesverfassungsgerichts ist allerdings nicht unwidersprochen geblieben[12]) — doch will uns scheinen, daß eben jedes Regime, ob autoritär oder demokratisch, —eben haben wir das Beispiel des österreichischen autoritären Regimes gesehen — versucht, das Berufsbeamtentum möglichst fest in seine Hand zu bekommen, wie dies seit der Entstehung des Berufsbeamtentums der Fall ist. Die Unterschiede liegen doch in erster Linie in den Zielen, zu denen dies geschieht, und in der Intensität, mit der die Einflußnahme auf das Berufsbeamtentum angestrebt und verwirklicht wird. Der Satz von Köttgen, „Der Charakter des Beamtentums ist entscheidend bestimmt durch den Charakter des Staates, dem der Beamte dient"[13]), gilt auch für den nationalsozialistischen Staat. Es will uns aber doch scheinen, daß die Maßnahmen des Dritten Reiches nicht so weit gegangen sind, daß man von einer völligen Denaturierung des Beamtenverhältnisses sprechen müßte und könnte, insbesondere wenn man sich eben nach der geschichtlichen Entwicklung die stets angestrebte enge Bindung des Berufsbeamtentums an das herrschende

---

[11]) Vgl. etwa Kern, aaO. S. 216.

[12]) Vgl. etwa Forsthoff, Bundesverfassungsgericht und Berufsbeamtentum, DVBl. 69. Jg. 1954, S. 69ff., insbes. S. 70; Bachof, aaO. S. 35f., 227f., Köttgen, aaO S. 352ff.

[13]) In Handbuch d. Deutschen Staatsrechts, Bd. II, § 61, S. 3; zustimmend Koellreutter, Deutsches Staatsrecht, 1953, S. 67.

Regime vor Augen hält. Mit Recht bemerkt Bachof[14]), daß der persönliche Treueid auf den Führer diesem grundsätzlich nur in seiner Eigenschaft als Oberhaupt und Repräsentanten des Staates geleistet wurde und daß in der Beamtenschaft nach wie vor die Vorstellung eines primär staatsbezogenen Dienst- und Treueverhältnisses herrschte. Dies steht auch mit der damaligen normativen Situation nicht im Widerspruch. Insofern besteht u. E. daher auch nicht ein entscheidender formaler Unterschied zwischen dem Eid auf den Monarchen und auf den Führer, wie dies das Beamtenurteil annimmt. Man hätte daher aus den angedeuteten Gründen auch für 1918 ein Ende der Beamtenverhältnisse annehmen müssen, eine Folgerung, die das Bundesverfassungsgericht bekanntlich nicht gezogen hat. Ebenso ist Köttgen[15]) beizupflichten, wenn er feststellt, daß die Identität und Kontinuität eines Statusverhältnisses, wie es das Beamtenverhältnis ist, keinesfalls notwendig von der Konstanz seines geschichtsgebundenen Inhalts abhängig sind. Ebenso unterstreicht Wacke[16]) die Tatsache, die auch sonst verschiedentlich festgehalten wurde, daß das deutsche Beamtentum seine Existenz unter vier verschiedenen Staatsformen (spätere absolute Monarchie, konstitutionelle Monarchie, parlamentarische Demokratie und nationalsozialistischer Führerstaat) bewahrt hatte, so daß es sich als von der Staatsform unabhängig und ihr gegenüber neutral erwiesen zu haben schien.

Bei Prüfung der Maßnahmen des Nationalsozialismus gegenüber dem Beamtentum vom normativen Standpunkt aus ist das Hauptgewicht wohl dem Reichstagsbeschluß vom 26. 2. 1942, RGBl. I S. 247, beizumessen — seine allgemeine Bedeutung hat insbesondere auch Koellreutter[17]) nachdrücklich hervorgehoben —, denn in der Beseitigung jedweden Rechtsschutzes des Beamten liegt in der Tat eine außerordentlich einschneidende Maßnahme, die den überkommenen Prinzipien des Berufsbeamtentums mit seiner weitgehenden Sicherung des Beamten völlig widerspricht. Hierin würde wirklich eine grundsätzliche Zerstörung des Beamtenverhältnisses im überkommenen Sinn liegen, wenn es sich nicht — dies wird durch die Praxis bestätigt —, um eine Ausnahmsregel gehandelt hätte, neben welcher die sonstigen beamtenrechtlichen Bestimmungen weiterhin aufrecht blieben. Aus dem erwähnten Reichstagsbeschluß kann man dessen Ausnahmecharakter insbesondere aus zwei Umständen herauslesen: einmal kann man in der Bezugnahme auf die „gegenwärtige Zeit des Krieges" eine

[14]) aaO. S. 35; vgl. ferner Redelberger, Der Eid des Beamten, DÖVerw. 7. Jg. 1954, S. 397ff.

[15]) aaO. S. 357.

[16]) Wacke, Zur Neugestaltung des Beamtenrechts, Arch. d. ö. R., 76. Bd., 1950/51, S. 385ff., insbes. S. 393.

[17]) aaO. S. 20.

zeitliche Beschränkung der im Beschluß enthaltenen Vollmachten herauslesen und zum anderen kennzeichnet sich der Ausnahmecharakter in der Regelung der Zuständigkeit, die nur dem „Führer" zustand. Man kann daher durchaus Peters[18]) beipflichten, daß nämlich die formale Rechtsinstitution des Berufsbeamtentums durch den Nationalsozialismus nicht allzu sehr verändert wurde.

Wenn wir uns nunmehr wieder der Rechtslage in Österreich zuwenden, so gliedern sich die nach dem Zusammenbruch des nationalsozialistischen Regimes von der wiedererstandenen Republik getroffenen Maßnahmen in zwei Gruppen, nämlich einmal jene, welche negativ auf die Entnazifizierung gerichtet waren und zum anderen jene, welche positiv den Aufbau eines neuen Beamtenstandes zum Ziele hatten. Die Bestimmungen der ersten Gruppe finden sich im wesentlichen im Verfassungsgesetz vom 8. 5. 1945, StGBl. Nr. 13, über das Verbot der NSDAP („Verbotsgesetz"), welches mehrfach, insbesondere durch das Nationalsozialistengesetz vom 6. 2. 1947, BGBl. Nr. 25, geändert wurde. Das Verbotsgesetz in seiner ursprünglichen Fassung bestimmte, daß Beamte, die in der Zeit zwischen dem 1. 7. 1933 und dem 13. 3. 1938 nach Erreichung des 18. Lebensjahres der NSDAP oder einem ihrer Wehrverbände angehört hatten, entlassen sind. Waren solche Personen bereits im Ruhestand, so wurde der Ruhebezug eingestellt und ebenso bestand für ihre Hinterbliebenen kein Anspruch auf Versorgungsgenüsse (§ 14). Andere Angehörige der NSDAP oder ihrer Wehrverbände, welche Beamte waren, sollten entlassen oder in den Ruhestand versetzt werden, sofern sie nach ihrem bisherigen Verhalten keine Gewähr dafür boten, jederzeit rückhaltlos für die unabhängige Republik Österreich einzutreten (§ 21). Die Bestimmungen des Nationalsozialistengesetzes von 1947 brachten eine gewisse Milderung dieser Bestimmungen, worauf aber nicht näher eingegangen werden soll, da es für unseren Zusammenhang genügt, auf das Grundsätzliche hingewiesen zu haben.

Im Zusammenhang mit diesen Maßnahmen ist auch auf die Proklamation der drei 1945 bestehenden politischen Parteien vom 27.4.1945, StGBl. Nr. 1, hinzuweisen, die in der in ihr enthaltenen Unabhängigkeitserklärung in den Art. IV und V derselben bestimmt: „Vom Tage der Kundmachung dieser Unabhängigkeitserklärung sind alle von Österreichern dem Deutschen Reiche und seiner Führung geleisteten militärischen, dienstlichen oder persönlichen Gelöbnisse nichtig und unverbindlich". „Von diesem Tage an stehen alle Österreicher wieder im staatsbürgerlichen Pflicht- und Treueverhältnis zur Republik Österreich". Damit wurde in ähnlicher Weise wie im Jahre 1918 ausdrücklich

[18]) aaO. S. 237, vgl. Beamtenurteil, aaO. S. 103, ferner Köttgen, aaO. S. 352.

die Lösung auch des Beamteneides ausgesprochen. Nicht aber bedeutete der letzterwähnte Satz etwa, daß dadurch ein Wiederaufleben früherer österreichischer Dienstverhältnisse bewirkt worden wäre (VwGH Slg. 2059/53).

Die Grundlage für den Wiederaufbau des neuen österreichischen Beamtenkörpers bildet das Gesetz vom 22. 8. 1945, StGBl. Nr. 134, zur Wiederherstellung des österreichischen Beamtentums (Beamten-Überleitungsgesetz, B-ÜG). Dieses Gesetz bestimmt zunächst, daß die Gesetze und alle sonstigen zur Regelung des öffentlich-rechtlichen Dienstverhältnisses ergangenen Anordnungen, die am 13. 3. 1938 in Geltung standen, wieder in Kraft treten, soweit nicht durch Verordnung etwas anderes bestimmt wird. Für den Aufbau des neuen Beamtenkörpers aber bestimmt das Gesetz (§ 2), daß die Personalstände für alle in einem öffentlich-rechtlichen Dienstverhältnis stehenden Personen neu gebildet werden, wobei allen Erwägungen das zwingende Staatsinteresse vorgehe, eine der Republik Österreich ergebene, nach Gesinnung und Haltung einwandfreie österreichische, demokratische Beamtenschaft zu schaffen (§ 6).

Ohne auf Einzelheiten einzugehen, sei zunächst festgestellt, daß das Gesetz trotz seines Titels „Gesetz zur Wiederherstellung des österreichischen Beamtentums" damit keine institutionelle Garantie des Beamtentums bietet: es enthält vielmehr grundsätzlich nur Bestimmungen über die Regelung der Rechtsverhältnisse der einzelnen Beamten.

Ähnlich wie 1918 spielte wieder die Frage der Rechtsnachfolge im Zusammenhang mit dem Wiedererstehen der Republik Österreich eine wesentliche Rolle. Das B-ÜG geht von dem Grundsatz aus, daß die am 13. 3. 1938 bestandenen öffentlich-rechtlichen Dienstverhältnisse nicht als seither fortbestehend angenommen werden. Ein Dienstverhältnis zur Republik Österreich muß vielmehr nach diesem Gesetz wieder neu begründet werden. Es gilt also gegenüber dem am 13. 3. 1938 bestandenen Dienstverhältnis der Grundsatz der Diskontinuität. Demgemäß hat auch die Rechtsprechung des Verfassungs- und des Verwaltungsgerichtshofes wiederholt festgestellt, daß ein am 13. 3. 1938 bestandenes österreichisches Dienstverhältnis durch die Übernahme der betreffenden Person in den Dienst des Deutschen Reiches erloschen ist (VerfGH Slg. 1687 u. 1688/48, 1827 u. 1841/49, 1935/50; VwGH Slg. 664 u. 782/49). Frühere, am 13. 3. 1938 bestandene Dienstverhältnisse zur Republik Österreich lebten also keineswegs wieder von selbst auf, wie bereits in anderem Zusammenhang kurz erwähnt wurde, es bedurfte vielmehr der Neubegründung nach dem B-ÜG, und zwar durch Übernahme auf einen Dienstposten der neugebildeten Personalstände durch Ernennung nach den hierfür bestehenden Vorschriften. Auf die Übernahme, bzw. Ernennung bestand und besteht kein Rechtsanspruch, was gleichfalls von den beiden Gerichtshöfen des öffentlichen Rechts wiederholt ausgesprochen worden ist (VerfGH Slg. 1827, 1841, 1859/49; 1985/50).

Hervorzuheben ist, daß nach ständiger Rechtsprechung die vom B-ÜG grundsätzlich geforderte Ernennung als Formalakt durch eine bloße tatsächliche Verwendung nicht ersetzt werden kann. Der Verfassungsgerichtshof hat hierzu ausgeführt (Slg. 1985/50), daß die Ernennung durch konkludente Handlungen nicht ersetzt werden kann, weil eine dem § 863 des ABGB nachgebildete Bestimmung im öffentlichen Recht fehlt. § 863 ABGB besagt nämlich: „Man kann seinen Willen nicht nur ausdrücklich durch Worte und allgemein angenommene Zeichen, sondern auch stillschweigend durch solche Handlungen erklären, welche mit Überlegung aller Umstände keinen vernünftigen Grund, daran zu zweifeln, übrig lassen". Im konkreten Fall handelte es sich um einen de facto amtierenden Richter, wobei der Verfassungsgerichtshof noch hinzufügte: „Welche Folgen seine (sc. des Beschwerdeführers) Verwendung in richterlichen Stellungen hinsichtlich der von ihm gefällten Entscheidungen hat, insbesondere ob diese mangels gehöriger Besetzung des Gerichts samt und sonders nichtig sind, hat nicht der Verfassungsgerichtshof zu entscheiden, sondern bleibt der Beurteilung der dazu berufenen Instanzen der ordentlichen Gerichtsbarkeit überlassen, falls sie aus diesem Grunde angerufen werden". Der Verwaltungsgerichtshof hat hinsichtlich der rechtlichen Bedeutung einer de facto erfolgten Verwendung den gleichen Standpunkt eingenommen (Slg. 233/47; 381 u. 621/48).

Hier weicht die österreichische Judikatur entscheidend von der Auffassung des deutschen Bundesverfassungsgerichts ab, da diese im Beamtenurteil, ausgehend von dem Standpunkt, daß „der Gedanke der Formstrenge des Beamtenrechts nach Staatskatastrophen, wie im Jahre 1945, sich nicht ohne Einschränkung durchführen läßt", auch ohne Aushändigung einer neuen Ernennungsurkunde die Neubegründung von Beamtenverhältnissen für möglich erachtet[19]). Die Begründung eines Dienstverhältnisses durch konkludente Handlungen, insbesondere durch Fortsetzung des Dienstverhältnisses wird demnach hier für zulässig angesehen.

Das österreichische Beamten-Überleitungsgesetz steht hinsichtlich der Beamten, die erst nach dem 13. März 1938 ernannt worden sind, auf dem Standpunkt, den übrigens auch das Beamtenurteil des deutschen Bundesverfassungsgerichts für die durch das nationalsozialistische Regime geschaffenen Tatbestände anerkannt hat[20]), daß nämlich auch solche Ernennungen keineswegs rechtlich unbeachtlich sind: denn § 8, Abs. 1, B-ÜG bestimmt ausdrücklich,

[19]) Beamtenurteil, aaO. S. 121; hierzu Bachof, aaO. S. 36, Köttgen, aaO. S. 363f.

[20]) Vgl. Köttgen, aaO. S. 366f.

daß Bedienstete, die im Zeitpunkt der Beendigung der nationalsozialistischen Herrschaft in einem öffentlich-rechtlichen Dienstverhältnis gestanden sind, gleichviel, ob sie vor oder nach dem 13. 3. 1938 in ein solches aufgenommen worden sind, wenn sie nicht nach § 7 des Ges. in den Dienststand übernommen werden, aus dem Dienstverhältnis auszuscheiden sind. So lang die Ausscheidung aus dem Dienstverhältnis nicht erfolgt ist, besteht das öffentlich-rechtliche Dienstverhältnis nach fort (VerfGH Slg. 2426 u. 2429/52). Ebenso hat der Verwaltungsgerichtshof ausgesprochen (Slg. 982/49): „Die Ernennung war allerdings von einer deutschen, nicht von einer österreichischen Behörde verfügt worden, allein das steht ihrer Berücksichtigung im Sinne des B-ÜG nicht entgegen, da dieses Gesetz, wie sich insbesondere aus den Bestimmungen seines § 10, Abs. 2, ergibt (d. s. Bestimmungen über Pensionsempfänger) grundsätzlich auch die von deutschen Behörden getroffenen Personalverfügungen als rechtswirksam betrachtet". Damit scheint auch die vom deutschen Bundesverfassungsgericht vertretene Auffassung vom Erlöschen aller Beamtenverhältnisse des nationalsozialistischen Staates mit dem 8. 5. 1945 für den österreichischen Rechtskreis nicht annehmbar.

Nach dem Beamten-Überleitungsgesetz ist für die Ausscheidung der nicht übernommenen Bediensteten eine eigene Behörde, nämlich der „Liquidator für die Einrichtungen des Deutschen Reiches in der Republik Österreich" zuständig, eine eigene Behörde, die im Behörden-Überleitungsgesetz vom 20. 7. 1945, StGBl. Nr. 94 (§ 1, Abs. 2), geschaffen wurde. Er kann gemäß § 3, Abs. 2, Beamten-Überleitungsgesetz, Bedienstete einer in Liquidation befindlichen Dienststelle des Deutschen Reiches, unbeschadet ihrer allfälligen Rechtsansprüche aus dem Dienstverhältnis gegenüber dem Deutschen Reich ohne Einhaltung einer Kündigungsfrist von ihrer Dienstleistung entheben. Aus einem solchen Dienstverhältnis können Ansprüche gegen die Republik Österreich nicht erhoben werden. Ob eine von einem in den österreichischen öffentlichen Dienst übernommenen Beamten nach dem 13. 3. 1938 im Dienst des Deutschen Reiches zurückgelegte Dienstzeit angerechnet wird, ist Sache des freien Ermessens (B-ÜG, § 11).

IV.

Die Maßnahmen, die, sei es von demokratischen, sei es von autoritären und diktatorischen Systemen gegen Beamte getroffen wurden und werden, lassen immer wieder die Frage des Schutzes wohlerworbener Rechte auftauchen. Bekanntlich hat das deutsche Bundesverfassungsgericht nicht nur im Beamtenurteil, sondern noch ausführlicher im Soldatenurteil zu diesem Problem Stellung genommen und u. E. zutreffend ausgeführt: „Solche wohlerworbene Rechte, die dem Gesetzgeber gegenüber verbindlich wären, kann es nur auf Grund einer positiven verfassungsrechtlichen Bestimmung geben"[21]). Und etwas später heißt es im Soldatenurteil[22]): „Erst vom Staate her, nicht aber aus überstaatlichem Recht, erhält das Dienstverhältnis seine Legitimation. Es wird daher auch nur nach Maßgabe der staatlichen Gesetze oder der Verfassung geschützt. Wohlerworbene Rechte aus einem vom Staate geschaffenen öffentlich-rechtlichen Dienstverhältnis auf überstaatlicher Rechtsgrundlage wären geradezu ein Widerspruch in sich".

Diesen Ausführungen ist beizupflichten, ohne daß hier näher zu der vom Bundesverfassungsgericht erörterten Frage Stellung genommen werden soll, ob und inwieweit der von der Weimarer Verfassung (Art. 129) gewährleistete Schutz der wohlerworbenen Rechte durch den Nationalsozialismus zerstört worden ist, eine Frage, die vom Bundesverfassungsgericht wohl mit Recht bejaht wurde[23]).

Die österreichische Rechtsordnung kennt keinen besonderen Schutz wohlerworbener Rechte, weder im allgemeinen, noch für das Beamtenrecht, was sowohl der Verfassungs- als der Verwaltungsgerichtshof wiederholt ausgesprochen haben. Der Verfassungsgerichtshof weist darauf hin (Slg. 1859/49), daß das Dienstverhältnis der öffentlich-rechtlichen Angestellten gemäß Art. 21 der Bundesverfassung durch einfaches Bundesgesetz geregelt werden kann und daß daher auf diesem Weg auch die durch frühere Normen erworbenen Rechte beseitigt werden können. Der Verwaltungsgerichtshof führt aus (Slg. 1886/51): „Bei der Entscheidung . . . ist davon auszugehen, daß das Dienstverhältnis ein öffentlich-rechtliches ist, d. h. daß die daraus erwachsenden Rechte und Pflichten nicht wie bei einem privatrechtlichen Dienstverhältnis durch Vertrag, sondern unmittelbar durch Gesetz bestimmt werden und auch jederzeit durch Gesetz geändert werden können. Solche Änderungen wirken, sofern das Gesetz nicht anderes bestimmt, auch auf die Rechte und Pflichten aus bereits bestehenden Dienstverhältnissen und können auch zum Nachteil der Bediensteten getroffen werden. Wenn daher die Gesetzgebung auch in der Regel durch entsprechende Übergangsbestimmungen dafür sorgt, daß eine Benachteiligung bereits im Dienst stehender Bediensteter bei Änderungen des Dienstrechts vermieden oder doch in ihrer Auswirkung nach Möglichkeit gemildert werde, so ist doch ein rechtlicher Schutz wohlerworbener Rechte aus öffentlich-rechtlichen Dienstverhältnissen gegen Eingriffe durch die Gesetzgebung dem österr. Dienstrecht ebenso fremd, wie er dem vor dessen Wiedereinführung in Geltung gestandenen Besoldungsrecht des Deutschen Reiches fremd war" (ebenso VwGH Slg. 2059/51).

---

[21]) aaO. S. 160.
[22]) aaO. S. 320.
[23]) aaO. S. 91f.

Die Heranziehung der verfassungsrechtlichen Eigentumsgarantie versagt im Dienstrecht der öffentlich-rechtlichen Bediensteten ebenfalls, weil der hier in Österreich in Betracht kommende Art. 5 des Staatsgrundgesetzes über die allgemeinen Rechte der Staatsbürger vom 21. 12. 1867, RGBl. Nr. 142, „Das Eigentum ist unverletzlich. Eine Enteignung gegen den Willen des Eigentümers kann nur in den Fällen und in der Art eintreten, welche das Gesetz bestimmt" sich nur auf Privatrechte bezieht. Wiederholt hat der Verfassungsgerichtshof ausgesprochen, daß diese Eigentumsgarantie nur die Privatrechtssphäre des einzelnen schützt, während der Gehalts- oder Ruhegenußanspruch des öffentlichen Beamten nicht privatrechtlicher, sondern öffentlich-rechtlicher Natur ist (VerfGH Slg. 1827/48, 2179/51, 2311 u. 2437/52).

Der mangelnde Schutz wohlerworbener Rechte und das Versagen der Eigentumsgarantie wirken sich umsomehr aus, als sowohl nach der österreichischen als nach der deutschen Rechtsordnung hier auch rückwirkende Gesetze als zulässig angesehen werden müssen. Denn ebenso wie das deutsche Bundesverfassungsgericht im Beamtenurteil bemerkt, daß das rückwirkende Inkrafttreten eines Gesetzes, abgesehen vom Strafrecht (Art. 103, Abs. 2, GG) nicht schlechthin unzulässig ist[24]), hat auch der österreichische Verfassungsgerichtshof wiederholt festgestellt, daß es durch die Verfassung dem Gesetzgeber nicht verwehrt ist, eine Rückwirkung von Gesetzen auszusprechen (Slg. 26/19, 167/22 u. 2009/50).

Diese Ausführungen zeigen, daß ein positivrechtlicher Schutz der wohlerworbenen Rechte aus dem Beamtenverhältnis derzeit weder in Österreich noch in Deutschland besteht. Da aber nach den geschichtlichen Erfahrungen der letzten Jahrzehnte die Gesetzgebung, und zwar nicht nur des Dritten Reiches, in erheblichem Maß in wohlerworbene Rechte eingegriffen hat und dies eine wesentliche Minderung der Sicherheit des Beamten, insbesondere in wirtschaftlicher Hinsicht, bedeutet, würde es sich doch empfehlen, eine solche Sicherung verfassungsrechtlich zu verankern, zumindest in der Weise, wie dies im Art. 129 der Weimarer Verfassung der Fall war. Eine solche Sicherung würde selbstverständlich auch nur während der Dauer des Bestandes einer Verfassung wirksam sein, innerhalb dieser Zeit aber wenigstens einen Riegel dagegen abgeben, daß etwa schon bei Änderung der einfachen Mehrheitsverhältnisse in den Parlamenten, insbesondere aus politischen Gründen, Eingriffe durch die Gesetzgebung in die wohlerworbenen Rechte der Beamten erfolgen können. Insofern wäre eine solche Bestimmung auch geeignet, der zunehmenden Verpolitisierung der Beamtenschaft entgegenzuwirken, weil dann eine Befürchtung solcher Eingriffe schon im Fall der Erringung der ab-

---

[24]) aaO. S. 150.

soluten Mehrheit durch eine Partei oder Parteienkoalition nicht bestünde, sondern hierfür die qualifizierte Mehrheit für eine Verfassungsänderung notwendig wäre. Für Ausnahmesituationen ist natürlich Bachof[25]) durchaus zuzustimmen, daß hergebrachte Rechte überhaupt nur unter einer normalen Verfassungslage unbeschränkte Geltung beanspruchen können. Mit Recht hat Forsthoff[26]) in diesen Zusammenhängen von einer Tragödie des Berufsbeamtentums gesprochen: „Es scheint sein Schicksal zu sein, daß es in Zeiten politischer Umwälzungen von dem Staat, dem es dient, keinen oder nur begrenzten Schutz erfährt, während jeder andere unter allen politischen Systemen vorwurfslos seinen Geschäften nachgehen kann". Es ist ihm völlig beizupflichten, daß in dieser Hinsicht das Beamtenurteil des Bundesverfassungsgerichts einen deprimierenden Eindruck hinterläßt, indem es die Schutzlosigkeit des Beamtentums in der modernen Staatenwelt offenbart. Ob allerdings der von Forsthoff zur Erwägung gestellte Weg einer Abkehr von dem überkommenen Beamtenrecht zugunsten des kräftigeren Elements des modernen Arbeitsrechts hiergegen eine wirksame Abhilfe bieten würde, will uns doch zweifelhaft erscheinen, zumal auch dieses der einfachen Gesetzgebung unterliegt und kein ernstliches Hindernis bestehen würde, bei politischen Umwälzungen die von dem neuen Regime für wünschenswert erachteten Maßnahmen durchzuführen. Weder wohlerworbene Rechte noch Eigentumsgarantie vermöchten hier sicheren Schutz zu gewähren, die letztgenannte unter Berücksichtigung der österreichischen Rechtslage insbesondere auch deshalb nicht, weil ja einmal durch die einfache Gesetzgebung Enteignungen vorgesehen werden können, zum anderen aber vor allem auch deshalb, weil die früher erwähnte Eigentumsgarantie des Art. 5 des Staatsgrundgesetzes über die allgemeinen Rechte der Staatsbürger keine verfassungsrechtliche Verankerung der Entschädigungspflicht bei Enteignungen enthält, so daß nach der Rechtsprechung des Verfassungsgerichtshofes sogar entschädigungslose Enteignungen nicht der Verfassung widersprechen.

V.

Die Staatskrisen, die in Deutschland und Österreich zum Zusammenbruch der Monarchie, in Österreich überdies zum Zerfall des Reiches geführt hatten, waren in ihren Auswirkungen auf das Berufsbeamtentum wesentlich verschieden von den späteren Staatskrisen. Das Berufsbeamtentum in der Monarchie war durch seine einheitliche Ausrichtung auf die Monarchie und den Monar-

---

[25]) aaO. S. 226.
[26]) aaO. S. 72.

chen politisch einheitlich geführt gewesen und bewahrte seine Einheit — unbeschadet des treuen Dienstes gegenüber der Republik — auch in dieser neuen Staatsform, der es insbesondere in den ersten Jahren nach 1918 wertvollste Dienste im Hinblick auf die Stabilisierung der neuen Staatsformen leistete. Mit Recht stellte Werner Weber fest:[27]) „Die Weimarer Republik verdankte ihre relative Stabilität und Funktionsfähigkeit wesentlich dem Umstand, daß sie die Exekutive der konstitutionellen Monarchie übernommen hatte, eine hochqualifizierte Beamtenaristokratie, eine verläßlich arbeitende Verwaltungsapparatur, ein von hohem Dienstethos erfülltes Berufsbeamtentum und in allem die Dritte Kraft eines parteipolitisch neutralisierenden Wahrers staatlicher Konsistenz". Dies gilt genau so für Österreich, allerdings kommt hier hinzu, daß durch den Zerfall der Monarchie sich durch das Problem der Rechtsnachfolge schwierige Fragen für die einzelen Beamten im Hinblick auf ihre Übernahme durch die einzelnen auf dem Territorium der Monarchie entstandenen Nachfolgestaaten ergaben. Hierbei handelte es sich aber nicht um solche Probleme politischer Art, wie sie bei den späteren Staatskrisen in den Vordergrund traten. Aus diesen ergibt sich aber, daß, nachdem die Frage nach dem Weiterbestand des Berufsbeamtentums wohl als im bejahenden Sinn gelöst angesehen werden kann, das Kernproblem für diesen Weiterbestand „unter Berücksichtigung der hergebrachten Grundsätze des Berufsbeamtentums", um mit den Worten des Art. 33, Abs. 5, GG zu sprechen, das Problem der Entpolitisierung oder Wiederentpolitisierung des Beamtentums ist, dessen Bedeutung von Gerber und Merkl schon auf der Tagung unserer Vereinigung zu Halle 1931 mit besonderem Nachdruck unterstrichen worden ist[27a]).

Schon im Zusammenhang mit dem Überblick über die geschichtliche Entwicklung hat sich gezeigt, daß eine Entpolitisierung des Beamtentums stets nur relativ sein kann, da das Beamtentum als Institution immer eine eminent wichtige politische Aufgabe zu erfüllen hatte und hat. Hinsichtlich des Beamtentums in der Monarchie ist an die Feststellung zu erinnern, daß man auch hier nicht von einem politisch völlig neutralen Beamtentum sprechen kann, da es auch dort durch die enge Verbindung mit Staatsform und Monarch eine wesentliche politische Funktion besaß. Es war zwar parteipolitisch weitgehend neutral, aber anderseits doch ein ausgesprochen konservativer Faktor im Staatsleben. Wenn Leibholz von der „legendären Vorstellung von der Überparteilichkeit des durch den Monarchen und seiner Regierung repräsentierten Staates

---

[27]) Spannungen und Kräfte im westdeutschen Verfassungssystem, 1951, S. 18f.

[27a]) Veröffentl. der VdDSt., Heft 7, 1932.

gesprochen hat, so gilt dies in dem angedeuteten Sinn auch von dem Beamtentum der Monarchie[28]).

In der Mehrparteiendemokratie kommt es u. E. darauf an, ob es möglich ist, der Beamtenschaft in ihrer Gesamtheit eine einheitliche Richtlinie zu geben, wie dies eben in der Monarchie durch die enge Bindung an den Monarchen und die in ihm verkörperte Staatsidee der Fall war. Auch die autoritären Systeme — das gilt sowohl für das nationalsozialistische als auch für das österreichische autoritäre System der Jahre 1933—1938 —, versuchten formal und im Prinzip — von der grundlegenden inhaltlichen Verschiedenheit in der Monarchie abgesehen — etwas Ähnliches, indem sie Staat und Beamtentum auf ihre Ziele auszurichten suchten.

Die liberale Mehrparteiendemokratie läßt hingegen grundsätzlich jedem weitestgehende politische Freiheit, auch dem Beamten, eröffnet damit aber weit das Tor für das Eindringen verschiedener politischer Richtungen in den ganzen Staatsapparat. Ebenso wie zur Zeit der Entstehung des modernen Berufsbeamtentums Landesfürst und Stände als die damals wesentlichen politischen Machtfaktoren um die Beherrschung des Beamtentums, um Einfluß auf die einzelnen Beamten und die Besetzung der Ämterposten gekämpft haben, ebenso traten nun — wir haben auf diese Parallele bereits hingewiesen — die politischen Parteien als die modernen politischen Machtfaktoren in einen solchen Kampf ein. Dies geschah und geschieht nicht nur mit dem Zweck der Erringung von Wählerstimmen, sondern um durch die Beamtenschaft Einfluß auf die Ausübung der staatlichen Funktionen nehmen zu können, also aus ganz richtiger Erkenntnis der großen Bedeutung des Beamtentums als Institution für Bestand und Leben des Staates. Da der Staat nur durch seine Organe tätig werden kann, ist schon eine de facto bestehende Abhängigkeit der Organpersonen von einer politischen Partei ein nicht zu unterschätzendes Mittel der Einflußnahme auf das Staatsleben, insbesondere auf die Verwaltung. Zwar ist ein solcher Einfluß den politischen Parteien bereits ganz legitim gesichert durch die Demokratisierung der Verwaltung und die damit zusammenhängende und dadurch bedingte Besetzung der leitenden Funktionen im Staat, in Bund und Ländern, sowie im Bereich der Selbstverwaltung, nicht nur in der territorialen, sondern ebenso der beruflichen Berufsvertretungen im Wege der Wahl. Aber gerade die Entwicklung in den beruflichen Selbstverwaltungseinrichtungen zeigt deutlich, daß die freilich schon aus Gründen der Sachkenntnis notwendige Bürokratie, mag es sich hier auch meist um Vertrags-

[28]) Der Strukturwandel der modernen Demokratie, 1952, S. 30, ebenso Peters, aaO. S. 239, der geradezu von einer „Partei" des Monarchen spricht.

bedienstete handeln, ein selbständiges Kraftzentrum wird und als solches wirken kann. Mit Recht kann daher Adamovich[28a]) für die österreichischen Verhältnisse — und für die deutsche Bundesrepublik wird wohl Ähnliches gelten — feststellen: „Tatsächlich gewinnt auch dieses Element der beamteten Organe im Rahmen der beruflichen und territorialen Selbstverwaltung, ja, wie die Entwicklung zeigt, darüber hinaus geradezu für das ganze öffentliche Leben immer mehr an Bedeutung und Einfluß. Daß der ursprüngliche Gedanke der Selbstverwaltung durch dieses immer weitere Vordringen des Einflusses einer besonderen autonomen Bürokratie in steigendem Maß zurückgedrängt wird, kann allerdings nicht verkannt werden".

Daß ein Berufsbeamtentum ein eigener Machtfaktor ist, sofern eine innere Geschlossenheit da ist — und sie wird aus bestimmten gemeinsamen Interessen bis zu einem gewissen Grad immer da sein — ist freilich eine Erscheinung, die im staatlichen Bereich schon lange eine historisch bestätigte Tatsache bildet. Ein solches mehr oder weniger geschlossenes Kraftzentrum kann unter Umständen den Intentionen der politischen Führungsorgane erheblichen Widerstand entgegensetzen oder ihnen zumindest bei der Durchsetzung ihrer Absichten erhebliche Schwierigkeiten bereiten. Deshalb vermag die Besetzung lediglich der politischen Führungspositionen den politischen Parteien nicht zu genügen, ganz abgesehen davon, daß die Wahlen hier Veränderungen mit sich bringen können, während die in der Beamtenhierarchie gesicherten Positionen hiervon weitestgehend unabhängig sind, sofern an den herkömmlichen Grundsätzen über die Sicherheit der Stellung des Beamten festgehalten wird. Die im Beamtentum gesicherten Positionen mögen vielleicht in der jeweiligen Gegenwart geringere Bedeutung besitzen, als die Positionen in Parlament, Landtagen, Gemeindestuben oder anderen Einrichtungen der Selbstverwaltung. Aber sie bieten eine gewisse Gewähr für die Zukunft, auch wenn die eine oder andere politische Position der genannten Art verloren gehen sollte. Hier mag sich sogar ein gewisser Zwiespalt in den politischen Bestrebungen gegenüber dem Beamtentum ergeben: Wenn eine politische Richtung im Fall ihres Obsiegens darauf abzielt, nun möglichst viele ihrer Leute in staatlichen Stellen unterzubringen — dies ist bekanntlich beim amerikanischen spoil-system der Fall, das übrigens in der Praxis schon sehr zugunsten einer Festigung der Beamtenverhältnisse gemildert ist, sodaß es der Eisenhower-Administration sehr schwer fiel, auch nur einen Teil ihrer Leute unterzubringen — und wenn dies durch die Gesetzgebung ermöglicht ist, so wird dies im Fall

---

28a) Adamovich, Handbuch des österr. Verwaltungsrechts, I. Bd., 1954, S. 55.

des Verlierens dieser politischen Richtung bei den nächsten Wahlen eine für sie höchst unerwünschte Folge haben, indem sie die von ihr besetzten Posten wieder verliert. Politische Richtungen, die auf lange Sicht sehen, werden also eher geneigt sein, die Sicherungen des Beamtentums zu erhalten, als einen raschen Wechsel zu befürworten. Mit dem Blick der Politik auf lange Sicht hängt ja die historische Tatsache zusammen, daß das Berufsbeamtentum seine eben auch die Sicherung seiner Stellung betreffenden Grundsätze in der Zeit stabilerer staatlicher Verhältnisse in der ihrem Wesen nach konservativen Monarchie entwickelt hat. Ein rascher Wechsel der politischen Richtungen ist einem stabilen, gesicherten Beamtentum abhold, wie die Auswirkungen der Staatskrisen auf das Berufsbeamtentum deutlich genug gezeigt haben.

Aus diesen Zusammenhängen erklärt sich aber auch das Mißtrauen zunächst der demokratischen Parteien gegenüber dem Beamtentum, wie es im Jahre 1918 aus der Monarchie übernommen wurde und von da her einen konservativen Charakter aufwies. Die zunehmende Verpolitisierung des Beamtentums aber erhöht noch mehr ein solches Mißtrauen, da sie die politische Abstempelung des einzelnen Beamten fördert und der gegnerischen Richtung noch mehr Anlaß zum Mißtrauen bietet, als das parteipolitisch — unbeschadet seiner grundsätzlich konservativen Haltung — weitestgehend neutrale Beamtentum der Monarchie, wie es ja noch weitgehend in den Anfangsjahren der Republik vorhanden war.

Soll im Mehrparteienstaat ein parteipolitisch neutrales Beamtentum, wie es für die Stabilität des staatlichen Lebens außerordentlich wertvoll ist und wie es allein auch das Vertrauen aller Staatsbürger zu objektiver Justiz und Verwaltung gewährleistet, bestehen und, man kann zum Teil ruhig sagen, wiederhergestellt werden, so setzt dies das Vorhandensein einer über die verschiedenen Parteien hinweg bestehenden einheitlichen Staatsidee voraus, die von allen Parteien anerkannt wird und der und dem von ihr getragenen Staat das Beamtentum zu dienen hat. In diesem Fall kann es wegen seines Dienstes gegenüber dem von einer Staatsidee getragenen Staat von den verschiedenen, gleichfalls diese Idee bejahenden Parteien nicht als der bestehenden Staatsordnung, der bestehenden Verfassung feindlich angesehen werden.

Eine einheitliche Staatsidee kann aber nicht von heute auf morgen geschaffen und gefestigt werden. Hierzu bedarf es einer langen Tradition, wie sie sich etwa in den Vereinigten Staaten von Nordamerika entwickeln konnte oder wie sie — hier wieder im Zusammenhang mit der Monarchie — im britischen Empire (hier allerdings, wie die Lockerung des Empire-Verbandes zeigt, erheblich geschwächt) vorhanden ist. Mit Recht wurde hervorgehoben, daß die grundsätzlich wertneutrale Demokratie des Weimarer

Staates nicht imstande war, eine wirkliche Anziehungskraft und Tragfähigkeit besitzende Staatsidee zu entwickeln. Dies war mit ein entscheidender Grund dafür, daß sie die durch den Angriff straff organisierter Parteien herbeigeführte Staatskrise nicht zu bestehen vermochte und dem nationalsozialistischen System zum Opfer fiel. Dasselbe gilt auch analog für die österreichische Entwicklung, da der Versuch des autoritären Systems, eine tragfähige Staatsidee zu entwickeln und zu festigen, aus mehrfachen Gründen scheitern mußte.

Vielleicht bietet aber die Idee der „aktiven Demokratie", die das Grundgesetz zu verwirklichen sucht, hier eine Lösung, da es nicht allen politischen Zielsetzungen grundsätzlich den gleichen Wert beimißt, sondern eine von ganz bestimmten weltanschaulichen und kulturellen Grundsätzen beherrschte, vor allem Freiheit und Würde des Menschen gewährleistende demokratische Ordnung zu entwickeln und zu bewahren sucht. Mit Recht führt Peters[29]) aus, daß die lebendige Demokratie, die von einer Staatsidee erfüllt ist und sich nicht bloß im Formalen erschöpft, auch aus dem überkommenen Beamtenethos große Vorteile ziehen kann.

Die Möglichkeit des Bestandes eines parteipolitisch neutralen Beamtentums setzt aber weiters — und darauf kommt es entscheidend an — eine Zurückhaltung der politischen Parteien in ihren Bestrebungen, politischen Einfluß auf die Beamtenschaft zu gewinnen, voraus, eine Zurückhaltung, die sofern das Beamtentum sich als eine tragende Säule der bestehenden, von einer allgemein anerkannten Staatsidee beherrschten Staatsordnung erweisen soll, eine wahrhaft staatspolitische Haltung beweisen würde. Ein parteienmäßig gespaltenes Beamtentum, das Parteiegoismus in die Verwaltung und auch in die Justiz hineinzutragen vermag, wird schwere Störungen im Staatsleben und damit sogar neue Staatskrisen herbeiführen können. Im Zusammenhang mit der Frage der politischen Gebundenheit des Beamten und der ihm zukommenden Repräsentationsmacht hebt Gerber[30]) nachdrücklich hervor, wie bedeutsam die dem Sinn der Verfassung entsprechende Gesetzesanwendung ist: „Und wie wichtig dieser Gedanke gerade in der modernen Demokratie ist, um sie vor einer Zersprengung durch ihre politischen Kräfte zu bewahren, das sollte nach den gemachten Erfahrungen keiner Erläuterung bedürfen!"

Der Einfluß, den der einzelne Beamte auf den Gang vor allem der Verwaltungsgeschäfte zu nehmen und durch den er die politische Richtung, der er anhängt, zu fördern vermag, ist sehr vielfältig. Man denke nur an den weiten Bereich des freien Ermessens, insbesondere bei der Verleihung von Berechtigungen oder der Verleihung einer rechtlichen Eigenschaft, etwa der Staatsbürgerschaft,

[29]) Vgl. Peters, aaO. S. 239.
[30]) Arch. d. ö. R. Jg. 79, 1954, S. 263.

vor allem aber an den Einfluß parteipolitischer Momente im Bereich der Personalpolitik selbst, die freilich führend regelmäßig von den gewählten politischen Funktionären gesteuert wird. Wenn für die österreichischen Verhältnisse ein so gründlicher und erfahrener Kenner der Verwaltung, wie Adamovich[31]), der sich zudem als Präsident des Verfassungsgerichtshofes stets in seinen Veröffentlichungen außerordentliche Zurückhaltung auferlegt, sich veranlaßt sieht, in dem kürzlich (1954) erschienenen ersten Band seines Handbuches des österr. Verwaltungsrechts „Abkehr vor allem von dem verheerenden Prinzip einer parteimäßigen (proportionellen) Besetzung von Amtsposten" zu fordern, so mag dies ein Zeichen dafür sein, welches Ausmaß und welche Bedeutung dieser Praxis bereits zukommt.

Der österr. Verfassungsgerichtshof hatte jüngst Anlaß, sich mit einem konkreten Fall zu beschäftigen (Erk. vom 9. 12. 1953, B 109/53, Slg. 2602/53), in welchem ein provisorisches öffentlich-rechtliches Dienstverhältnis von einer Landesregierung gelöst worden war und in dem der hiervon Betroffene in seiner Beschwerde an den Verfassungsgerichtshof u. a. behauptet hatte, die Kündigung sei aus parteipolitischen Motiven erfolgt, weil er es abgelehnt hatte, sich einer bestimmten politischen Richtung anzuschließen: er erachtete sich dadurch insbesondere in dem verfassungsmäßig gewährleisteten Recht der Gleichheit vor dem Gesetz verletzt. Nachdem der Verfassungsgerichtshof zunächst festgestellt hatte, daß eine Verletzung des Art. 3 des Staatsgrundgesetzes über die allgemeinen Rechte der Staatsbürger, betreffend die gleiche Zugänglichkeit zu den öffentlichen Ämtern nicht vorliegen könne, weil dieser Begriff nur im Zuge einer Stellenbesetzung denkbar sei, wenn einer Person die Bewerbung um ein öffentliches Amt verweigert wird, führt er vorerst hinsichtlich des von der Landesregierung ausgeübten freien Ermessens aus:

„Die Landesregierung übersieht hier aber, daß ‚Ermessen' nicht ‚Willkür' bedeutet, und daß auch dort, wo das Gesetz der Behörde freies Ermessen einräumt, vom Ermessen nur im Sinne des Gesetzes Gebrauch gemacht werden darf. Übt die Behörde das Ermessen nicht im Sinne des Gesetzes aus, läßt sie sich einen Ermessensexzeß zuschulden kommen, dann liegt, wie sich aus Art. 130 B-VG ergibt, eine Rechtswidrigkeit vor, die sich auch als Verfassungswidrigkeit qualifizieren kann, sofern nämlich erweislich ist, daß die Ermessensentscheidung auf Motive zurückzuführen ist, die gegen ein verfassungsgesetzlich gewährleistetes Recht verstoßen. Insoweit ist der VerfGH im Zuge des Verfahrens über eine auf Art. 144 B-VG (d. i. Beschwerde wegen Verletzung verfassungsmäßig gewährleisteter Rechte) gestützte Beschwerde berufen, auch Ermessensentscheidungen zu überprüfen".

---

[31]) S. 44.

„Der Gleichheitsgrundsatz, dessen Verletzung Beschwerdeführer geltend macht, bedeutet, wie der VerfGH in seinem Erkenntnis Slg. 2088 ausgesprochen hat, die Verpflichtung der Gesetzgebung und Vollziehung, andere als objektive Unterscheidungsmerkmale, d. h. sachlich gerechtfertigte Momente bei der Behandlung der Staatsbürger beiseite zu lassen".

„Der VerfGH ist zu der Überzeugung gelangt, daß die angefochtene Kündigung aus solchen subjektiven, in der Person des Beschwerdeführers gelegenen Momenten erfolgt ist, die mit dem verfassungsmäßig festgelegten Grundsatz der Gleichheit aller Staatsbürger vor dem Gesetz unvereinbar sind." Hierzu wird dann ausgeführt: „Es kann nun dahingestellt bleiben, ob sich die Landesregierung zur Lösung des Dienstverhältnisses des Beschwerdeführers nur entschlossen hat, um der offensichtlich aus den letztbezeichneten Motiven (sc. parteipolitische und staatsbürgerliche Momente, diese, weil der Beschwerdeführer erst spät die österreichische Staatsbürgerschaft erworben hatte) erhobenen Forderung der Personalvertretung — übrigens einer jeder gesetzlichen Grundlage entbehrenden Institution[32]) — nachzukommen, für welche Annahme die Verwaltungsakten eine Reihe von Anhaltspunkten ergeben, oder aber, ob die vom Beschwerdeführer behaupteten parteipolitischen Momente im engeren Sinn für den Beschluß der Landesregierung maßgebend waren. Denn sowohl in dem einen wie in dem anderen Fall ist die Lösung des Dienstverhältnisses zumindest vorwiegend aus subjektiven, nur in der Person des Beschwerdeführers gelegenen Umständen erfolgt. Dadurch erscheint aber nach der ständigen Rechtssprechung des VerfGH der Beschwerdeführer im verfassungsgesetzlich gewährleisteten Recht der Gleichheit vor dem Gesetz verletzt, weshalb der angefochtene Bescheid als verfassungswidrig aufgehoben werden mußte".

In diesen Ausführungen des Verfassungsgerichtshofes ist nicht ein Unterschied gegenüber der Auffassung des deutschen Bundesverfassungsgerichts[33]) zu erblicken, wonach das Verfassungsgericht nicht berufen ist, innerhalb des Gleichheitsgrundsatzes Fragen der Zweckmäßigkeit zu prüfen und seine Auffassung über Zweckmäßigkeitsfragen vor die des Gesetzgebers, hier im österreichischen Fall vor die der zur Vollziehung berufenen Behörde zu setzen: denn hier handelte es sich eben nicht um Fragen der Zweckmäßigkeit, sondern der Rechtmäßigkeit, und zwar der Verfassungsmäßigkeit, um Fragen des Ermessensmißbrauchs.

Mit der erwähnten Entscheidung hat der österr. Verfassungsgerichtshof mit aller Klarheit und Deutlichkeit ausgesprochen, daß

---

[32]) Mit Erkenntnis v. 24. 6. 1954, G 6/54, hat der VerfGH die betreffende Bestimmung des Landesdienstrechts-Überleitungsgesetzes vom 28. 7. 1949, LGBl. f. Kärnten, Nr. 54, als verfassungswidrig aufgehoben.

[33]) aaO S. 135f.

eine Lösung eines Dienstverhältnisses aus dem Grunde der Zugehörigkeit oder Nichtzugehörigkeit einer Person zu einer bestimmten politischen Partei dem Gleichheitsgrundsatz widerspricht. Dies muß aber sinngemäß für die Auswahl von Personen bei der Besetzung von Amtsposten gelten oder mit anderen Worten: die Auswahl von Bewerbern um einen bestimmten Posten nach parteipolitischen Gesichtspunkten und damit das Proporzsystem müssen als mit dem Grundsatz der Gleichheit vor dem Gesetz im Widerspruch stehend angesehen werden, weil dies in der liberalen Mehrparteiendemokratie kein objektives, sachlich gerechtfertigtes Unterscheidungsmerkmal bildet.

Nach dem Bild, welches die Praxis häufig bietet, muß allerdings leider angenommen werden, daß diese hier vom Verfassungsgerichtshof ausgesprochene Unvereinbarkeit des Proporzsystems mit der Verfassung und mit dem Gleichheitsgrundsatz sich kaum wird durchzusetzen vermögen, wobei auch formalrechtliche Momente der Kontrolle im Einzelfall hinderlich im Wege stehen. Gerade der erwähnte Fall läßt nämlich — hierauf näher einzugehen, würde zu weit führen — erkennen, wie schwer der Beweis eines Ermessensmißbrauchs durch Anwendung unsachlicher Momente zu erbringen ist, wofür wieder zwei Gründe maßgeblich sind: Einmal mag es der Behörde nicht allzu schwer möglich sein, die wahren Gründe eines Bescheides, bei dessen Erlassung der Behörde freies Ermessen eingeräumt ist, zu verschleiern, und zum anderen genügt es nach der Rechtsprechung des österreichischen Verwaltungsgerichtshofes zur Begründung solcher Ermessensbescheide, wenn die Behörde dartut, daß sie berechtigt war, nach freiem Ermessen vorzugehen. Freilich ist sie gemäß Art. 130 B-VG verpflichtet, von dem ihr eingeräumten freien Ermessen „im Sinne des Gesetzes" Gebrauch zu machen. Besteht aber hinsichtlich der Begründung innerhalb des Ermessensbereiches keine Begründungspflicht, so ist es außerordentlich schwer, eine Verletzung dieses Grundsatzes nachzuweisen. Diese Feststellungen sind nicht nur hinsichtlich der Verpolitisierung der Personalpolitik, sondern überhaupt für die Verpolitisierung der Verwaltung von Bedeutung, da sie das Eindringen parteipolitischer Einflüsse in die Verwaltung begünstigen.

Abgesehen von dem in solchen Fällen wohl meist vorliegenden Beweisnotstand bietet auch die Legitimation zur Beschwerde an den Verwaltungs- oder an den Verfassungsgerichtshof in Österreich durch ihre Beschränkung auf die behauptete Verletzung subjektiver Rechte keine Möglichkeit zu einer umfassenden Kontrolle der Gesetzmäßigkeit der Verwaltung. Insbesondere in der Personalpolitik hat der zugunsten eines anderen Bewerbers um einen bestimmten Posten Übergangene im Verfahren, das zur Ernennung des anderen führte, keine Parteistellung und keine Beschwerdelegitimation. Der Ernannte wird in der Regel keinen Anlaß haben, seine Ernennung anzufechten. Ausnahmsweise kann übrigens auch ein solcher Fall vorkommen: so hat ein vom Bundespräsidenten zum a. o. Professor Ernannter seine Ernennung mit der Begründung angefochten, er hätte zum o. Professor ernannt werden müssen, weil er im Jahre 1945 vom Landeshauptmann des Bundeslandes, in dem die Universität liegt, zum o. Professor ernannt worden war (VerwGH Slg. 1886/51).

Im allgemeinen aber kann gesagt werden, daß eine grundsätzlich — wenn auch gewisse Ausnahmen bestehen — auf den Schutz subjektiver Rechte abgestellte verwaltungsgerichtliche Kontrolle nicht ausreicht, um eine volle Gewähr einer Verfassungs- und Gesetzmäßigkeit der Verwaltung zu gewährleisten, worauf auch Adamovich kürzlich hingewiesen hat[34]: „Eine solche Lage wird vor allem dann gegeben sein, wenn die Verletzung des objektiven Rechts durch den behördlichen Verwaltungsakt den Wünschen der Parteien geradezu entgegenkommt. Zu diesen Fällen gehören rechtlich sehr bedauerliche Erscheinungen, alle jene Akte vor allem, in denen eine Verwaltungsbehörde im Einverständnis mit der an der Sache beteiligten Partei dieser unter Verletzung des Gesetzes rechtliche Vorteile zuwendet, die ihr nicht zuerkannt werden durften. Die weitestgehenden Möglichkeiten für Fälle dieser Art bietet begreiflicherweise der Bereich des freien Ermessens, die Ausnützung des Ermessens zum Ermessensmißbrauch".

Was hier über den parteipolitischen Einfluß in der Verwaltung gesagt wurde, gilt insofern auch für den Bereich der Gesetzgebung, als es praktisch nicht gleichgültig sein wird, ob die an der Legislative beteiligten Beamten parteipolitischen Erwägungen bei ihrer Mitwirkung an der Gesetzgebung Raum geben.

Die Verpolitisierung der Verwaltung hängt wohl entscheidend mit der Stellung und Bedeutung des Berufsbeamtentums zusammen. Sie ist aber — und dies muß nachdrücklich unterstrichen werden — keine Einzelerscheinung für diesen Bereich, da das ganze Leben und nicht nur die öffentliche Verwaltung seit dem Ende des ersten Weltkrieges eine starke — eine viel zu starke — Verpolitisierung aufweist.

Im Zusammenhang mit der Stellung des Beamtentums im Getriebe der Politik steht das Problem der politischen Betätigung der Beamten selbst. Wie bereits an einer anderen Stelle früher erwähnt wurde, stellt das österreichische Bundes-Verfassungsgesetz den Beamten eine politische Betätigung in weitestem Maße frei, indem es (Art. 7, Abs. 2) den öffentlichen Angestellten die ungeschmälerte Ausübung ihrer politischen Rechte gewährleistet und ihnen die Möglichkeit der Bewerbung und Ausübung von Mandaten in Nationalrat, Bundesrat und Landtagen sichert (Art. 59, Abs. 2 und Art. 95, Abs. 5).

---

[34]) aaO S. 127f.

Unter den politischen Rechten sind nach der ständigen Rechtsprechung des Verfassungsgerichtshofes (Slg. 775/27, 1359/30, 1368/31 u. 2311/52) „die politischen Rechte im engeren Sinn, nämlich jene Rechte zu verstehen, die dem Berechtigten einen Einfluß auf die staatliche Willensbildung einräumen, vor allem das Wahlrecht zu allen allgemeinen Vertretungskörpern" (Slg. 1359/30).

Beschränkungen hinsichtlich der sonstigen politischen Betätigung der Beamten können sich dagegen aus den Dienstvorschriften der Beamten ergeben, deren Vorhandensein und Geltung insbesondere nicht dem Gleichheitsgrundsatz widersprechen. Denn der Gleichheitsgrundsatz hindert nach der ständigen Judikatur des Verfassungsgerichtshofs nicht, daß aus wichtigen Gründen des Gemeinwohls einzelne Klassen oder Stände, so auch die Beamten durch die Gesetzgebung besonders behandelt werden und sie besondere Pflichten zu tragen haben (Slg. 216/23, 775/27, 943/28, 2311/52). Aus den Dienstvorschriften können sich insbesondere Einschränkungen des Rechts der freien Meinungsäußerung ergeben, schon im Zusammenhang mit der verfassungsgesetzlich verankerten Pflicht zur Amtsverschwiegenheit.

All dies hängt aber zusammen mit der außerordentlich schwierigen und befriedigend wohl überhaupt nicht lösbaren Frage der Selbstverteidigung des Staates, der liberalen Demokratie im besonderen. Gerade hier muß eine wertneutrale Demokratie versagen, während die wertbetonte Demokratie des Gundgesetzes durch die Möglichkeit der Aberkennung von Grundrechten und des Verbotes politischer Parteien eine aktive Abwehr von ihren Grundsätzen zuwiderlaufenden Bestrebungen ermöglicht. In diesem Sinn konnte daher für die Bundesrepublik mehrfach auch hervorgehoben werden, daß der Staat der politischen Haltung der Beamten keineswegs gleichgültig gegenüberstehen kann[35]), eine Feststellung, die übrigens auch in der historischen Entwicklung des Beamtentums ihre Bestätigung in der Vergangenheit findet, mag freilich auch die Intensität dieses staatlichen Interesses im Lauf der Geschichte sehr abhängig von den Staatsformen und politischen Bestrebungen gewesen sein.

Die österreichische Verfassung kennt keine solchen Möglichkeiten, wie sie eben für die Bundesrepublik erwähnt wurden. Insbesondere wäre daher die Benachteiligung von Beamten auf Grund ihrer politischen Einstellung nur auf besonderer bundesverfassungsgesetzlicher Grundlage möglich, wie sie etwa in der Nationalsozialistengesetzgebung vorliegt.

Bei allen diesen Problemen aber geht es vor allem darum, wie weit die liberale Demokratie hier überhaupt gehen kann, ohne ihre Prinzipien und damit sich selbst aufzugeben, eine Frage, die ins-

[35]) Vgl. auch Beamtenurteil, S. 118

besondere in den Vereinigten Staaten hinsichtlich der Stellung der Beamten und ihrer Haltung gegenüber dem Staat unter dem Schlagwort der „loyalty" lebhafte Diskussionen hervorgerufen hat[36]). Gerade in diesen Fragen aber bedarf nicht nur der Staat, sondern ebensosehr der einzelne eines sicheren Schutzes durch die Entscheidung unabhängiger Gerichte.

Wir haben nun gesehen, daß die Auswirkungen von Staatskrisen auf das Berufsbeamtentum sich seit dem Zusammenbruch der Monarchien in Österreich und Deutschland immer mehr verschärft haben, wofür vor allem die zunehmende Politisierung die Ursache bildet. Nichtsdestoweniger mag gerade der Umstand, daß sich das Beamtentum über alle Krisen hinweg erhalten und sich auch beim Wiederaufbau seit 1945 sehr große Verdienste erworben hat, ein Beweis dafür sein, welcher staatspolitische Wert dieser Institution nach wie vor zukommt, ein Wert, der, der historischen Entwicklung folgend, die Beibehaltung dieser Institution auch für die Zukunft voll zu rechtfertigen vermag.

---

[36]) Hierzu: K. Loewenstein, JurZtg. 7. Jg. 1952, S. 2ff. Der Kommunismus und die amerikanische Verfassung.

Leitsätze des Mitberichterstatters über:

Die Berufsbeamten und die Staatskrisen

1. *Im Zusammenhang mit dem gestellten Thema werden unter Staatskrisen Situationen verstanden, die zu einer mit oder ohne formalrechtlichen Zusammenhang mit der bestehenden Verfassung erfolgenden Totaländerung der Verfassung führen oder führen können. Der Begriff der Totaländerung wird im materiellen Sinn als Änderung eines oder mehrerer der leitenden Grundsätze einer Verfassung verstanden. Die Krise kann entweder durch das Entstehen und die Festigung der neuen Ordnung oder durch den Sieg der bestehenden Ordnung gegen die einen Wandel anstrebenden Kräfte ihr Ende finden. Solche Krisen können auch zum Untergang eines Staates und zur Entstehung neuer Staaten führen.*

2. *Im Hinblick auf die Funktion des Berufsbeamtentums als einer tragenden Säule des Staates und insbesondere im Hinblick auf die besondere Bindung des Berufsbeamten gegenüber dem Staat wird in der Regel mit einer Staatskrise eine Krise des Berufsbeamtentums verbunden sein.*

3. *Die sich aus Staatskrisen ergebenden Einwirkungen auf das Berufsbeamtentum müssen, um ein umfassendes Bild geben zu können, sowohl vom juristischen als vom historisch-soziologischen Standpunkt untersucht werden, insbesondere wenn aus einer Analyse des bestehenden Zustandes Folgerungen für eine künftige Ordnung im Sinn rechtspolitischer Forderungen gezogen werden sollen.*

4. *Für die historische Entwicklung des Berufsbeamtentums in Österreich kann ebenso wie für die Entwicklung im gesamtdeutschen Raum überhaupt festgestellt werden, daß es in engster Verbindung mit der Entwicklung des modernen Staates und zwar wesentlich als Werkzeug des Landesfürsten entstanden ist und daß der engen Bindung gegenüber dem Monarchen gerade in der österreichischen Vielvölkermonarchie eine besonders große Bedeutung zukam. Das Beamtentum als Institution war zwar keine verfassungsmäßig verankerte, wohl aber in der tatsächlichen politischen Grundordnung eine tragende und konservative Einrichtung des Gesamtstaates.*

5. *Der Untergang der Monarchie im Jahre 1918 beraubte das Beamtentum seines festen Bezugspunktes. Das Machtstreben der*

politischen Parteien richtete sich auch auf das Berufsbeamtentum, was in Österreich im Zusammenhang mit dem Übergang zum autoritären Regime der Jahre 1933 bis 1938 deutlich wurde und in den Rechtsnormen dieses Regimes deutlich in Erscheinung trat.

6. *In den ersten Jahren nach dem Zusammenbruch der Monarchie stehen in Österreich solche beamtenrechtliche Fragen im Vordergrund der Rechtsprechung des Verfassungs- und des Verwaltungsgerichtshofes, die mit dem Untergang der Monarchie und mit Fragen der Rechtsnachfolge zusammenhängen und die hier zum Teil ähnliche Lösungen fanden, wie nach dem Wiedererstehen der Republik Österreich im Jahre 1945.*

7. *Weder in der Monarchie noch in der Republik kann von einer völligen politischen Neutralität des Beamtentums gesprochen werden, da es stets eine hervorragende politische Rolle im Staatsleben spielt. Es kann sich daher nur um eine relative Neutralität im Sinne einer Loslösung aus der Parteienpolitik handeln, wenn von einer Entpolitisierung des Beamtentums die Rede ist.*

8. *Die Maßnahmen der Republik Österreich nach dem Zusammenbruch der nationalsozialistischen Herrschaft sind ähnlich denen in der deutschen Bundesrepublik: sie bezwecken einerseits negativ die Ausschaltung jeglichen nationalsozialistischen Einflusses (Entnazifizierung) und anderseits positiv den Wiederaufbau eines neuen österreichischen Beamtentums. Es besteht kein Rechtsanspruch auf Aufnahme in die neuen Personalstände. Die dienstrechtlichen Maßnahmen des Deutschen Reiches nach dem 13. 3. 1938 bis zum 27. 4. 1945 werden nicht als schlechthin nichtig betrachtet. Die im Beamtenurteil und im Soldatenurteil des deutschen Bundesverfassungsgerichts erörterte Frage der Beendigung der deutschen Beamtenverhältnisse des nationalsozialistischen Staates mit dem 8. 5. 1945 ist für Österreich, soweit das österreichische Recht in Betracht kommt, nicht aktuell geworden.*

9. *Bei allen Staatskrisen zeigt sich das Fehlen eines wirksamen Schutzes wohlerworbener Rechte der Beamten. Die Eigentumsgarantie versagt, weil sie nach der ständigen österreichischen Judikatur nur für die Privatrechtssphäre gilt. Ebenso fehlt ein Schutz gegen die Rückwirkung von Gesetzen. Hinsichtlich eines Schutzes der wohlerworbenen Rechte und gegen rückwirkende Gesetze wären verfassungsrechtliche Sicherungen wünschenswert.*

10. *Gegenüber dem zunehmenden Einfluß der politischen Parteien auf die Beamtenschaft ist eine Entpolitisierung in dem Sinn anzustreben, daß das Beamtentum dem von einer einheitlichen, auch von den politischen Parteien anerkannten Staatsidee ge-*

tragenen Staat zu dienen hat. In dieser Hinsicht bietet die wertbetonte, aktive Demokratie des Grundgesetzes der Bundesrepublik Deutschland die Möglichkeit der Entwicklung und des Bestandes einer solchen Staatsidee.

11. *Von besonderer Bedeutung ist eine Entpolitisierung der Personalpolitik, wobei ein Erkenntnis des österreichischen Verfassungsgerichtshofes (vom 9. 12. 1953, B 109/53, Slg. 2602) von Interesse ist, in dem der Gerichtshof ausgesprochen hat,. daß eine aus Gründen der Nichtzugehörigkeit eines öffentlichrechtlichen Angestellten zu einer bestimmten politischen Richtung ausgesprochene Kündigung dem Grundrecht der Gleichheit vor dem Gesetz widerspricht.*

12. *Zusammenfassend kann gesagt werden: Ein für die Stabilität des Staates notwendiges und damit auch gegen das Entstehen von Staatskrisen wirksames, eine objektive Ausübung der staatlichen Funktionen, insbesondere der Verwaltung gewährleistendes Beamtentum bedarf einer einheitlichen Staatsidee, auf der die Verfassung beruht und die eine klare Richtlinie zu geben vermag, es bedarf entsprechender Sicherung der Existenz des einzelnen Beamten mit der Möglichkeit eines Rechtsschutzes durch unabhängige Gerichte und einer Entpolitisierung im Sinn der Herbeiführung und des Bestandes einer parteipolitischen Neutralität bei Ausübung seiner Funktionen.*

3. Aussprache über

Die Berufsbeamten und die Staatskrisen

Giese-Frankfurt a. M.:

Fürchten Sie nicht, daß ich ein umfangreiches Anwaltsplädoyer halte. Ich spreche hier als Mitglied unserer Vereinigung, als Professor emeritus an einer Stätte des freien Meinungsaustausches. Zunächst möchte ich etwas zur Methode bemerken: Ich bin und bleibe positiver Jurist. Darum habe ich mich besonders gefreut, daß auch die Vortragenden heute morgen vom Standpunkt eines positiven Juristen aus gesprochen haben. Ich verkenne keineswegs die Bedeutung der historisch-soziologischen Methode. Jeder soll nach seiner Fasson selig werden. Und sicherlich nimmt auch der positive Jurist Rücksicht auf politische Gegebenheiten, auf historische Tatsachen, auf soziologische Erscheinungen. Ich meine, daß man auch beide Methoden kombinieren kann, daß man, wenn man die eine vertritt, auf die andere Rücksicht nehmen sollte. Wogegen ich mich aber entschieden wenden muß, obwohl die beiden Herren Referenten diesen Fehler durchaus vermieden haben, ist dies, daß man von einer Methode in die andere hin- und herspringt. Es genügt wohl diese Andeutung, welche Rechtsprechung damit gemeint ist.

Nun zum Wert der Rechtsvergleichung. Hier schien ein gewisser Unterschied zu bestehen. Herr Naumann hat die Rechtsvergleichung abgelehnt, Herr Spanner hat seine Ausführungen mehr im Sinne der Rechtsvergleichung gehalten. Vielleicht liegt auch hier das Richtige in der Mitte. Rechtsvergleichung ist oft unentbehrlich. Und gerade beim Berufsbeamtentum kann Rechtsvergleichung wertvoll sein, wenn man nämlich Länder und Verfassungen vergleicht, die sich zum Berufsbeamtentum bekennen. Darüber hinaus freilich wäre eine Rechtsvergleichung bei unserm Problem wohl nicht allzu fruchtbar.

Man konnte heute mancherlei zulernen, man konnte Dinge, die bisher noch nicht ganz klar waren, in größerer Klarheit sehen. So namentlich die Frage nach dem Standort des Beamtenrechts. Ich habe es früher in das Verwaltungsrecht verwiesen. Heute ist mir deutlich geworden, daß das Beamtenrecht grundsätzlich ins Verfassungsrecht gehört, gewiß mit Auswirkungen in andere Rechtsgebiete hinein. Beim Recht des öffentlichen Dienstes der Angestellten kann man über den Standort streiten. M. E. gehört dieser Rechtskomplex, darin stimme ich dem Spezialkenner Herrn Wacke durchaus zu, nicht ins Arbeitsrecht, sondern ins Verwaltungsrecht. Das Beamtenrecht hingegen gehört wissenschaftlich ins Verfassungsrecht.

Das gilt vor allem für das Grundprinzip, das heute so klar herausgestellt worden ist, nämlich das Berufsbeamtenprinzip. Dieses war in der Weimarer Verfassung deutlich zum Ausdruck gelangt. Es ist leider im Grundgesetz nicht ebenso sauber zum Ausdruck gebracht worden. Das Prinzip des Berufsbeamtentums muß aber in einer ordentlichen deutschen Verfassung ausdrücklich enthalten sein. Und wenn es nicht expressis verbis darin steht, muß es zu jenen ungeschriebenen vorkonstitutionellen Rechtsgrundsätzen gerechnet werden, die auch dann gelten, wenn sie nicht besonders erwähnt sind. Es ist ferner Aufgabe der Verfassung, die nötigen verfassungsrechtlichen Sicherungen nicht nur für das Beamtentum im Ganzen, sondern für den einzelnen Beamten persönlich einzubauen. Deshalb bin ich der Meinung, daß in Art. 33 Abs. 5 GG nicht nur das Prinzip des Berufsbeamtentums verankert ist, sondern auch die so viel besprochenen und so oft mißhandelten, weniger von der Theorie als namentlich von der Praxis mißachteten „wohlerworbenen Beamtenrechte". Wenn ein höchstes Gericht anderer Ansicht ist, so ist das namentlich aus prinzipiellen Gründen bedauerlich. Vollends aber ist bedauerlich, ja untragbar, wenn höchste Gerichte untereinander verschiedener Meinung in so wichtigen Fragen sind, wie das zwischen BVerfG und BGH der Fall ist.

Zur Frage der Tragweite des § 31 Abs. 1 BVerfGG hat der erste Referent nur kurz Stellung genommen. Ich möchte hierzu ergänzend bemerken, daß ich mich inzwischen vollkommen davon habe überzeugen lassen, daß nur der Tenor des Urteils für andere Organe, Behörden, Gerichte usw. verbindlich sein kann. Diese Erkenntnis verdanke ich dem jüngst veröffentlichten Vorlagebeschluß des Bundesgerichtshofs vom Mai dieses Jahres zum 131er-Gesetz, über den ich demnächst in der Berliner Zeitschrift „Juristische Rundschau" berichten werde.

Die wenig glückliche Fragestellung, ob die Ermächtigung in Art. 131 GG konstitutiv oder deklaratorisch zu deuten sei, möchte ich nicht erneut kritisieren. Hauptsache ist dies: Man kann den Art. 131 so oder so auslegen. Eins aber sollte man dabei nicht verkennen, etwas, worauf uns leider das BVerfG — von seinem Standpunkt aus freilich konsequent — keine Antwort gegeben hat. Es ist die Erkenntnis, daß der Gesetzgeber bei der Durchführung des Art. 131 jedenfalls nicht verstoßen durfte gegen gewisse fundamentale Bestimmungen der Grundrechte, vor allem nicht solche Grundrechte, die als Menschenrechte im Naturrecht wurzeln. Von Einzelfragen könnte in diesem Sinne noch herausgegriffen werden das Prinzip der Gleichheit. Es ist von Herrn Bachof einmal gesagt worden, der Gesetzgeber habe die Ungleichheit nicht geschaffen, sondern vorgefunden. Nun, dann wäre es doch seine Aufgabe gewesen, die Gleichheit wieder herzustellen, vor allem aber keine neuen Ungleichheiten zu schaffen.

Interessant war mir zu hören, daß in der Frage der Enteignung von Rechten in Österreich die Auffassung nicht nur vertreten, sondern herrschend ist, daß nur Privatrechte enteignet werden können. Man kann darüber streiten, was in der Bundesrepublik rechtens sei. Bekanntlich steht der Bundesgerichtshof auf dem Standpunkt, daß auch öffentliche Rechte enteignet werden können. Anders bekanntlich das BVerfG. Wie dem auch sei — das Schlimme dabei ist wieder, daß in einer so wichtigen Frage zwei höchste Gerichte der Bundesrepublik in ihren Meinungen auseinandergehen.

Nun eine kritische Bemerkung zu den Ausführungen des Herrn Referenten Naumann. Er sprach von einer „lastenausgleichsähnlichen" Situation nach dem Zusammenbruch. Das klingt doch bedenklich nach dem Postulat der Einschaltung finanzpolitischer Elemente in juristische Deduktionen. Der Ernst der finanzpolitischen Lage von 1945 steht außer allem Zweifel. Aber bei juristischen Wertungen, auch bei der Handhabung des Gleichheitsprinzips, scheint es mir doch verfehlt, mit Erwägungen rein finanzieller oder gar fiskalischer Natur zu arbeiten. Auch eine Verwendung konkursähnlicher Tatbestände ist m. E. abzulehenen.

Endlich noch ein Wort zum Fortbestehen der Beamtenverhältnisse nach Untergang des sog. Dritten Reichs. Es wurde mit Recht betont, daß das positive Recht für die Kontinuität des Beamtenrechts und aller beamtenrechtlichen Stellungen spricht. Aber auch das uns von den Besatzungsmächten aufgenötigte Gesetz zur Befreiung von Nationalsozialismus und Militarismus dürfte ein Argument für die Kontinuität sein. Das Gesetz läßt zwingend erkennen, daß es das Fortbestehen der Beamtenverhältnisse schlechthin voraussetzt. Welchen Sinn hätte es sonst überhaupt für die Beamtenschaft haben können, für die es neben den Angestellten doch die größte und wichtigste Rolle gespielt hat?

Abschließend sei mir gestattet, dem Vorstand unserer Vereinigung dafür zu danken, daß er so aktuelle Probleme auf die Tagesordnung gesetzt hat. Es lag darin das große Vertrauen, daß wir unsere Kritik nicht mißbrauchen würden. Es lag darin zugleich die Erkenntnis, daß das politisch heiße Eisen uns Juristen nicht hindern darf, dazu juristisch Stellung zu nehmen und daß wir solcher Beschränkung fähig sind.

Helfritz-Erlangen: Die ausgezeichneten Ausführungen der Herren Berichterstatter sowie des Herrn Vorredners lassen in erfreulicher Weise keinen Zweifel an der Tendenz der Erhaltung des Berufsbeamtentums in seiner historisch gewordenen Eigenart. Ich habe ihnen insofern nichts hinzuzusetzen und möchte mich nur auf den kurzen Hinweis beschränken, daß gegenwärtig die Bestrebungen einer Angleichung des öffentlich-rechtlichen Beamtenverhältnisses an das privatrechtliche Arbeitsverhältnis nicht etwa erloschen sind, sondern vielmehr der Beachtung bedürfen. Es handelt sich hierbei insbesondere um den zur Zeit dem Bundestag zur Beratung vorliegenden Entwurf eines Gesetzes über die Personalvertretungen in den öffentlichen Verwaltungen und Betrieben des Bundes. Der Entwurf sieht nach den Beschlüssen des Ausschusses eine gemeinsame Personalvertretung und Personalversammlung für Beamte und Richter, Angestellte und Arbeiter bei den Verwaltungen, Gerichten und Betrieben des Bundes und der bundesunmittelbaren Körperschaften, Anstalten und Stiftungen des öffentlichen Rechtes als „Bedienstete" in §§ 1 und 2 vor. Beamte und Richter bilden eine gemeinsame Gruppe neben den Gruppen der Angestellten und Arbeiter. Beratung und Beschlußfassung im Personalrat erfolgt in gemeinsamer Sitzung. Nur darf bei Angelegenheiten, die lediglich die Angehörigen einer Gruppe betreffen, der Beschluß des Personalrats nicht gegen die Mehrheit der Stimmen der anwesenden Gruppenvertreter erfolgen (§ 36).

Dies entspricht nicht der Verschiedenheit der bisher getrennt gehaltenen Gebiete des privatrechtlich aufgebauten Arbeitsrechts und des dem öffentlichen Rechte angehörenden Beamtenrechts, zumal gewisse Entscheidungen verwaltungsrechtlicher Art den Arbeitsgerichten übertragen werden. Es widerspricht auch dem Art. 130 Abs. III der Weimarer Verfassung „Die Beamten erhalten nach näherer reichsgesetzlicher Bestimmung besondere Beamtenvertretungen", der nach herrschender Auffassung als nach dem Bonner Grundgesetz Art. 33 Abs. V fortbestehend anerkannt werden muß. Vermehrt ist dies der Fall, wenn zu den Sitzungen des Personalrats ein Beauftragter einer dem Betrieb fremden Gewerkschaft mit beratender Stimme auf Antrag von einem Viertel der Mitglieder des Personalrats hinzuzuziehen ist (§ 34), ähnlich wie an allen Personalversammlungen Beauftragte der in der Dienststelle vertretenen Gewerkschaften teilnehmen (§ 49).

Ohne Zweifel liegt in den Bestimmungen des Entwurfs so, wie sie vom Ausschuß geändert worden sind, der Versuch eines Einbruchs in die Rechtsstellung des Berufsbeamtentums vor, zugleich aber auch einer parteipolitischen Beeinflussung und damit eine Bedrohung der Unparteilichkeit der Beamten, die gerade in Art. 130 Abs. I der Weimarer Verfassung und somit in Art. 33 Abs. V des Bonner Grundgesetzes betont wird, im übrigen zu den selbstverständlichen Grundsätzen eines Rechtsstaates gehört. Wenn die durch die Staatskrise auch für das Berufsbeamtentum entstandene Krise von 1945 in der Hauptsache für das letztere auch als überwunden angesehen werden kann, so wird es sich doch empfehlen, mit besonderer Aufmerksamkeit das Zustandekommen solcher

Gesetze zu verfolgen, die scheinbar nur Nebensachen regeln, in Wahrheit aber ein wohlerworbenes Recht, wie hier das der selbständigen Vertretung der Beamtenschaft, beseitigen, zugleich aber die so notwendige unparteiische Stellung der Berufsbeamten praktisch unterhöhlen.

Jellinek-Heidelberg: Wenn ich etwas an dem schönen Vortrag von Herrn Naumann bedaure, so dies, daß er die These für richtig hält, die Gerichte seien an die tragenden Gründe der Entscheidungen des Bundesverfassungsgerichts gebunden. Dadurch wurde den ausgezeichneten Ausführungen viel von ihrer Durchschlagskraft genommen. Gerade hier in Tübingen, wo Herr Schneider einen Alarmruf ausgestoßen hat gegen diese These, müssen wir mit allem Nachdruck gegen sie Stellung nehmen.

Vor allem war man über das Beamtenurteil des Bundesverfassungsgerichts deshalb so erstaunt, weil es gegen alle Erwartungen kam. Vielleicht kann sich hierüber Herr Giese näher äußern, da er bei der Verhandlung anwesend war. Nach den Zeitungsberichten jedenfalls wurde die Frage, ob das alte Berufsbeamtentum mit dem 8. 5. 1945 beseitigt war, nicht so klar in den Kreis der Betrachtungen gestellt, daß man nicht über diese äußerst befremdende Konstruktion sehr erstaunt sein mußte. Ganz allgemein fallen manche Entscheidungen des Gerichts gegen alle Erwartung aus, weil das Für und Wider vorher nicht richtig erörtert wurde. Dies gilt notgedrungen von den ohne mündliche Verhandlung ergehenden Entscheidungen, in denen einmal ein Antrag als offensichtlich unbegründet abgetan wurde, für den sich in einem Parallelfall ein erheblicher Wissenschaftler eingesetzt hatte. Ich fragte nachträglich einen Richter des entscheidenden Senats, wie der Senat zu dieser Entscheidung gekommen sei; der Richter erwiderte, er könne es nicht sagen, er habe dabei nicht mitgewirkt. Als aber das Urteil heraus war, mußte ich feststellen, daß sein Name darunter stand.

Auch bei staatsrechtlichen Fragen kann man an die bekannte Regelung des schweizerischen Zivilgesetzbuches in dessen Art. 1 anknüpfen, daß man bei zweifelhafter Rechtslage bewährter Lehre und Überlieferung folgen solle. Zur bewährten Lehre und Überlieferung im Staatsrecht gehört aber die Auffassung, daß der Staat eine juristische Person sei. Dies ist seit Wilhelm Eduard Albrechts berühmter Kritik in den Göttinger Gelehrten Anzeigen von 1837 Gemeingut der Staatsrechtswissenschaft geworden. Auch Otto Mayer, der hiergegen Stellung nahm, gab doch zu, daß der Staat eine Überperson sei, also zwar unterschieden von sonstigen juristischen Personen, aber doch immerhin Person. Die These hat sich, wie die Entwicklung zeigt, durchgesetzt. Beim Wechsel des monarchischen Herrschers war es früher üblich, daß der Beamte dem neuen Herrscher einen Treueid leistete. Dies kam aber bald in Vergessenheit, ein Beweis dafür, daß der Beamte dem Staat als solchem diente, und nicht dem Herrscher. Ebenso war es früher üblich, daß beim Wechsel des Staatsoberhauptes der Gesandte abberufen und dann neu akkreditiert wurde. Dies wurde aber allmählich nur noch eine Formsache. Aber auch beim NS-Staat war es nicht anders. Das Gesetz über die Wiederherstellung des Berufsbeamtentums von 1933 geht augenscheinlich davon aus, daß die Beamtenverhältnisse bestehen blieben und nur politisch bedingte Änderungen eintraten. Der Kronjurist des Dritten Reiches, Reinhold Höhn, hat die Theorie aufgestellt, daß der Staat ein Machtapparat sei, und scharf zwischen den Beziehungen innerhalb der Partei, wo Hitler der Führer war, und solchen gegenüber dem Machtapparat, dem der Beamte eingegliedert war, unterschieden. Auch hier also der Gedanke, daß der Beamte nicht einfach ein Funktionär der NSDAP war. Als die Sowjetunion 1917 erklärte, daß sie an früher abgeschlossene Verträge nicht gebunden sei, widersprach dies allgemeinem Herkommen und wurde nicht als richtig anerkannt.

Weshalb hat das Bundesverfassungsgericht so weit ausgeholt? Es waren m. E. zwei Gründe. Einmal, daß in den Besatzungszonen verschiedenes Recht galt. Die Amerikaner haben immer daran festgehalten, daß die Entlassungen der Beamten echte Entlassungen waren. In der britischen Zone sollten es nur Suspendierungen gewesen sein. Man kann dem Bundesverfassungsgericht nachfühlen, daß es in dieser grundlegenden Frage die Bundesrepublik nicht spalten wollte, hier mußte gleiches Recht für alle gelten. Der zweite Grund war die Ansicht von der Gebundenheit des Verfassungsgebers an überverfassungsmäßige Normen. Hier sollte man aber sehr zurückhaltend sein und nur wirklich unerträgliche Verfassungsbestimmungen als verfassungswidrig ansehen. In der hessischen Verfassung von 1946 finden sich Andeutungen hierüber. Normalerweise muß man dem Verfassungsgeber, also dem Parlamentarischen Rat, wenn er nicht absolut willkürlich handelte, das Recht zugestehen, Normen zu schaffen, die keine Nachprüfung vertragen. So war es mit Art. 131. Man wollte hier eine ganz schwierige Frage lösen. Der Verfassungsgeber konnte daher alle Klagen der verdrängten und entfernten Beamten zunächst für unzulässig erklären und dem zu Art. 131 zu erlassenden Gesetz gestatten, unter Abwägung des Für und Wider Rechte und deren Klagbarkeit in dem Maße zuzulassen, wie es dem Gesetzgeber gut schien. Diese Begründung hätte das Beamtenurteil getragen, ohne daß es notwendig war, die erstaunliche und den Tatsachen nicht entsprechende These aufzustellen, daß alle Beamtenverhältnisse in der Bundesrepublik am 8. 5. 1945 erloschen seien.

Wenzel-Erlangen: Die These des BVerfG von dem Untergang der Beamtenverhältnisse als Folge des Zusammenbruches 1945 widerspricht u. a. auch der für die Rechtslage maßgeblichen Auffassung der Besatzungsmächte, die in ihren Proklamationen, Direktiven und von ihnen erlassenen oder veranlaßten „Befreiungsvorschriften" eindeutig von dem Fortbestand nicht bloß des deutschen Beamtenrechts, sondern auch der Beamtenverhältnisse ausgingen. Das Gleiche ergeben entgegen der Ansicht des BVerfG auch die Verhandlungen des Parl Rates über den Art. 131 GG. Lediglich der Abgeordnete Zinn hatte die Untergangsfrage berührt, aber bemerkt, daß er die Fortgeltung des Beamtenrechts dahingestellt sein lasse, und gefordert, daß in Art. 131 diese Rechte beschränkt, insbesondere das Recht auf Wiedereinstellung aberkannt werden sollten. Man hat sich dann auf die Sperrvorschrift des Art. 131 S. 3 geeinigt. Diese ist nur verständlich bei Annahme des Fortbestehens der Beamtenrechte. Ebenso gingen der Reg.-Entwurf und die Bundestagsverhandlungen zum 131-Gesetz klar vom Fortbestehen aus, haben also den Auftrag des Art. 131 nicht als einen „Fürsorgeauftrag" (BVerfG) aufgefaßt. Die gesetzliche Regelung knüpft bewußt an die Beamtenverhältnisse an, wie sie vor dem „Ausscheiden aus anderen als beamtenrechtlichen Gründen" bestanden. Sollte sie doch den von den Ländern hinsichtlich der „Ausgeschiedenen" geschaffenen unhaltbaren Zustand beseitigen. Dies Fortbestehen schließt eine „konstitutive" Regelung (neben der „deklaratorischen") durchaus nicht aus (wie auch das Bundesbeamtengesetz beweist); aber diese findet ihre Grenzen an den Vorschriften des GG, insbesondere den Grundrechten, was auch das BVerfG zugibt (anders der Reg.-Entwurf). Die Kernfrage des 131er Problems ist also: Sind die Schranken des GG (Art. 3, 5 III, 14, 33 V, 139) bei der Regelung der fortbestehenden Beamtenverhältnisse durch das 131-Gesetz respektiert worden? Man wird dies bei manchen Bestimmungen verneinen müssen. Jedoch ist zu unterscheiden zwischen der Notzeit des Staates im ersten Jahrfünft nach dem Zusammenbruch und der späteren Zeit. Da der Art. 131 zur Regelung der Beamtenverhältnisse vom Zeitpunkt des Zusammenbruchs ab, also auch für die Notzeit ermächtigte, so muß man den Bundesgesetzgeber für berechtigt halten, die Ansprüche der 131er Beamten und Versorgungsberechtigten der Notlage des Staates anzupassen (vgl. BGH Gr. Senat Gutachten vom 20. 5. 1954 unter B III 3c u. V, ZBR 1954 S. 252f., 254). Er durfte aber den Alimentationsanspruch der Beamten auf Lebenszeit und der Versorgungsberechtigten keinesfalls ganz beseitigen, wie das durch § 77 I geschehen ist. Das verstößt gegen Art. 14 und 33 V GG. Man kann gegen solche Kürzung der Bezüge nicht einwenden, daß dadurch der Gleichheitssatz verletzt werde, da die Länder die Bezüge ihrer Beamten und Versorgungsberechtigten damals nicht der Notlage entsprechend herabgesetzt haben. Denn diese Unterlassung der Länder kann von dem erst nach der Notzeit tätig gewordenen Bundesgesetzgeber nicht mehr korrigiert werden, andererseits ihn aber auch nicht binden, seinerseits ebenfalls die Notlage des Staates unberücksichtigt zu lassen. Dies gilt aber nur für die Zeit der Notlage! Mit ihrem Wegfall, insbesondere als der Bundesgesetzgeber bei der Regelung der Bezüge der Bundesbeamten eine Notlage nicht mehr annahm, mußte die ungleiche und benachteiligende Behandlung der 131er Beamten gegenüber den übrigen den Gleichheitssatz verletzen.

Forsthoff-Heidelberg: Der von Herrn Geheimrat Apelt geäußerten Ansicht, das Problem der Diskontinuität sei ein politisches und entziehe sich der Aussage des Juristen, vermag ich so, wie sie ausgesprochen wurde, nicht beizutreten. Die Diskontinuität versteht sich von selbst, wenn ein Staatswesen mit allen seinen Merkmalen (Staatsgebiet, Staatsgewalt, Staatsvolk) zu bestehen aufhört. Diese Fälle sind selten und juristisch uninteressant. Der typische Fall, in dem die Frage der Diskontinuität akut wird, ist der, daß die Staatsgewalt, insbesondere die sie ordnende Verfassung, untergeht, aber die übrigen Merkmale der Staatlichkeit: Staatsgebiet und Staatsvolk bestehen bleiben. In dieser Lage befand sich die Rußland 1917, das Deutsche Reich 1945. Die Diskontinuitätserklärung der revolutionären russischen Regierung macht deutlich, um was es bei der Diskontinuität geht: um die Lossagung von den Verbindlichkeiten des vorangegangenen Regimes. Die Diskontinuität versteht sich unter solchen Voraussetzungen keineswegs von selbst. Sie tritt nicht ipso jure ein, sondern sie wird durch eine hoheitliche, hochpolitische Entscheidung erst geschaffen.

Deshalb steht der Jurist grundsätzlich auf dem Boden der Kontinuität. Diskontinuität kann es für ihn nur geben, wenn sie durch eine solche politische Entscheidung geschaffen worden ist. Die Diskontinuität ist nicht mit den Mitteln juristischer Logik deduzierbar. Deshalb hat der Jurist auch nicht die Möglichkeit, selbständig über Kontinuität oder Diskontinuität zu entscheiden. Das Beamtenurteil des Bundesverfassungsgerichts hat es versucht, eine partielle Diskontinuität hinsichtlich der Beamtenverhältnisse aus deren Verflechtung in den nationalsozialistischen Führerstaat im Wege des juristischen Folgerns abzuleiten. Dieser Versuch konnte nicht gelingen, weil er die Grenzen der juristischen Erkenntnis überschritt und in Wirklichkeit nur eine politische Entscheidung motivierte. Eine solche Entscheidung zu treffen, wäre aber ausschließlich Sache der politischen Instanzen gewesen, die sie aber bekanntlich nicht getroffen hatten. Das Urteil ist deshalb ein den gegenwärtigen Justizstaat charakterisierender, apokrypher Souveränitätsakt.

Noch ein Wort über die beamtenrechtliche Bedeutung des Urteils. Seit dem Jahre 1918 ist ein deutliches Gefälle in den Auswirkungen der Verfassungsumbrüche auf das Berufsbeamtentum wahrzunehmen. Die unvermeidliche Folge ist, daß ein Gefühl der Unsicherheit in der Beamtenschaft ständig zugenommen hat. Dieses Gefälle wird durch das Urteil erheblich gesteigert. Es belehrt den Beamten dahin — und daran ändern auch die differenzierenden Wertungen in der Begründung nichts — daß er bei einem Verfassungswechsel schutzlos wird. Schutz und Gehorsam aber gehören unlösbar zusammen. Die Problematik des Schutzes ist immer zugleich auch eine Problematik des Gehorsams. Deshalb hat das Urteil für den Staat als Gehorsam heischenden Dienstherrn der Beamten Weiterungen, die sich zur Zeit schwerlich übersehen lassen.

Das Urteil deckt die Schwäche auf, in die das Beamtenrecht als Ganzes durch die Wirrnisse der Verfassungsentwicklungen seit 1918 geraten ist. Ich habe darauf schon früher hingewiesen und die Frage gestellt, ob das notwendige Maß von Schutz den Beamten nicht eher gesichert wäre, wenn ihre Rechtsverhältnisse in das ungleich stabilere Element des Arbeitsrechts überführt würden. Diese Erwägung ist auf entschiedene Ablehnung gestoßen. Ich habe dafür volles Verständnis, da ich den hohen Wert der beamtenrechtlichen Traditionen nicht weniger schätze als die Gegener solcher Überlegungen. Ich gebe nur eines zu bedenken. Der Aufstieg des Staatsdienertums zum Staatsbeamtentum im Anfang des vorigen Jahrhunderts wurde ermöglicht durch die äußere und damit auch innere Selbständigkeit, die dem Beamten mit der Garantie der wohlerworbenen Rechte verliehen war. Der Abbau dieser Garantie bedeutet zugleich den Abbau dieser Selbständigkeit, ein Vorgang, der die Struktur des Berufsbeamtentums grundlegend verändern muß. Denn es ist gerade die Selbständigkeit, die den Beamten über den Staatsdiener hinaushebt.

Friesenhahn-Bonn: Ich habe lange geschwankt, ob ich in dieser Diskussion das Wort ergreifen sollte. Da aber ein Urteil des Bundesverfassungsgerichts hier heftig angegriffen wird, dürfte für ein Mitglied dieser Vereinigung, das zugleich Mitglied des Bundesverfassungsgerichtes ist, eine gewisse Verpflichtung bestehen, sich zur Sache zu äußern. Ich kann dies um so eher tun, als ich Mitglied des Zweiten Senates bin und darum mit dem hier so lebhaft kritisierten Beamtenurteil des Ersten Senates nichts zu tun hatte und für die Begründung keine Verantwortung trage. Ich kann Ihnen sogar erklären, daß ich von der Begründung genau so überrascht war wie Sie, und daß ich sie ursprünglich heftig abgelehnt habe. Gerade aber Ausmaß, Inhalt und Form der Kritik haben mich dazu gebracht, mich allmählich mit der Begründung mehr zu befreunden.

Ich besitze also die „Keckheit“, trotz der Referate und der bisherigen Diskussionsbeiträge das Wort zu nehmen, und nehme mir sogar die Freiheit, Gedankengänge zu entwickeln, die von den bisher vorgetragenen grundsätzlich abweichen. Ich muß mich dabei allerdings auf Andeutungen beschränken und kann nicht auf alle Einzelheiten eingehen. Immerhin darf ich bitten, da ich ja hier als Vertreter einer hoffnungslosen Minderheit spreche, es mir zu gestatten, daß ich mich nicht so genau an die Redezeit halte.

Zunächst noch eine kurze Antwort an Herrn Jellinek: Nach meiner bestimmten Erinnerung hat der Präsident des Ersten Senates in der Verhandlung an die Vertreter der Antragsteller eine Frage gerichtet, die darauf zielte, die Fortdauer der Beamtenverhältnisse über den 8. 5. 1945 hinaus in die Erörterung einzuschließen; und wenn ich mich nicht sehr irre, hat Herr Giese sogar auf diese Anfrage geantwortet. Ich bin bereit, Herrn Jellinek das Band in Karlsruhe vorspielen zu lassen, damit er sich davon überzeugen kann, daß also von einer Überrumpelung der Antragsteller durch die Begründung des Urteils wohl kaum die Rede sein kann.

Das Thema „Die Berufsbeamten und die Staatskrisen“ war ganz allgemein gestellt worden. Demgegenüber hat Herr Naumann nach meinem Dafürhalten in seinem Referat zu stark das Urteil des Bundesverfassungsgerichtes in den Mittelpunkt gerückt. Herr Spanner hat dankenswerterweise an einigen Punkten seines Referates die grundsätzlichen Fragen angerührt, auf die es in erster Linie ankommen dürfte, und er hat überdies unser Gespräch durch das Material aus der österreichischen Gesetzgebung und Praxis bereichert.

Die erste Frage ist also die: Was war mit der Themenstellung eigentlich bezielt? Man könnte sich vorstellen, daß dieses Thema nach einer dreifachen Richtung bearbeitet wird:

1. Eine geschichtliche Darstellung. Schon ein Bericht, wie es tatsächlich gewesen ist, wie es mit den Berufsbeamten in oder nach Staatskrisen gehalten wurde, dürfte von größtem Interesse sein. Leider haben die beiden Referate in dieser Hinsicht nur wenig gebracht.
2. Man könnte die Frage einengen auf das positive deutsche Verfassungsrecht der Gegenwart: Wie stellen sich die Rechte der am 8. 5. 1945 im Amte befindlich gewesenen Beamten gegen die Bundesrepublik Deutschland und ihre Länder?
3. Unser eigentliches Anliegen aber sollte doch wohl die grundsätzliche systematische Deutung des Verhältnisses der Berufsbeamten zum Staat sein, der Versuch einer Erklärung, warum es bei den historischen Staatskrisen so oder anders gewesen ist. Wir müßten versuchen, einen Standpunkt zu gewinnen, von dem aus wir beurteilen können, ob bestimmte

Gesetze oder Verwaltungsmaßnahmen, durch die ein Staat in oder nach einer Krise die Rechtsstellung seiner Beamten ordnet, gerechtfertigt sind oder nicht.

Diese letzte Dimension habe ich in den Referaten weitgehend vermißt.

Das Thema konfrontiert die „Berufsbeamten" und die „Staatskrisen". Man muß also zunächst einmal danach fragen, was darunter zu verstehen ist.

Was macht das Wesen des Berufsbeamten aus? Das ist nach meiner Meinung in den Referaten nicht klar genug herausgearbeitet worden.

Es hat den Anschein, als ob manche Leute als Hauptbegriffsmerkmal, als das eigentlich Wesentliche des Berufsbeamten annehmen, daß er alle Staatskrisen in seiner persönlichen Rechtsstellung völlig unangetastet überdauert. Das aber dürfte sicherlich nicht richtig sein.

Der Begriff des Berufsbeamten — darüber dürfte in unserem Kreise wohl Einigkeit bestehen — kann nur aus einer historisch-soziologischen Betrachtungsweise gewonnen werden.

Zwei Elemente dürften vor allem wesentlich sein, die in den beiden Referaten in unterschiedlicher Dosierung hervortraten. Herr Naumann legte besonderes Gewicht auf die Versachlichung (Neutralität) des Berufsbeamtentums (These 5, Satz 2), während Herr Spanner in der Begründung seiner Thesen 7 und 10 insbesondere auch den politischen Gehalt des Berufsbeamtentums hervorhob, von der Verbindung mit dem jeweiligen Machthaber sprach.

Jedenfalls dürfte darüber Übereinstimmung herrschen, daß das Berufsbeamtentum eine tragende Einrichtung des modernen Staates ist. Daher wäre wohl eher der Schluß gerechtfertigt, daß dieses Berufsbeamtentum von Staatskrisen nicht unberührt bleiben kann.

Bei den „Staatskrisen" müßten zunächst einmal die verschiedenen Typen unterschieden werden. Was verstehen wir überhaupt unter einer Staatskrise? Welches Ausmaß kann eine Staatskrise annehmen? Worin unterscheiden sich die verschiedenen Staatskrisen? Wie ist das Verhältnis des Staates zu seiner Verfassung und wie wirken sich also Verfassungswechsel auf den Staat aus? Herr Spanner hat bereits auf einiges hingewiesen und vor allen Dingen dargelegt, daß die bloße Verfassungsänderung selbstverständlich nicht als eine Staatskrise behandelt werden kann. Für mich ist aber z. B. auch evident, daß der Übergang von der nationalsozialistischen Diktatur zur freiheitlichen Demokratie des Bonner Grundgesetzes für unser Thema etwas fundamental anderes bedeutet hat als der Übergang von der konstitutionellen Monarchie zur konstitutionellen Demokratie der Weimarer Reichsverfassung.

Je nach dem Grad der Nähe oder Ferne des Berufsbeamtentums zum Staat,
je nach dem „politischen" Gehalt des Berufsbeamtentums
je nach dem Verhältnis von Staat und Verfassung und nach dem konkreten Gehalt der Staatskrise,
wird die Situation des Beamtentums bei einer Staatskrise unterschiedlich zu beurteilen sein.

Bezogen auf die Situation der deutschen Beamten am 8. 5. 1945 kann die Kernfrage unseres Themas nur lauten: Wie wären die Rechte der am 8. 5. 1945 im Amt befindlichen Beamten zu beurteilen, wenn das Grundgesetz darüber gar nichts sagte? Ich möchte also die Diskussion von dem Art. 131 GG etwas ablenken und bin Herrn Forsthoff besonders dankbar, daß auch er diese grundsätzliche Seite des Themas angerührt hat.

Herr Naumann hat in These 3 bereits zutreffend ausgeführt, daß unsere Frage nichts zu tun hat mit dem Problem der Kontinuität und Identität des Deutschen Reiches. Auch wer die Kontinuität des Deutschen Reiches anerkennt, kann doch eine Diskontinuität für die Beamtenrechte bejahen.

Es handelt sich aber hier überhaupt nicht um eine Frage, die auf das Beamtenrecht beschränkt wäre, sondern um das Problem der sogenannten wohlerworbenen Rechte schlechthin. Die Frage ist die, ob bei einem Verfassungswechsel Rechte gegen den Staat, die unter der alten Verfassungsordnung erworben waren, für die neue Verfassungsordnung unantastbar sind, insbesondere dann, wenn die neue Verfassungsordnung in einem so diametralen Gegensatz zur früheren Verfassungsordnung steht wie das Bonner Grundgesetz zur Nazidiktatur.

Herr Forsthoff hat es als die grundsätzliche Aufgabe des Juristen bezeichnet, für die Kontinuität einzutreten. Ich kann dies nicht zugeben, bin vielmehr der Meinung, daß hier genauer unterschieden werden muß, und daß jedenfalls für die Rechte der Beamten, die ja in besonderer Weise mit dem Staat in seiner bisherigen Verfassungsordnung verbunden waren, die Diskontinuität gemäßer ist als die Kontinuität.

Vielleicht ist es nützlich, daß wir uns hier am Rande doch erinnern, daß unsere Stellungnahme auch einmal bedeutsam werden könnte für die Frage, wie bei der Wiedervereinigung die Rechte zu beurteilen sind, die im öffentlichen Dienst der Sowjetzonenrepublik erworben worden sind.

Es geht bei unserem Problem überhaupt nicht um das Institut des Berufsbeamtentums. Auch wenn die alte Verfassungsordnung u n d die neue Verfassungsordnung das Institut des Berufsbeamtentums anerkennen, kann keineswegs gefolgert werden, daß die neue Ordnung alle Beamten in ihrer unter der alten Ordnung erworbenen Rechtsstellung übernehmen und ihnen den Schutz der neuen Verfassung gewähren muß. Das ergibt sich m. E. gerade aus dem Wesen des Berufsbeamtentums, aus dem von Herrn Spanner mit Recht hervorgehobenen politischen Gehalt des Berufsbeamtentums. Das muß erst recht gelten, wenn die Beamten so stark mit dem betreffenden Regime verbunden waren, wie es im nationalsozialistischen Staat der Fall gewesen ist.

Herr Naumann ist nach These 6 wohl der Meinung, daß bei einem Verfassungswechsel die Beamten ihre Rechte in vollem Umfange behalten, wenn sie nicht positiv aufgehoben werden.

Er hat allerdings nach meiner Erinnerung nicht näher untersucht, ob und in welchem Ausmaß denn nun eine solche Beseitigung erworbener Rechte gerechtfertigt sein würde, wer sie vornehmen kann, und auf welcher Stufe der Rangordnung der Normen sie erfolgen müßte.

Ich bin demgegenüber der Meinung, daß der Staat nach einem Verfassungswechsel grundsätzlich die Freiheit der Entscheidung hat, ob und welche Beamte er in seine Dienste wieder aufnimmt. Es bedarf also vom Boden meiner These aus der Aufnahme einer besonderen Bestimmung über die Sicherung der früher erworbenen Rechte in die neue Verfassung, wenn allen alten Beamten mit Verfassungskraft ihre erworbenen Rechte garantiert werden sollen. Die bloße Anerkennung des Instituts des Berufsbeamtentums in der neuen Ordnung schließt das nicht ein.

Herr Spanner hat uns das Beispiel des österreichischen Gesetzes gebracht, das ebenfalls von der Diskontinuität der Beamtenverhältnisse bei Staatskrisen ausgeht. Leider hat er uns aber nur das Faktum dieses Gesetzes berichtet, ohne zu diesem Faktum grundsätzlich wertend im Rahmen unseres Themas Stellung zu nehmen.

Ich darf daran erinnern, daß es in den Jahren 1930/31 schon einmal eine große Kontroverse um die wohlerworbenen Rechte der Beamten gegeben hat — auch damals befand ich mich in der hoffnungslosen Minderheit. In jener Kontroverse ist auch herausgearbeitet worden, daß es das Anliegen des Art. 129 der Weimarer Reichsverfassung gerade war, neben der verfassungsrechtlichen Sicherung der Institution des Berufsbeamtentums als solchen, die Rechte der bei der Revolution im Dienste befindlichen Beamten zu sichern.

Aus dieser grundsätzlichen Sicht heraus könnte man auch dem Art. 131 GG die Auslegung geben, daß er verfassungsrechtlich nichts anderes sagt, als was seinem Wortlaut entspricht, daß er also keineswegs mit verfassungsrechtlicher Wirkung den Fortbestand der bisherigen Beamtenverhältnisse anerkennt und die Wahrung aller unter der früheren Verfassung erworbenen Beamtenrechte garantiert.

Ich kann diese These auch gar nicht als so ungeheuerlich empfinden. Man muß ja doch die praktischen Folgen beachten, und in aller Regel wird der Staat unter seiner neuen Verfassungsordnung bis auf wenige Ausnahmen die alten Beamten wieder in seinen Dienst stellen und ausdrücklich oder stillschweigend ihre alten Rechte in die neue Ordnung überführen.

Auch der Hinweis auf den „Lokomotivführer" und andere Berufsbeamte, deren Tätigkeit keineswegs „politisch" affiziert sei, kann mich nicht vom Gegenteil überzeugen. Wir müssen doch wohl als Staatsrechtler von dem einheitlichen Begriff des Beamten ausgehen, für den einerseits ganz allgemein die Staatsbezogenheit maßgebend ist, und für den andererseits feststeht, daß er grundsätzlich mit hoheitlichen Aufgaben betraut ist. Insofern kann also nicht unterschieden werden nach den verschiedenen Tätigkeitsarten der Beamten. Ich habe sonst nirgends gefunden, daß bei grundsätzlichen Erörterungen über die Rechte und Pflichten der Beamten zwischen den Beamten nach ihren verschiedenen Tätigkeitsgebieten unterschieden wird.

Wenn geltend gemacht wird, daß damit die Rechtsstellung des Berufsbeamten zu einer ungesicherten wird, so kann ich darauf nur erwidern, daß es eben das Schicksal des Beamten ist, daß eine Staatskrise seine Rechtsstellung tangieren muß. Genau so wenig, wie wir uns gegen Revolutionen, Kriegsschäden und Bombenangriffe sichern können, genau so wenig kann es für einen Menschen, der die Beamtenlaufbahn ergreift, die Sicherung geben, daß niemals etwas passieren kann, was ihn aus der einmal erworbenen Rechtsstellung hinausbringen könnte. Ich stimme Herrn Forsthoff durchaus zu, daß der Staat seinen Beamten Schutz und Hilfe angedeihen lassen muß; aber ich möchte die Frage stellen, wie er sich eigentlich diesen Schutz und diese Sicherung gerade bei Staatskrisen denkt? Welche Verfassung soll denn eigentlich sichern? Ich meine, wir wären uns doch alle darüber einig, daß gegen eine Revolution ein Kraut nicht gewachsen ist. Ich sagte bereits, daß es gar nicht um die Institution des Berufsbeamtentums als solchen geht, und daß der Angriff gegen das 131er Urteil völlig fehl geht, daß damit die Institution des Berufsbeamtentums in unserem gegenwärtigen Staat untergraben würde.

Das Grundgesetz erkennt die Institution des Berufsbeamtentums als wesentlich für den neuen Staat an und sichert die Rechte der Beamten, die der Staat in seiner neuen Ordnung in seine Dienste aufgenommen hat. Welche Beamte er aber aufnimmt, und ob er die Beamten, die unter der früheren Verfassungsordnung in den Dienst aufgenommen worden sind, in ihrer Rechtsstellung unberührt hinübernimmt, das ist eine ganz andere Frage. Der Kreis der aus der früheren Ordnung zu übernehmenden und zu schützenden

Beamten hat nichts zu tun mit der Garantie der Institution des Berufsbeamtentums als solchen in der neuen Verfassung.

Was nun die Argumentation des Ersten Senates des Bundesverfassungsgerichts angeht, so verstehe ich die dagegen gerichtete These 5 von Herrn Naumann nicht ganz. Wenn das Beamtentum von 1933—1945 nicht mehr Staats-Beamtentum, sondern Regime-Beamtentum war, dann muß dies auch staatsrechtlich von Bedeutung sein.

Die Entgegensetzung von historisch-politischer Methode und staatsrechtlicher Betrachtungsweise kann ich nicht mitmachen. Ich kann mich nur wundern, wieso auf einmal und in unserem Kreise so „normativ" gedacht wird, während sonst die historisch-politische Methode doch durchaus in Mode ist.

Ich verstehe nicht ganz, warum ein Regime, das ganz bewußt nicht normativ sein wollte, nun plötzlich rückwirkend normativ gemessen werden soll, und warum dieses Regime plötzlich so angesehen wird, als ob es ein Rechtsstaat mit gesicherten Rechtsstellungen gewesen sei. Herr Giese hat ja so stark auf das „positive Recht" der nationalsozialistischen Zeit hingewiesen, das für den Fortbestand des Berufsbeamtentums spräche. Es kommt nach meiner Meinung nicht darauf an, ob nach dem positiven Recht der nationalsozialistischen Zeit hinsichtlich der Rechtsstellung noch zwischen dem Beamtenverhältnis und dem Arbeitsverhältnis unterschieden wurde, sondern was das Beamtenverhältnis seinem inneren Gehalt nach in jener Zeit war.

Da hier so stark auf das „positive Recht" abgehoben wird, möchte ich fragen, ob man nun plötzlich auch etwa die Fortgeltung der Weimarer Reichsverfassung nach 1933 behaupten will, weil sie niemals aufgehoben worden sei. Mir scheint, daß wir bisher doch nahezu alle darin einig waren, daß die Weimarer Reichsverfassung als Verfassung beseitigt war durch das Faktum der Machtergreifung.

Es ist gar nicht zu bestreiten, daß es in der nationalsozialistischen Ära noch die Institution des Beamtentums gab. Aber die Frage ist, welchen Gehalt dieses Beamtentum hatte, und ob es sich dabei noch um das Berufsbeamtentum im traditionellen Sinn gehandelt hat. Diese Sinndeutung des Beamtentums unter der nationalsozialistischen Verfassung kann nur erfolgen im Hinblick auf die Normen und auf die historisch-politischen Fakten. Wir werden uns allerdings wahrscheinlich in der Deutung der historisch-politischen Fakten unterscheiden.

Ich komme damit zu dem entscheidenden Punkt. Man kann entweder die ganze Zeit von 1933—1945 streichen; dann liegt der Fall sehr einfach und die Diskontinuität ist klar. Oder man nimmt auch diese Zeit verfassungsrechtlich ernst. Dann kann man die Rechtsinstitutionen dieser Zeit nur deuten aus den Grundlagen der damaligen Verfassung. Herr Giese hat ja noch soeben stark betont, daß das Beamtenrecht zum Verfassungsrecht gehöre. Nun hat Herr Naumann gemeint, daß hinsichtlich der juristischen Darstellung des Beamtentums für die Zeit von 1933 bis 1945 ein „weißer Fleck" bestehe. Ich kann dies nicht zugeben, muß vielmehr darauf verweisen, daß wir aus jener Zeit eine Fülle exakter staatsrechtlicher Darstellungen besitzen, in denen dem Beamtentum seine Stellung in der damaligen Verfassung angewiesen wird. Ich berühre damit ein sehr ernstes Problem und möchte hier mit allem Nachdruck betonen, daß ich mich schämen würde, dieser Vereinigung anzugehören, wenn wir in unseren Reihen Professoren hätten, die uns sagen können, alles was wir zwischen 1933 und 1945 geschrieben haben, waren Märchen. Ich mache diesen Herren gar keinen Vorwurf. Ich unterscheide sehr genau zwischen denjenigen, die dazu beigetragen haben, den Nationalsozialismus hochzubringen, ihn ideologisch unterstützt haben und propagandistische Fanfaren geblasen haben, und denen, die nichts anderes getan haben als das, was das Schicksal des Staatsrechtslehrers ist, das positive Verfassungsrecht der jeweiligen Zeit auszulegen. Ich nehme nur diese Herren beim Wort und möchte wünschen, daß sie zu ihren damaligen Darstellungen auch heute noch stehen.

Greifen wir aber zu der damaligen Literatur, so finden wir einhellig die Feststellung, daß das Beamtenverhältnis einen grundlegenden Wandel durchgemacht habe. Das waren keine Märchen, keine politischen Fanfaren, sondern wohlbegründete, bis in die Einzelheiten ausgeführte staatsrechtliche Thesen. Immer und überall wird betont, daß die „Neutralität" des früheren Berufsbeamtentums restlos vernichtet sei, daß der Beamte nunmehr existentiell dem Führer und der nationalsozialistischen Weltanschauung verbunden sei. Das „Führer-Gefolgschaft-Verhältnis", das stets und ständig herausgehoben wird, ist etwas wesenhaft anderes als das, was Herr Spanner mit dem „In-die-Hand-Bekommen" meint, das jedes Regime mit den Beamten versucht. Und ich möchte Herrn Helfritz erwidern, daß es sich hier nicht um eine „parteipolitische" Betrachtung des Beamtenverhältnisses handelt, da die NSDAP gar keine „Partei" war, sondern als „staatstragende Bewegung" ihr Programm zur Grundlage des „Führer-Reiches" und der gesamten Verfassung gemacht hatte.

Aus der Fülle der Äußerungen, die ich vorlegen könnte, möchte ich nur eine als repräsentativ herausgreifen. Ernst Rudolf Huber, dessen systematische Darstellung der Verfassung des nationalsozialistischen Reiches ich als eine geistige Leistung durchaus anerkenne, hat im Jahre 1939 in einem Beitrag für die Arbeitsgemeinschaft für die deutsch-italienischen Rechtsbeziehungen die „Rechtliche Gestaltung des öffentlichen Amtes und rechtliche Gestaltung des privaten Anstellungsverhältnisses" dargestellt. Hier heißt es auf Seite 11: „Der Beamte ist zum Aufgabenträger der Volksgemeinschaft und zum Handlungsorgan des Führerwillens geworden ... Das innere Bekenntnis zur nationalsozialistischen Weltanschauung soll das bloß mechanische Funktionieren einer entseelten Apparatur überwinden ... Die Bindung an das Gesamtvolk, die unverbrüchliche Verpflichtung auf den Willen des Führers, die der politische Treueid des Beamten bekräftigt, sind der Kern des öffentlichen Amtes ... Das bloß staatsgebundene Beamtenverhältnis des Absolutismus und das interessengebundene Beamtenverhältnis des gewerkschaftlichen Kollektivismus sind beide durch das gemeinschaftsgebundene öffentliche Amt überwunden worden. Auch das Beamtenverhältnis ist zur pflichtgebundenen Rechtsstellung in der Gemeinschaft geworden". Auf Seite 16 heißt es: „Der Beamte ist kraft seiner Dienststellung dem Führer zur vorbehaltlosen Treue und zum unbedingten Gehorsam verpflichtet; diese besondere politische Treuepflicht gegenüber dem Führer, die durch den Eid bekräftigt wird, ist konstituierend für das öffentliche Amt." Endlich auf Seite 24: „Aufgabe der Rechtsdogmatik wird es sein, nach Überwindung der verbrauchten traditionellen Formeln die Unterschiede der drei Kategorien des Dienstes wissenschaftlich zu erarbeiten".

Herr Spanner hat zustimmend auf Herrn Bachof verwiesen, der, ebenso wie jüngst Herr Laun in der Anmerkung zu dem Urteil in dem Kieler Jahrbuch für internationales Recht, darauf hingewiesen hat, daß auch der Eid des Beamten doch Adolf Hitler nur als dem Staatsoberhaupt geschworen worden sei. Darauf möchte ich fragen, ob Sie wirklich alle bereits vergessen haben, daß die beiden Autoren, die sich in jener Zeit speziell mit dem politischen Eid befaßt haben, ja gerade diese These bekämpft haben?

Die Deutung, die damals die Professoren des Verfassungsrechts für die verfassungsrechtliche Stellung des Beamten gaben, halte ich für richtig, und nach meiner Meinung kommt es allein darauf an, nicht darauf, wie der einzelne Beamte seine Stellung empfunden hat. Danach fragen wir wohl auch sonst nicht, wenn wir als Staatsrechtler die Stellung einer Institution im System des Verfassungrechts festlegen wollen. Für die heutige Ordnung aber kommt es allein darauf an, welche Stellung das Beamtentum in der nationalsozialistischen Verfassung hatte Daß es sich nicht bloß um leere Deklamationen und bloße Wunschgebilde gehandelt hat, das haben uns eigentlich die Ereignisse des 30. Juni 1934 und nach dem 20. Juli 1944 gelehrt. Auch die im Urteil angeführten Entscheidungen der Disziplinargerichte sprechen eine beredte Sprache. Sie beweisen die Effektivität jener von den staatsrechtlichen Autoren entwickelten Stellung des Beamten im System dieser Verfassung. Und wie viele Dinge sind nicht zu gerichtlichen Entscheidungen gekommen und können heute nicht aktenmäßig belegt werden?

Nach allem, was die deutschen Professoren in jener Zeit über das Verfassungsrecht geschrieben haben, kann ich also Herrn Spanner nicht darin zustimmen, daß der Reichstagsbeschluß vom 26. 4. 1942 nur einen „Ausnahme-Charakter" gehabt habe und darum für die staatsrechtliche Deutung des Beamtenverhältnisses keine Bedeutung haben könne, sondern ich sehe in ihm gerade den klarsten Ausdruck der damaligen Verfassungslage. Oder wollen Sie etwa bestreiten, daß es auch ohne jenen Reichstagsbeschluß eine wirkliche Sicherung der Beamtenrechte gegen den „Staat", wie aller Rechte im nationalsozialistischen Reich, nicht gab? Wollen Sie wirklich behaupten, daß damals der Beamte sich gegen Maßnahmen des „Führers" oder seiner Geheimen Staatspolizei hätte mit Erfolg wehren können? Und dann soll der heutige Staat genötigt sein, jene Beamten, deren Rechte in der verflossenen Ära so wenig gesichert waren, nun mit größerer Sicherung in seine heutige Verfassungsordnung zu übernehmen?

Giese-Frankfurt a. M.: Es sei mir erlaubt, Herrn Friesenhahns Bemerkung dahin zu bestätigen: Der Präsident des Bundesverfassungsgerichts stellte zu Beginn der Verhandlungen sowohl über die Beamtenrechte als auch über die Soldatenrechte an uns folgende Frage: Ob das Dienstverhältnis — auch wenn Identität zwischen dem Deutschen Reich und der Bundesrepublik angenommen würde — nicht doch an den Führer und eine bestimmte Staatsform gebunden gewesen sei, so daß mit dem Zusammenbruch 1945 die Basis des damaligen Beamtenrechts zusammengebrochen sei? Ich habe diese Frage damals an beiden Tagen entschieden verneinend beantwortet. Aber ich habe mich später in der NDBZ Nr. 1, S. 1 dahin geäußert, daß ich diese Frage verfahrensmäßig korrekt und loyal gefunden hätte. Allerdings erfuhren wir bei den weiteren Verhandlungen nichts darüber, aus welchen Gründen diese uns überraschende Frage gestellt worden war.

Weber-Göttingen: Ich halte das hier besprochene Beamtenurteil des Bundesverfassungsgerichts im Tenor für richtig, in der Begründung für anfechtbar. Wenn die Ausführungen des Urteils hier in unserem Kreise als Diskussionsbeitrag vorgetragen worden wären, würde ich das für ausgezeichnet halten. Dann nämlich hätten sie nach ihrem inneren Gewicht mitgeholfen, unsere Bemühungen um die Erfassung des Wesens und des Sinns des Beamtentums zu vertiefen. Das Bedenkliche sehe ich nur darin, daß jene Darlegungen eben in der Entscheidung eines hohen Gerichtshofs enthalten und damit gleichsam ex cathedra geäußert sind.

Herrn Friesenhahn stimme ich vollkommen darin bei, daß nicht jedes im nationalsozialistischen Regime begründete Beamtenverhältnis und alle dadurch entstandenen Beamtenrechte respektiert werden müssen. Damals sind zahlreiche Beamtenverhältnisse auf unredliche Weise zustandegekommen, die nicht mit den Anspruch auf Fortbestand auftreten können.

Ich stimme mit Herrn Friesenhahn vor allem darin überein, daß man zu einer Beurteilung der Lage des Beamtentums im nationalsozialistischen Regime nur gelangen kann auf dem Weg über eine Sinndeutung der realen Zusammenhänge unter Beachtung der politischen Fakten. Aber mir stellt sich gerade nach dieser Richtung die Lage etwas anders dar als ihm. Ich sehe noch lebhaft vor mir den wechselvollen Kampf des Berufsbeamtentums darum, im damaligen Regime seine traditionelle Stellung zu behaupten. Wenn dieser Kampf damit geendet hätte, daß das Berufsbeamtentum etwa in eine Rolle wie die des SS-Führerkorps oder des Korps der Politischen Leiter verwiesen worden wäre, brauchten wir über das Problem hier gar nicht zu sprechen. Aber die Situation ist doch so, daß während der ganzen Jahre von 1933 bis 1945 eine erbitterte Auseinandersetzung stattgefunden hat zwischen „Staat" und „Partei", wobei auf der Seite des „Staates" nichts anderes stand als das Berufsbeamtentum, wenn man von der Wehrmacht absieht. Und dieses Ringen wurde darum geführt, ob sich das Beamtentum in seiner Aufgabe als eigenverantwortlicher Sachwalter des gemeinen Wohles werde behaupten und sich davon werde freihalten können, bloßes Instrument der „Partei" zu werden. In diesem Zusammenhang muß man auch vieles von dem verstehen, was damals über das Verhältnis des Beamtentums zum „Führer" gesagt und geschrieben worden ist. Es handelte sich darum, für das Beamtentum sozusagen eine Immediatstellung zum „Führer" in Anspruch zu nehmen, um dadurch die Unterwerfung des Beamtentums durch die „Partei" abzuwehren und die Eigenständigkeit des Beamtentums im Rahmen seines traditionellen staatsgebundenen Dienstethos zu sichern. Ich brauche die verschiedenartigen Wechselfälle und Phasen des Ringens zwischen Beamtentum und Partei hier nicht nachzuweisen. Dazu gehört z. B. auch das Ausweichen in neue Organisationsbereiche, die gegen den Einfluß der „Partei" stärker immunisiert zu sein schienen, wie den Vierjahresplan, die Ressorts von Todt und Speer und wo immer man hoffte, einen Patron zu finden, der für die Bewahrung überlieferten Beamtentums eine günstige Lage bot. Man darf die Behauptung wagen, daß der Kampf zwischen Beamtentum und Partei 1945 noch nicht ausgetragen war. Bei einem siegreichen Kriegsausgang wäre er möglicherweise rasch zuungunsten des Beamtentums entschieden worden. So aber standen die Fronten noch. Es hat bis zum Zusammenbruch ein Beamtentum gegeben, das, wie Herr Naumann ausgeführt hat, von dem Regime keineswegs völlig aufgesogen war, das vielmehr seine Rolle, eigenverantwortlicher Träger staatsbezogener Sachwalterschaft zu sein, zum Teil sehr wacker behauptet hat. Man würde den vielen und oft äußerst entsagungsvollen Bemühungen um die Bewahrung dieser Haltung Unrecht tun, wenn man das leugnete. Es ist ungerecht, dieses Bemühen sozusagen nachträglich wegzuwischen und aus der Geschichte auszutilgen. Deshalb sehe ich zugleich in der Annahme des Wegfalls und des Zerbrechens des Beamtentums mit dem Regime eine Gefahr für den Bestand der Institution des Beamtentums überhaupt.

Über die Stellung des Beamtentums in der Monarchie brauchen wir uns, wie ich glaube, heute nicht zu unterhalten. Daß diejenigen politischen Gruppen, die zum monarchischen Regime in Opposition standen, das Beamtentum auf der Seite des Monarchen sahen und ihm von hier aus die innenpolitische Neutralität bestritte, ist verständlich. Für uns handelt es sich um die spezifische verfassungspolitische Funktion des Beamtentums in der modernen parteienstaatlichen Massendemokratie. Diese Frage erschöpft sich nicht darin, was aus der Rechtsstellung der einzelnen Beamten, was aus dem beamtenrechtlichen Status als solchem wird. Wenn wir von der Institution des Berufsbeamtentums sprechen und sie verfassungsrechtlich sichern, so meinen wir damit das Beamtentum als Bestandteil unseres Verfassungsgefüges. Und die Frage, die sich hier stellt, lautet dahin, ob das Beamtentum eine Masse von Funktionären in der Hand der politischen Gruppen des parteienstaatlichen Systems bildet, oder ob es durch seine parteipolitisch neutrale Sachgebundenheit und seine staatsbezogene Eigenverantwortlichkeit dazu beiträgt, institutionelle Staatlichkeit und obrigkeitliche Autorität zur Darstellung zu bringen, ohne die auf die Dauer kein politisches Gemeinwesen bestehen kann.

Die Bewahrung des Statuscharakters des Beamtenverhältnisses steht damit allerdings in Zusammenhang. Man kann sich der angedeuteten verfassungspolitischen Funktion des Beamtentums nicht versichern, wenn nicht das Beamtenverhältnis seinen traditionellen Charakter behält. Auf der anderen Seite ist mit der bloßen Sicherung der Beamtenrechtsstellung noch nichts Entscheidendes gewonnen. Unsere Beamtengesetze sind in der Übernahme und Bewahrung der überlieferten Beamtenrechte nicht kleinlich. Aber die erwähnte verfassungspolitische Funktion des Beamtentums ist heute äußerst umstritten, nicht so sehr in grundsätzlichen Auseinandersetzungen als in der Praxis unseres Staatssystems, und hier enthüllt sich ein Teil der Verfassungskrise unserer Zeit. Man sieht die allenthalben immer mehr um sich greifende Ämterpatronage, sieht als deren Folge das Absinken verantwortlicher Eigenständigkeit in den Spitzen des Beamtentums, sieht sehr massive Entscheidungen im Sinne weiterer Deklassierung des Beamtentums, z. B. in der gerade vollzogenen Umgestaltung, die das Personalvertretungsgesetz in den Ausschußberatungen des Bundestages gefunden hat. Mit der Unterminierung der institutionellen Geschlossenheit und Festigkeit des Beamtentums greift man auch die vom Grundgesetz gewollte Gewaltenteilung an. Man könnte davon sprechen, daß die beamtenstaatlichen Elemente bereits auf das Richtertum zurückgedrängt seien. Auch hier könnten sie eines Tages bedroht sein.

Die Krisen des Staates und des Beamtentums, über die hier gesprochen wurde, liefern sicher viele Aufschlüsse. Ich möchte aber darauf hinweisen, daß auch in unserer unmittelbaren Gegenwart das Thema der Krise des Beamtentums und des Staates und des Zusammenhangs zwischen beiden auf das drängendste gestellt ist.

Ipsen-Hamburg: Ich bitte, es den Zufälligkeiten der Rednerliste zuzuschreiben, wenn ich nicht imstande bin, die Diskussion im eigentlichen fortzuführen. Ich möchte mich wieder den Ausführungen der beiden Herren Referenten zuwenden und zum Referat von Herrn Naumann die Sachlichkeit betonen, mit der er das BVG-Urteil in den Mittelpunkt unserer Betrachtung gerückt hat, zum anderen die schöne Ergänzung und Vervollständigung hervorheben, die Herr Spanner dadurch herstellte, daß er das sehr allgemein formulierte Thema als solches in das Gespräch einführte, z. B. mit seinen Andeutungen über die Typologie der Krisen, von denen er uns einige Beispiele gezeigt hat; und dies mit historisch-politischen Betrachtungen, die in diesem Zusammenhang selbstverständlich und notwendig sind und unter gar keinen Umständen unberücksichtigt bleiben dürfen, selbst wenn wir das lobenswerte Bemühen haben, lediglich normativ-juristische Erkenntnisse zu gewinnen.

Das Thema, das uns gegeben war, möchte ich anhand der Diskussion und der Referate speziell beziehen auf unseren Fall 1945 und auf den Personenkreis des Berufsbeamtentums, der von dem Gesetz zu Art. 131 betroffen war. Welche Staatskrise stand in Frage, und in welcher Beziehung stand sie in Frage?

Daß das Deutsche Reich 1945 zergliedert worden ist in Teilordnungen, stellt kein Krisenmoment dar, das für unsere Problematik irgendwie besonders typisch oder speziell genannt werden kann. Aus der Tatsache, daß das Gesetz zu Art. 131 sich auseinandersetzen mußte mit Beamten, die ihre Dienststellung im heutigen Bereich der Sowjetzone verloren haben, vermögen wir unserer Fragestellung keine besonderen Züge abzugewinnen. Zum anderen: was die Behandlung derjenigen 131er-Beamten angeht, die durch die politische Säuberung in diesen Status gelangt sind, dürfen wir nicht übersehen, daß die alliierte Gesetzgebung nach 1945 und die darauf gegründete deutsche Gesetzgebung sich zu einem Prinzip der individuellen Entnazifizierung bekannt haben. Der „globale" Entnazifizierungsversuch, den das 131er-Gesetz unternommen hat, scheint mir hierzu im Widerspruch zu stehen. Insoweit könnte von einer krisenbedingten Einwirkung auf das Berufsbeamtentum die Rede sein. Was die Finanzfrage angeht, so würde ich sie wiederum nicht für spezifisch im Sinne unseres Themas ansehen, es sei denn, daß man gerade aus der beschränkten Leistungsfähigkeit des westdeutschen Teilstaates folgern muß, die Sicherung der aus der heutigen Sowjetzone stammenden Beamten habe aus diesem Grunde irgendwelche Schmälerung erfahren.

Entscheidend, glaube ich, ist für unsere Problematik dies: war eine neue Verfassungsordnung in ihrem Geltungsbereich, also das GG im Gebiet der Bundesrepublik, rechtlich imstande, die wohlerworbenen Rechte der Beamten, die bis Mai 1945 und auch danach in Beamtenverhältnissen standen, zu ignorieren durch Vorschriften, die depossedierten? Wenn wir diese Frage stellen, kann die Antwort nur lauten: Nach 1945 lag es de jure in der Hand derjenigen, die die Verfügungsbefugnis besaßen, über den Fortbestand der Beamtenverhältnisse als solcher zu entscheiden. Also hatten zunächst die Alliierten darüber zu befinden, wieweit die Fortexistenz von Beamtenverhältnissen nach 1945 zu honorieren sei oder nicht. Solche negativen Entscheidungen sind definitiv nicht ergangen. Ich kenne auch kein alliiertes Gesetz gegen das Beamtentum als Institution. Für das GG, das danach zu entscheiden hatte, haben wir in anderem Zusammenhang festgestellt, daß es weithin zwar von einem Geist der konservierenden Erhaltung des status quo beherrscht ist, der manche unter uns ein wenig fremdartig anmutet. Jedenfalls gilt das für Art. 14. Wenn wir aber die Art. 131 und 139 betrachten, stellen wir dort fest, daß das GG in ihnen vom Gedanken der Erhaltung des status quo sehr erheblich abweicht, indem es in Art. 131 konstitutive einfache Gesetzgebung ermöglicht, die zur Depossedierung führt, und in Art. 139 individuelle Säuberungsmaßnahmen auch gegenüber seiner sonstigen Grundrechtsgewährleistung sanktioniert. Wenn man diese Entscheidungen betrachtet, ergibt sich aber, daß das GG in dem Fall, der uns beschäftigt, im Gegensatz zu seiner sonstigen Haltung für den einfachen Gesetzgeber die Möglichkeit eröffnet, den status quo der fortbestehenden Beamtenverhältnisse inhaltlich zu negieren. Obwohl also alle staatlichen Neugestaltungen seit 1945 und die Weisungen der Alliierten mit allem Nachdruck die Notwendigkeit des Berufsbeamtentums als Institution und Apparatur bejaht und anerkannt haben, auch das GG als solches dem Berufsbeamtentum als Institution positiv gegenübersteht, hat es doch in seinen Entscheidungen der Art. 131 und 139 im Widerspruch zu seinem sonstigen Bekenntnis negiert und abgewertet. Und dazu war das GG berechtigt. Denn eine neue Verfassungsordnung ist nach meiner festen Überzeugung nicht daran gebunden, den status quo der überlieferten Verhältnisse zu respektieren. Das liegt im Wesen und in der Kraft einer neuen Verfassungsentscheidung, der gerade auch das Beamtentum eines Staates infolge seiner Krisengemeinschaft mit seinem Staat ausgesetzt ist und die außer den 131ern auch alle anderen Beamten hätte treffen können oder anteilig hätte mittreffen sollen. Und darin liegt der Grund für die prinzipielle Richtigkeit der BVG-Entscheidung, nicht in der Begründung, die ihr zuteil wurde.

Wacke-Münster (Westf.): Ich möchte weniger zu dem sprechen, was die beiden ausgezeichneten Referate gebracht haben, als vielmehr zu Punkten, zu denen sie geschwiegen haben, zu ihrer Ergänzung und Unterstützung also, insbesondere zur Unterstützung von Herrn Naumann. Es sind drei Dinge, die ich hervorheben will.

Erstens: Wir sprechen nach dem Thema von Staatskrisen. Was aber ist eine Staatskrise? Herr Naumann hat darunter sehr beschränkt nur die einmalige Staatskatastrophe verstanden, die wir 1945 erlebt haben. Eine Krise aber ist schwächeren Grades, sie kann überwunden werden, wir haben schon öfter Staatskrisen erlebt. So hätte vielleicht doch eine rechtshistorische Behandlung des Themas nahegelegen. Von Friedrich dem Großen etwa wird überliefert, daß er im siebenjährigen Krieg jahrelang keine Beamtengehälter gezahlt hat; freilich lagen damals für die Beamten ganz andere wirtschaftliche Verhältnisse vor. Weiter ist der Zusammenbruch des Preußischen Staates 1806/07 seinerzeit durchaus als eine Staatskrise schwerster Art empfunden worden. Es soll auch in dieser Zeit eine Auswechselung des Beamtentums im großen Maße stattgefunden haben. Solche Vorgänge hätte man in Betracht ziehen können.

Weiter sprechen wir nach dem Thema von den Berufsbeamten, nicht aber nur von den Staatsbeamten. Wir haben nun ein vom Staate unabhängiges, erst in jüngster Zeit, nach 1919, entstandenes besonderes Beamtentum, dasjenige der Kirchen. Die Kirchenbeamten bieten sich hier rechtsvergleichend an. In den evangelischen Kirchen haben nach 1945 ähnliche Vorgänge stattgefunden. Es lassen sich deutlich Parallelen nachweisen. Die Kirchen selbst sind bestehen geblieben, haben aber eine ganz andere Regierung erhalten; die Gehälter an die Geistlichen haben sie lange Zeit nur zum Teil bezahlen können.

Drittens aber, und daran liegt mir besonders, nachdem Herr Giese mich freundlicherweise angesprochen hat, wäre darauf hinzuweisen, daß es nicht nur ein Beamten- und ein Soldatenurteil des Bundesverfassungsgerichts gibt, sondern auch ein Angestelltenurteil; vielmehr, es befassen sich von den fünf Urteilen vom 17. Dezember 1953 allein drei mit den Verhältnissen der Angestellten. Durch einen Blick auf die Angestellten wird das ganze Problem viel anschaulicher, wie mir scheinen will. Man könnte fragen, was die Angestellten überhaupt bei Betrachtung der Staatskrisen zu suchen haben, da ihnen ja gekündigt werden und der Staat sie auf diese Weise los werden kann. Aber dem Bundesverfassungsgericht genügt dies nicht; es hat ein automatisches Erlöschen auch aller Angestelltenverhältnisse im Mai 1945 angenommen.

Es ist dabei kein Geheimnis, daß sich Angestellte, und auch Arbeiter, heute in allen Dienststellen finden. Im Jahre 1938, zu leidlich normaler Zeit, gab es zwei Millionen Arbeitnehmer im öffentlichen Dienst. Nach 1945 hat sich das fortgesetzt. Auf der kürzlichen Tagung in Speyer sind erstaunliche Zahlen genannt worden. Dabei stellen sich die Probleme nicht nur für kleine Angestellte, sondern gerade auch für hohe und höchste Verwaltungsstellen. Das Reichsarbeitsgericht hat dreimal über einen Ministerialrat im Reichswehrministerium entschieden. Gerade die jeweils neuesten und schwierigsten Stellen des öffentlichen Dienstes sind üblicherweise mit Angestellten besetzt, weil man haushaltsmäßig noch keine Planstellen schaffen konnte: Im Amte Blank finden Sie keine Beamten. Die Probleme stellen sich auch für Hochschullehrer; es gibt arbeitsgerichtliche Urteile über einen ordentlichen Professor und seinen Anspruch auf Aufnahme in das Vorlesungsverzeichnis mit Fächerbezeichnung usw. Die Probleme stellen sich auch für Richter; in Sachsen waren einmal über hundert Gerichtsassessoren als Richter auf Privatdienstvertrag beschäftigt (Zuruf von Herrn Stanka: in Österreich auch!). Richtig, in Österreich gibt es viele öffentliche Angestellte, von denen wir leider zu wenig wissen.

Wie sehr sind nun diese Angestellten mit dem Staate verknüpft, gehören sie vielleicht nicht unter das Thema der Staatskrisen? Nun, die Verknüpfung ergibt sich vor allem aus der Treuepflicht, die auch den Angestellten obliegt. Die Tarifordnung legt sie den Angestellten mit den gleichen Worten auf wie das Gesetz den Beamten. Herr Ule hat zwar einmal in seiner Schrift über den gerichtlichen Rechtsschutz im Beamtenrecht geschrieben, daß der Beamte dem Staat weder Liebe noch Treue schulde, und daß das Treueverhältnis und der Begriff des Dienstherrn eine bloße Erinnerung aus dem 17. Jahrhundert sei. Im Bundesbeamtengesetz ist das freilich abgelehnt, es hat die Treuepflicht sehr verstärkt, von voller Hingabe des Beamten ist dort zu lesen, von seinem Dienst am ganzen Volke, von seinem Gewissen, den politischen Pflichten, vom Dienstherrn und seiner Fürsorgepflicht, vom Dienst- und Treueverhältnis usw. Wenn ich das überlege, so möchte ich mich doch zu jenen gesellen, die Treue nicht für einen leeren Wahn halten.

Herr Naumann hat anschaulich von dem weißen Fleck des Beamtentums in den Jahren 1933 bis 1945 gesprochen. Nun, bei den Angestellten gibt es heute noch zwei Bestimmungen, die diesen weißen Fleck etwas farbiger machen. Für ihre Gehorsamspflicht und ihre Verschwiegenheitspflicht heißt es heute noch, ihre „Bindung an Gesetz und dienstliche Anordnungen geht jeder anderen Gehorsamsbindung vor", und von diesen Pflichten „kann keine andere persönliche Bindung befreien". Das sind ganz entscheidende Aussagen beamtenmäßiger Haltung, die aus dem Beamtengesetz übernommen worden sind. Im Urteil des Bundesverfassungsgerichts habe ich vergeblich einen Hinweis darauf gesucht, auch in den zahlreichen Abhandlungen, die dazu erschienen sind; dabei sind diese Formulierungen so aufschlußreich dafür, wie sehr der Staat sich damals gegen jede außerstaatliche Macht abgeschirmt hat. Diese Bestimmungen sind auch nicht etwa Theorie geblieben, sie waren damals durchaus in praktischer Anwendung, wie ich zur Unterstützung dessen, was Herr Weber gesagt hat, ausführen muß. Es war damals anerkannt, daß der Beamte und der Angestellte Anweisungen von Parteistellen nicht befolgen dürfe; die Begründung zum Deutschen Beamtengesetz selbst sagt sogar ausdrücklich, daß der Beamte nicht einem Befehl der Partei, sondern nur einem Befehl seiner vorgesetzten Dienststelle zu gehorchen hat; sämtliche Kommentare hoben das damals geschlossen hervor; diese Stellen aus den Kommentaren aber zitiert das Bundesverfassungsgericht nicht. Weiter war klargestellt, daß auch der Beamte, der selbst Amtswalter der Partei war, seine amtlichen Kenntnisse nicht außerhalb des Dienstes verwerten durfte. Auch durften Auskünfte an Parteistellen nicht gegeben werden. Gleiches galt im Verhältnis zur Arbeitsfront, zur Wehrmacht, zum Luftschutz, zu den Kirchen usw.

Wer damals ein wenig Einblick in die Personalverwaltung hatte, der weiß, wie stark die genannten Bestimmungen sich bewährten. Vieles könnte ausgeführt werden, um diesen stillen Kampf des Beamtentums gegen außerstaatliche Einflüsse darzulegen. So etwa gibt es ein arbeitsgerichtliches Urteil, das die Dienstentlassung billigt, weil der Angestellte ohne Urlaub an einer Übung der Wehrmacht teilgenommen hatte. Es sind schon großartige Formulierungen, die dem Staatsdiener sagen, daß ihn von der Bindung an den Staat keine andere persönliche Bindung befreien kann. Und ist diese Frage etwa heute weniger aktuell? Arbeiten z. B. von Herrn Weber haben klar gemacht, wie stark auch heute der Staat durch außerstaatliche Mächte gefährdet ist. In unserem heutigen Beamtenrecht aber sind die genannten Vorschriften in allzu großer Schüchternheit gestrichen, aus bitteren Erfahrungen freilich; das Gesetz gibt heute dem Beamten leider keine Richtschnur für solche Fälle des Gewissenskonfliktes. Im Dienstrecht der Angestellten und Arbeiter gelten die Vorschriften aber weiter, weil das Bundesbeamtengesetz insoweit das Bundespersonalgesetz und dieses wieder die früheren Tarifordnungen aufrecht erhält. Übrigens werfen diese Bestimmungen auch ein besonderes Licht auf die Entnazifizierung: Wenn kein Beamter, auch das Parteimitglied nicht, Befehlen der Partei nachkommen und Auskünfte dorthin geben durfte, so wird der ganze Begriff des „Betroffenen" problematisch.

Gerade die Fragestellung, welche Wirkung die Staatskrisen haben, ist aber bei den Angestellten lehrreich. Schon die Monarchie band in einer auf die Krise zusteuernde Zeit, durch die noch gültige Verordnung vom 3. 5. 1917 über Bestechung und Geheimnisverrat nichtbeamteter Personen, die Angestellten noch stärker an sich selbst als die Beamten und integrierte sie damit zu Staatsdienern. Als die Republik sich aufrichtete, gab sie den Angestellten die Tarifverträge und eine besondere Stellung im Betriebsrätegesetz; nach Überwindung der Inflation kamen 1924 der Reichsangestelltentarifvertrag und der Preußische Tarifvertrag mit einer starken Anwendung beamtenrechtlicher Grundsätze auf die Angestellten. Aber die Republik ließ die Angestellten auch den bösen Tropfen genießen. Sie unterwarf sie in der Wirtschaftskrise von 1930 auch den Gehaltskürzungen und der Gehaltsangleichung im Verhältnis zu den anderen öffentlichen Körperschaften. Wir haben ja wohl nicht vergessen, welche der heutigen ähnliche Krise es im Beamtentum gab, als die Gehaltskürzungen sich gegen die wohlerworbenen Rechte mit Hilfe der Rechtsprechung durchsetzten. So sehr teilten damals die Angestellten das Los ihres Dienstherrn. Im Jahre 1939 aber, im zweiten Weltkrieg, gab der Staat seinen Angestellten nicht, wie es in der Wirtschaft der Fall war, nur den Familienunterhalt, sondern zahlte ihnen, wie den Beamten, das Gehalt weiter; 1943, im entsprechenden Jahr wie 1917, erneuerte er die Verordnung über Bestechung und Geheimnisverrat, faßte die Tarifordnungen neu und führte sogar ein besonderes Dienststrafverfahren für Angestellte ein. Und schließlich im Zusammenbruch 1945: Auch hier wurden die Angestellten und Arbeiter wegen ihrer Verbindung zum bisherigen Staatssystem bis zum letzten Straßenkehrer abgewrackt, und der Einzelne mußte schon Glück haben, wenn er einen Entnazifierungsbescheid erhalten wollte, wie ich ihn für einen städtischen Arbeiter, einen Feuerwehrmann, gelesen habe: „Darf im Beruf verbleiben; darf aber nicht mehr an der Spritze, sondern nur noch an der Pumpe verwendet werden". Aber auch unsere neue Demokratie hat die Angestellten zu sich herangezogen; das Grundgesetz hat die Angestellten des öffentlichen Dienstes an vielen Stellen erwähnt und zu einer verfassungsmäßig anerkannten Institution erhoben; Art. 131 und seine Gesetzgebung erstrecken sich ebenso auf sie wie die Wiedergutmachungsgesetzgebung für den öffentlichen Dienst und eine besondere Personalvertretung soll für sie ja geschaffen werden. So fest bindet auch der heutige Staat die Angestellten an sich selbst.

So komme ich nun zu dem für das Beamtenrecht lehrreichen Ergebnis, daß die Betrachtung der Urteile des Bundesverfassungsgerichts und aller damit zusammenhängender Fragen doch um eine Dimension farbiger und plastischer geworden wäre, wenn man den Komplex der Angestellten mit einbezogen hätte. Es zeigt sich, daß der Staat in einer Staatskrise nicht nur nicht seiner Beamten ledig ist, er ist nicht einmal seiner Angestellten ledig, weil er es sich nicht leisten kann, gegen zwei Millionen Arbeitnehmer von heute auf morgen auszuwechseln.

Pfeifer-Wien: Zunächst eine kurze Bemerkung zu Punkt 3 des Referates von Herrn Naumann, der folgenden Satz enthält: „Es ist nicht ausgeschlossen, daß trotz Fortbestandes des Staates staatsrechtliche Institutionen juristisch zu bestehen aufgehört haben". Ich möchte dazu nur sagen, daß so ohne weiteres das Aufhören einer kardianalen Institution des Staates nicht angenommen werden kann, und möchte zu bedenken geben, daß das Berufsbeamtentum im modernen Staat zweifellos ein Stück der Staatsgewalt darstellt, die wir als eines der drei Elemente des Staates betrachten. Wenn wir eine solche tragende Säule des Staates einfach als nicht mehr fortbestehend betrachten würden, wäre m. E. auch der Fortbestand des Staates theoretisch in Zweifel gezogen.

Als Österreicher möchte ich mich im übrigen darauf beschränken. die Ausführungen des Herrn Spanner zu ergänzen; dies umso mehr, als ich diese Angelegenheit im österreichischen Nationalrat seit Jahren behandle und durch Gesetzesanträge einer Lösung nahezubringen versucht habe.

Herr Kollege Spanner hat richtig mit der Unabhängigkeitserklärung vom 27. 4. 1945 begonnen und einige Stellen dieser Erklärung erwähnt. Ich glaube, daß man der Vollständigkeit halber noch zwei Artikel anführen muß, die sehr wichtig sind:

Art. I: „Die demokratische Republik Österreich ist wiederhergestellt und im Geiste der Verfassung von 1920 einzurichten".

Art. II: „Der im Jahre 1938 dem österreichischen Volke aufgezwungene Anschluß ist null und nichtig".

Das ist wichtig für unsere Betrachtung. Die Worte „aufgezwungene Anschluß" will ich hier nicht näher untersuchen. Ich stelle hiezu einfach fest, daß der damalige aktive Staatskanzler und spätere Bundespräsident Dr. Karl Renner in einer Denkschrift, die er über die Geschichte der Unabhängigkeitserklärung Österreichs im Jahre 1945 in der Österreichischen Staatsdruckerei herausgegeben hat, nach Schilderung des Dollfußschen Staatsstreiches von 1934 und des damaligen Regimes auf S. 16 wörtlich schreibt: „So kam es, daß gut zwei Dritteile des Volkes Hitler vor Schuschnigg den Vorzug gaben".

Die weiteren Artikel der Unabhängigkeitserklärung, die nur eine logische Folge der früheren sind, sprechen aus, daß die von Österreichern dem Deutschen Reiche und seiner Führung geleisteten Gelöbnisse nichtig und unverbindlich sind. Herr Kollege Spanner hat daran den Satz geknüpft, daß seiner Auffassung nach eine automatische Übernahme der ehemaligen österreichischen Beamten in dieser wiedererstandenen österreichischen Republik nicht stattgefunden hat. Ich freilich glaube, daß aus dieser Unabhängigkeitserklärung eher das Gegenteil herauszulesen ist. Wenn der Anschluß null und nichtig ist, wenn alle Österreicher wieder in einem staatsbürgerlichen Pflicht- und Treueverhältnis zu Österreich stehen, dann ist der weitere Schluß der, daß die österreichischen Beamten zum österreichischen Staat wieder in einem Dienstverhältnis stehen. Auf diesen Boden hat man sich auch tatsächlich sofort gestellt. Dasselbe war in einer Erklärung der amerikanischen Militärregierung zu lesen.

Am 8. 5. 1945 wurde ein Verfassungsgesetz über das Verbot der NSDAP erlassen, das ehemalige Parteimitglieder unter Ausnahmerecht stellte. Was die Beamten anlangt, so wurden diese damals in drei Gruppen eingeteilt. Eine Gruppe, die sog. Illegalen, sind schon von Gesetzes wegen entlassen worden. Die einfachen Parteimitglieder konnten entweder entlassen oder unter Kürzung der Ruhegenüsse pensioniert werden. Die seit 1938 erfolgten Anstellungen galten für eine dritte Gruppe als widerrufen. In diesem Verbotsgesetz vom Mai 1945 kommt ganz klar zum Ausdruck, daß man damals auf dem Standpunkt des Fortbestandes der Dienstverhältnisse gestanden ist. Man kann nicht eine Anstellung widerrufen, oder einen Beamten aus dem Dienst entlassen oder pensionieren, wenn das Dienstverhältnis nicht fortbesteht. Das war doch die tragende Rechtsidee, auf die sich Regierung und Parlament bei uns stets stützen, daß die zweite österreichiche Republik ident ist mit der ersten Republik, also nur die Fortsetzung von ihr bildet. In allem und jedem hat man den Grundsatz der Identität und Kontinuität bejaht. In dem Beamten-Überleitungsgesetz vom 22. 8. 1945 hat man dann jäh und plötzlich entgegen dem bis dahin eingenommenen Standpunkt auf dem Gebiete des öffentlichen Dienstrechtes Diskontinuität angenommen und auch dies nicht in allem konsequent durchgeführt. Das Beamten-Überleitungsgesetz stellt also einen schweren Bruch mit der Idee der Identität und Kontinuität dar, von der das österreichische Staatsrecht beherrscht ist.

Ähnlich wie bei der deutschen Gesetzgebung sind noch weitere schwere Bedenken gegen dieses Beamten-Überleitungsgesetz geltend zu machen. Es hat an mehreren Stellen offenkundig gegen den

Gleichheitsgrundsatz verstoßen, und zwar insofern, als nach der Verfassung die öffentlichen Ämter für alle Staatsbürger gleich zugänglich sind, das Gesetz aber gewisse Personengruppen bevorzugt und andere benachteiligt. Daß sich die Regierung selbst der Verfassungswidrigkeit dieses Gesetzes bewußt war, beweist der Versuch, dieses Gesetz nachträglich zum Verfassungsgesetz zu erheben; er scheiterte daran, daß der Gesetzesbeschluß nicht die erforderliche Zustimmung des Alliierten Rates fand.

Ich habe mich bemüht, die gröbsten Härten und Ungerechtigkeiten des Gesetzes zu beseitigen. Allerdings ist dies an der Haltung der Regierungsparteien bisher gescheitert. In meinem Antrag waren Gedanken enthalten, wie sie das deutsche Gesetz vom 11. 5. 1951 zu Art. 131 GG ausspricht und verwirklicht, Gedanken, die das große Heer der vorzeitig aus dem Dienste Ausgeschiedenen wieder eingliedern oder in den Ruhestand versetzen wollten. Es sind überwiegend erfahrene und tüchtige Beamte, die vorzeitig ausgeschieden und schwerstens geschädigt wurden, obwohl sie nur ihre Pflicht erfüllt haben.

Ich möchte noch zu der Äußerung von Herrn Friesenhahn Stellung nehmen, daß das Staatsbeamtentum im NS-Staat ganz auf den Führer ausgerichtet war, während es in seinen Anfängen Diener des Monarchen war. Wenn man die Staatskrisen, insbesondere das vorübergehende Verschwinden von Staaten betrachtet, so drängt sich eine Erkenntnis zwingend auf, daß der Beamte niemals der Diener eines bestimmten Regimes oder einer bestimmten Regierung, sondern immer nur der Diener seines Volkes ist und sein darf.

Was die wohlerworbenen Rechte betrifft, so muß ich sagen, daß das einzige, was mir auch von Seiten des Bundeskanzleramtes gegen alle diese Argumente entgegengehalten werden konnte, lediglich war: Es gibt in Österreich keinen verfassungsrechtlichen Schutz der wohlerworbenen Rechte der Beamten. Dieser schwere Mangel muß beseitigt werden. Unser österreichisches bürgerliches Gesetzbuch, das von 1812 stammt, hat bereits in § 5 einen Satz über die Wahrung der wohlerworbenen Rechte enthalten, lange ehe es ein Verfassungsgesetz gab. Leider wurde dieser Satz nicht in das Staatsgrundgesetz über die allgemeinen Rechte der Staatsbürger von 1867 und in das Bundes-Verfassungsgesetz von 1920 übernommen.

Merk-Tübingen: Ich möchte nur zu vier Punkten das Wort ergreifen.

Der erste Punkt betrifft den Inhalt des Urteils des BVerfG vom 17. 12. 1953. Ich muß sagen, daß ich von Anfang an die schwersten Bedenken gegen dieses Urteil gehabt habe; sie sind auch durch die neuesten Ausführungen von Peters in der „Juristenzeitung" (Jhrg. 1954, S. 589ff.) in keiner Weise entkräftet worden. Ich habe, sobald mir der Wortlaut des Urteils bekannt geworden ist, meine Auffassung in einer Abhandlung niedergelegt, die ich am 19. März an einen Verlag zur Veröffentlichung abgeliefert habe; sie wird zu meinem großen Bedauern, wie ich höre, erst anfangs des nächsten Jahres in der „Zeitschr. f. d. ges. Staatswissenschaft" erscheinen*); die Druckdurchsicht habe ich bereits vor mehreren Monaten vorgenommen. An dem, was ich dort niedergelegt habe, halte ich fest, Der Kürze der Zeit wegen kann ich hier nur einige Punkte daraus herausgreifen und muß im übrigen wegen alles Weiteren auf diesen Aufsatz verweisen. Meine Bedenken stützen sich einmal darauf, daß das Deutsche Reich 1945 nicht untergegangen ist; darauf brauche ich, nachdem ich davon gestern bereits gesprochen habe, hier nicht nochmals einzugehen, zumal da das BVerfG in dem sog. Soldatenurteil ja diesen Standpunkt auch eingenommen hat, nachdem es diese Frage zunächst in dem früher ergangenen, oben erwähnten Beamtenurteil unentschieden gelassen hat. Freilich, wäre das Deutsche Reich 1945 untergegangen, dann wären mit dem Staate auch seine Beamtenverhältnisse untergegangen; aber davon kann keine Rede sein. Aber nun hat das BVerfG gesagt, aus einem anderen Grunde sei jedenfalls die Fortdauer sämtlicher Beamtenverhältnisse über den 8. 5. 1945 in Abrede zu stellen, nämlich, weil das Beamtenverhältnis im nationalsozialistischen Staat innerlich so umgewandelt, es so auf diese bestimmte Verfassungsgestaltung des nationalsoz. Führerstaats abgestellt gewesen sei, daß es diese Verfassungsgestaltung nicht habe überdauern können. Nun hat gewiß das Beamtenverhältnis in jener Zeit verschiedene Wandlungen erfahren, aber sie erscheinen doch nicht als so wesentlich, daß man zu den Folgerungen des BVerfG kommen müßte. Denn einmal ist das Beamtenverhältnis auch in der nationalsoz. Zeit nicht etwa ein persönliches privates Verhältnis zum Führer und auch nicht ein Parteiverhältnis geworden. Die Partei ist rechtlich auch nicht dem Staate übergeordnet worden, wie das BVerfG meint; hier ist nicht genügend zwischen Weltanschaulichem und Politischem auf der einen, und dem Rechtlichen auf der anderen Seite unterschieden. Eine rechtliche Befehlsgewalt stand der Partei als solcher gegenüber den Beamten nicht zu, wie sich auch aus dem deutschen Beamtengesetz und der deutschen Gemeindeordnung ergibt. Und wir sollten auch nicht päpstlicher sein wollen als der Papst. Die verbündeten Feindmächte, die sich erklärtermaßen die Ausrottung des Nationalsozialismus zum Ziele gesetzt hatten, haben im Gegensatz zu ausgesprochen nationalsoz. Gesetzen sowie zur Partei mit ihren Gliederungen und angeschlossenen Verbänden weder das deutsche Beamtengesetz noch auch die deutschen Beamtenverhältnisse aufgehoben. Wäre das Beamten-

*) Inzwischen erschienen in „Zeitschr. f. d. ges. Staatswissenschaft", Bd. 111, S. 131ff.

verhältnis wirklich so „nationalsozialistisch“ verseucht gewesen, wie das BVerfG meint, so hätten die Besatzungsmächte vor der Aufhebung des DBG und der Beamtenverhältnisse sicherlich nicht Halt gemacht. Das DBG hat so auch noch nach dem 8. 5. 1945 fortgegolten, indem die nationalsoz. Bestandteile gegenstandslos geworden sind und es ist dann auch noch ohne sie in einer Bundesfassung i. J. 1950 neu bekannt gemacht worden. So wesentlich waren also jene Bestandteile nicht, daß das DBG und die Beamtenverhältnisse nicht ohne sie hätten fortbestehen können. Entscheidend ist aber doch, daß nach § 1 DBG die Beamten zum Führer und zum Reich in einem besonderen Dienst- und Treueverhältnis standen. Aus einem Fürstendiener des unbeschränkten Fürstenstaats war mit dem Übergang zur verfassungsmäßig beschränkten Einherrschaft ein Staatsdiener geworden. Dies galt auch noch für den Beamten der nationalsoz. Zeit. Das Beamtenverhältnis war im letzten Grunde ein staatsrechtliches Verhältnis: die Beamten hatten staatliche Geschäfte, nicht solche des Führers, zu besorgen, wie sie auch ihre Bezüge aus der Staatskasse erhielten. Das ist das Wesentliche an dem Verhältnis; es war nicht lediglich und auch nicht im letzten Grunde ein Verhältnis zum Führer als solchem: ihr Dienstherr war das Reich, und nicht der Führer. Dies wird nicht dadurch beeinträchtigt, daß im § 1 DBG auch noch von dem Dienst- und Treueverhältnis zum Führer die Rede und der Diensteid auf den Führer abgestellt war; denn daß das Beamtenverhältnis und so auch der Beamteneid keinen Bezug auf die bestehende Staatsform aufweisen dürfen, kann nicht gesagt werden. Der Diensteid insbesondere, der vom Beamten zu leisten war, war dem Führer als Staatsoberhaupt zu leisten; im übrigen hat ja der Diensteid bekanntlich keine rechtsbegründende, sondern nur eine auf bereits bestehende Pflichten zu deren Bestärkung hinweisende Bedeutung und kann in diesem Zusammenhang jedenfalls nicht als entscheidend angeführt werden. Auch die politischen Säuberungsgesetze — wie übrigens auch die Begründung zum AusführungsG zu Art. 131 GG — gehen davon aus, daß die vor 1945 begründeten Beamtenverhältnisse an sich fortbestanden haben; es sollten sozusagen nur „die räudigen Schafe“ aus dem Dienst entfernt werden. Merkwürdig ist auch, daß die Beamten bis zur Entscheidung des BVerfG — also über acht Jahre, — nichts davon gemerkt haben, daß sie am 8. 5. 1945 aufgehört haben, Beamte zu sein; sie haben auch noch nach diesem Zeitpunkt staatliche Geschäfte besorgt, soweit sie nicht durch die Besatzungsmächte daran gehindert worden sind, und auch ihre Bezüge aus der Staatskasse weiter bezogen. Vielmehr hat, wie die deutsche Staatsgewalt zunächst überhaupt ruhte, so auch nur ein zeitweiliges und unfreiwilliges Aussetzen der Tätigkeit der Beamten stattgefunden, bis sie wieder tätig werden durften. Im übrigen aber muß es als widersinnig erscheinen, anzunehmen, daß nur die Beamtenverhältnisse aufgehört haben zu bestehen, nicht dagegen aber auch der deutsche Staat als solcher, denn er wäre doch nicht weniger als „nationalsozialistisch verseucht" anzusehen gewesen als die Beamtenverhältnisse. Auf der anderen Seite erscheint ebenso widersinnig die Annahme, daß der Staat als solcher fortbestanden und nur seine Tätigkeit geruht habe, dagegen nicht die Beamtenverhältnisse, wo der neuzeitliche Staat, jedenfalls in den westeuropäischen Ländern ohne das Beamtentum überhaupt nicht denkbar ist. Davon, daß nach 1945 ganz neue Beamtenverhältnisse begründet und Anträge auf Wiedereinstellung gestellt worden seien, kann gar keine Rede sein, soweit es sich um denselben Dienstherrn gehandelt hat; eine solche Annahme ist eine reine Erdichtung. Sie führt aber auch zu den größten rechtlichen Schwierigkeiten wegen des wesentlichen Formerfordernisses der Beamtenernennung: wenn nach § 27 DBG jemand, der eine Urkunde mit den Worten „unter Berufung in das Beamtenverhältnis" nicht erhalten hat, „nicht Beamter" im Sinne des DBG „ist", so kann der Auffassung des BVerfG (Bd. 3 S. 255), wonach es für die Übergangszeit auf dieses Formerfordernis unter gewissen Voraussetzungen nicht ankomme, nicht gefolgt werden.

Ich sehe den Fehler des Urteils des BVerfG im tiefsten Grunde darin, daß es den dauernden Bestand des Staates, hier vor allem des Reichs, und seiner Verhältnisse, d. h. hier insbesondere der Beamtenverhältnisse, nicht genügend gewürdigt hat gegenüber den vorübergehenden flüchtigen Erscheinungen des nationalsoz. Staates. Wir können uns hier nicht von Gefühlswallungen gegenüber dem nationalsoz. Staate, der freilich großes Unheil über unser Volk gebracht hat, bestimmen lassen. Ich halte hiernach die Auffassung des BVerfG als rechtlich unhaltbar und freue mich, daß der Große Ziv. Senat des BGH in seinem Vorlagebeschluß an das BVerfG vom 20. 5. 1954 (JZ S. 489ff.) eine andere Stellung eingenommen hat. Soviel zum ersten Punkt.

Der zweite Punkt betrifft die Frage, wie steht es mit den Beamten (einschl. der Versorgungsberechtigten usw.), die in Mittel- und Ostdeutschland beschäftigt waren und im Bundesfreistaat Deutschland nicht mehr verwendet werden konnten? Ich bin der Auffassung, daß man hier durchaus auskommt mit dem Gesichtspunkt, daß auch, soweit das Beamtenverhältnis hier im Einzelfalle als fortbestehend anzusehen ist, infolge des vorläufigen Verlustes von Mittel- und Ostdeutschland bei der großen Zahl der in Betracht kommenden Personen einerseits, bei dem im Westen vorhandenen freien Stellen sowie den verfügbaren Geldern andrerseits, die Weiterverwendung bzw. Zahlung der vollen Bezüge für den Bundesfreistaat unzumutbar, ja geradezu unmöglich erscheint. Es kommt hier ein ähnlicher Rechtsgedanke in Betracht wie bei der sog.

Staatennachfolge im Völkerrecht, wo im Falle der Auflösung, Aufteilung usw. eines Staates aus Gerechtigkeits- und Billigkeitsgründen eine anteilmäßige Verteilung der Lasten und Schulden des bisherigen Staats auf die Nachfolgestaaten stattfindet. Es konnte so mit rechtsbegründender Wirkung eine Kürzung der Bezüge vorgenommen werden durch das in Art. 131 GG vorbehaltene Bundesgesetz. Das Grundrecht der Gleichheit kann m. E. unter den vorliegenden besonderen Verhältnissen nicht herangezogen werden. Auch der Gesichtspunkt der Enteignung kommt, wie hier nicht weiter ausgeführt werden kann, nicht in Betracht, da sie sich nur auf persönliche vermögensrechtliche Rechte des bürgerlichen Rechts bezieht.

Ein dritter Punkt betrifft die Frage der Bindung an die sog. tragenden Gründe der Entscheidung des BVerfG. Hier habe ich im Gegensatz zu Herrn Naumann (Ziff. 2 seiner Leitsätze) von mir aus von Anfang an die Auffassung vertreten, daß eine Bindung an sie nicht angenommen werden kann, von den praktischen Schwierigkeiten dieser Lehre ganz abgesehen. Aus Art. 31 Abs. 1 BVerfG ergibt sich m. E. nicht, daß die tragenden Gründe an der Bindung teilnehmen, sondern gründsätzlich nur die Entscheidung als solche die dort bezeichneten Stellen bindet, wobei sie freilich aus den Gründen ausgelegt werden muß, soweit nicht besondere Bestimmungen etwas anderes anordnen.

Und endlich ein letzter Punkt. Ich kann nur unterstreichen, was Herr Helfritz über den Wert des Berufsbeamtentums gesagt hat. Es wäre m. E. zu begrüßen, wenn wir zu ähnlichen Verhältnissen wie in England kämen, wo politische Amtsträger und Berufsbeamte streng voneinander getrennt sind und die politischen Parteien, wenn sie an die Macht kommen, ihre Macht nicht dazu mißbrauchen, um ihre Parteigenossen in Beamtenstellungen unterzubringen ohne Rücksicht auf Fähigkeiten und Leistungen. Bei einer solchen Gestaltung ergäbe sich auch eine gefestigte Stellung der Beamten gegenüber sog. „Staatskrisen". Ein Staatsgedanke mit einer entsprechenden Staatsgesinnung, der den Beamten mit dem Staat verbindet, ist freilich notwendig, wenn er nicht Diener von Parteien, sondern der Gesamtheit sein soll.

Herrfahrdt-Marburg: Es überrascht mich, daß Herr Friesenhahn die Lehre Hubers als das geltende Staatsrecht der nationalsozialistischen Zeit ansieht. Die meisten von uns haben damals doch diese Lehre für falsch gehalten. Es war das Wunschbild, das sich manche Kreise der NSDAP vom Verfassungsrecht machten, aber es ist niemals geltendes Recht geworden. Unsere Staatswirklichkeit war bis 1933 vom monarchisch geprägten Beamtentum getragen. Die Demokratisierung blieb, da sich die Parteien gegenseitig neutralisierten, wesentlich Fassade. Indem die NSDAP über die alten Parteien siegte, konnte sie sich vortäuschen, den Staat erobert zu haben; in Wahrheit hatte sie nur in dem für das Staatsganze unwesentlichen parteipolitischen Bereich gesiegt. So ist der Beamten- und Verwaltungsstaat bis heute bestehen geblieben; er hat nur Fassade und Spitze gewechselt.

Während des Krieges habe ich in Gesprächen mit militärischen Befehlshabern stets meine Auffassung bestätigt gefunden, daß Anordnungen Hitlers unverbindliche Privatmeinungen seien, solange sie nicht durch den Organismus des OKW bzw. OKH gegangen waren. Bei der leidenschaftlichen Art Hitlers und seiner völligen Verständnislosigkeit für Institutionen war es allerdings meist unmöglich, ihm persönlich zu widersprechen. Aber grundsätzlich herrschte Klarheit darüber, daß der wesentliche Inhalt des Treueides darin bestand, unsinnige Anordnungen Hitlers abzubiegen, ebenso wie das früher gegenüber Privatwünschen der Monarchen gegolten hatte.

Zum Referat von Herrn Spanner (Z. 10 u. 12) möchte ich die Frage aufwerfen, ob es heute eine „wertbetonte aktive Demokratie" gibt, an die die dem Beamtentum notwendige Staatsidee anknüpfen kann. Die geschichtliche Grundlage für einen deutschen Volksstaat finden wir gerade in der alten Tradition des Beamtentums als Dienst am Staats- und Volksganzen, insbes. im Streben nach gerechtem Ausgleich zwischen den Volksgliedern. Der Obrigkeits- und Verwaltungsstaat trägt unbegrenzte Möglichkeiten in sich, durch Anpassung an neue Aufgaben und Zusammenwirken mit allen Volksgliedern zum volksverbundenen Staat weiterentwickelt zu werden. Diese von Frh. v. Stein angebahnte Entwicklung ist, wenn auch inzwischen gestört durch westliche Vorstellungen von Demokratie, bis heute lebendig geblieben.

Bachof-Erlangen: Das, was ich zu Herrn Friesenhahns Ausführungen sagen wollte, hat z. T. schon Herr Herrfahrdt vorweggenommen. Ich bin mit Herrn Friesenhahn darin einer Meinung, daß es unserer unwürdig ist, die Äußerungen aus den Jahren 1933 bis 1945 in der heute vielfach üblichen Weise zu verharmlosen. Ich bin aber im Gegensatz zu Herrn Friesenhahn der Ansicht, daß diese Äußerungen — auch die der Professoren! — mindestens zu einem erheblichen Teil gerade keine objektive Analyse der Wirklichkeit waren, sondern bis zu einem gewissen Grad nur politische Wunschbilder. Freilich hat es sich bei den Einwirkungen des Parteiapparates auf Staat und Wehrmacht keineswegs nur um „Randstörungen" gehandelt, um Herrn Herrfahrdts Ausdruck zu gebrauchen. Als Nachrichtenoffizier im Oberkommando einer Heeresgruppe habe ich während des Krieges auch in militärische Vorgänge einen gewissen Einblick erhalten und muß Herrn Herrfahrdt nachdrücklich widersprechen: Wenn jemand unmittelbare Befehle

Hitlers als „Privatäußerungen" angesehen hätte, so hätte er wohl den nächsten Tag kaum mehr erlebt! So einfach (und falsch) darf man die Dinge auch nicht sehen.

Herr Naumann hat die Frage aufgeworfen, ob ein staatsbezogenes Berufsbeamtentum als Institution auch in einem autoritären Staat möglich sei, und er hat das bejaht. Nach meiner Ansicht kann gar kein Zweifel daran bestehen, daß die Frage, so gestellt, bejaht werden muß. Aber mir scheint, daß schon die Frage verkehrt gestellt ist. Richtig und sinnvoll gestellt muß sie lauten, ob in einem Staat, der in größerem oder geringerem Ausmaße eine Absage an den Rechtsstaat darstellt, also intentional „Unrechtsstaat" ist — ob in einem solchen Staat ein staatsbezogenes Berufsbeamtentum als Institution denkbar ist. Und das scheint mir allerdings nicht möglich zu sein, sofern sich der Unrechtsgehalt wirklich überall durchgesetzt hat; jedenfalls würde es sich dann nicht mehr um ein ethisch fundiertes Berufsbeamtentum im Sinne der deutschen Überlieferung handeln können. Ob und inwieweit der Unrechtsgehalt sich unter dem Nationalsozialismus tatsächlich durchgesetzt hatte, das kann nur an Hand historisch-soziologischer Betrachtungsweise entschieden werden. Ich bin — und darin unterscheide ich mich von Herrn Friesenhahn — der Ansicht, daß er sich im Staatsapparat nicht voll durchgesetzt hatte. Die Kritik an den Entscheidungen des BVerfG hat sich m. E. nicht dagegen zu richten, daß das Gericht diese Frage historisch-soziologisch gewertet hat. Wenn das Gericht die Frage des Fortbestandes der Beamtenverhältnisse entscheiden mußte, so konnte es das in der Tat nur mit Hilfe einer historisch-politisch-soziologischen Wertung. Meine Kritik richtet sich dagegen, daß das Gericht diese heikle, mit allen Risiken einer (stets bis zu einem gewissen Grade subjektiven) Wertung behaftete Entscheidung überhaupt getroffen hat, obwohl es darüber gar nicht hätte zu entscheiden brauchen, weil der Streitgegenstand das nicht erforderte. —

Wir haben heute eine ganze Menge von den Auswirkungen der Staatskrisen auf das Beamtentum, aber nur wenig von dem umgekehrten Verhältnis gehört. Herr Spanner hat zwar auf die hier bestehenden Wechselwirkungen hingewiesen, und auch Herr Weber hat das kurz berührt. Nicht nur rufen Staatskrisen Krisen des Beamtentums hervor, sondern auch umgekehrt müssen Krisen des Beamtentums Staatskrisen provozieren oder mindestens zu einer Krisenanfälligkeit des Staates führen. Diese Seite des Themas ist heute durch den etwas einseitigen Blick auf die 131er Entscheidungen wohl ein wenig zu kurz gekommen. Es ist aber eine wichtige und dringende Aufgabe der Staatsrechtswissenschaft, sich auch dieser Frage zuzuwenden. Wir haben heute eine latente Beamtenkrise. Betrachten wir nur einmal das Nachwuchsproblem in Justiz und Verwaltung: Vor wenigen Jahren meldeten sich nach statistischen Zahlen in Bayern noch rund die Hälfte aller gut qualifizierten Assessoren für den Justizdienst; heute ist es nur noch ein verschwindender Bruchteil. Zahlen aus der Verwaltung liegen mir nicht vor; aber nach meinen persönlichen Eindrücken liegen die Verhältnisse hier noch ungünstiger.

Warum ist das so? Hier wird die Krise des Beamtentums deutlich sichtbar! Sie hat ihre Ursache keineswegs nur in wirtschaftlichen Fragen, etwa einer zu niedrigen Besoldung; über solche Banalitäten brauchte man hier nicht zu sprechen. In erster Linie ist die heute schon mehrfach erwähnte Politisierung der Verwaltung verantwortlich zu machen; aber keineswegs nur die Politisierung der Personalpolitik, sondern mindestens ebenso sehr die Politisierung der sachlichen Arbeit der Verwaltung. Es ist sehr aufschlußreich, wenn man einmal unsere jungen Juristen nach ihren Berufsabsichten und den dafür maßgebenden Gründen fragt. Zur Zeit der Referendarprüfung wollen noch relativ viele die Verwaltungslaufbahn ergreifen; fragt man dieselben jungen Leute etwa zwei Jahre später — wenn sie promovieren —, dann will fast keiner mehr in die Verwaltung. Inzwischen haben sie sich nämlich als Referendare schon in der Verwaltung umgesehen und lehnen es rundweg ab, in der eines Juristen unwürdigen Rolle tätig zu sein, wie sie den staatlichen Beamten etwa am Landratsamt heute zugemutet wird: den politisch gewählten und bestimmten Landrat so zu beraten, daß er „die störenden Gesetze umgehen" kann, wie ein Landrat selbst in schöner Offenheit kürzlich in einer Zeitschrift die Aufgabe seines juristischen Beraters — so wie er sie sah — gekennzeichnet hat. Eine solche Stellung des Juristen in der politisierten Verwaltung kann bei unserem Nachwuchs nie und nimmer Lust und Liebe zum Beamtenberuf erwecken.

Aber auch die Ausgestaltung des Beamtenrechts ist nicht schuldlos an dieser Abneigung. Ich will keineswegs einer Abwertung des Beamtenrechts, etwa im Sinne der von Herrn Forsthoff erwogenen Angleichung ans Arbeitsrecht, das Wort reden. Aber gewisse Reformen des Beamtenrechts scheinen mir notwendig zu sein. Man tut heute vielfach so, als sei die „Berücksichtigung der hergebrachten Grundsätze des Berufsbeamtentums" gleichbedeutend mit der Erhaltung jedes Buchstaben, jeden Punktes und jeden Kommas des überkommenen Beamtenrechts. Auch in Beamtenkreisen selbst ist diese Einstellung weit verbreitet, vermutlich aus der Besorgnis, bei Änderungen im Kleinen das ganze Gebäude ins Rutschen zu bringen. Aber gewisse Änderungen sind unvermeidlich, da das überkommene Beamtenrecht weithin auf sozialen Gegebenheiten basiert, die der Vergangenheit angehören.

Nehmen wir nur einmal das Besoldungsrecht als Beispiel (wobei ich die Frage des Besoldungsniveaus als Ganzen bewußt ausnehme, da sie weniger den Juristen als den Politiker angeht).

Hier ist z. B. das heutige Verhältnis von Anfangsgehalt, Endgehalt und Pension ganz ungesund; es war nur erträglich in Zeiten, in denen der junge Beamte von Hause aus in der Regel über ein gewisses Vermögen verfügte. Gerade in den ersten 10 bis 15 Jahren seines Berufslebens benötigt der junge Beamte größere Mittel zum Aufbau seiner Existenz, da er heute regelmäßig mit nichts anfängt. Die starke Differenzierung der Gehaltsgruppen und -klassen verleidet dem jungen Juristen die Lust an einer Beamtenlaufbahn. Er fragt nicht so sehr, was er in 30 oder 40 Jahren verdienen oder noch später einmal an Pension erhalten wird — ganz abgesehen davon, daß Berechnungen auf so weite Sicht in unserer Zeit ohnehin suspekt geworden sind —, sondern was er in den Jahren seiner Existenzgründung verdienen wird. — Und ebenso verfehlt ist, als eine weitere Folge unseres Besoldungsrechts, die „Pensionshörigkeit" des Beamten, die es ihm unmöglich macht, in späteren Jahren seinen Beruf zu wechseln, da er nur unter Verlust aller Pensionsansprüche und somit seines gesamten erdienten „Kapitals" ausscheiden kann. Auch der Staat sollte kein Interesse daran haben, Beamte im Dienst zu behalten, die ohne inneres Interesse am Beruf, vielleicht sogar ganz gegen ihre Überzeugung, nur deshalb Beamte bleiben, weil sie nun einmal wegen ihrer Pensionsabhängigkeit lebenslang auf Gedeih und Verderb mit dem einmal gewählten Staatsdienst verbunden sind. Diese faktische Unmöglichkeit, den Beamtenberuf vielleicht später einmal wieder aufzugeben, hält nach meinen Beobachtungen nicht wenige junge Juristen von diesem Beruf ab. Unter dem Nationalsozialimus bedurfte der Beamte zum Ausscheiden aus dem Beamtenverhältnis der Zustimmung des Dienstherrn; diese Vorschrift wurde damals von den Beamten treffend als „Staatssklavengesetz" bezeichnet. Zum Glück gibt es das nicht mehr. Aber führt die Pensionshörigkeit nicht zu einem Zustand, der davon praktisch gar nicht sehr weit entfernt ist?

In diesen und etlichen anderen unzeitgemäßen Regelungen ließen sich manche Änderungen treffen, ohne daß dadurch der Wesensgehalt des deutschen Beamtentums angetastet würde. Vorbilder für zweckmäßigere Regelungen gibt es zur Genüge. Vor einigen Jahren wurden Fragen einer Beamtenrechtsreform lebhaft erörtert, freilich unter recht geringer Beteiligung der Staatsrechtswissenschaft. Inzwischen ist es merkwürdig still darum geworden. Ich meine, daß hier eine wichtige Aufgabe unserer Wissenschaft liegt, der sie bisher nicht im gebotenen Maße gerecht geworden ist.

Ermacora-Wien: Ich erlaube mir, auf folgendes aufmerksam zu machen: Der Titel des Referates lautete: „Die Berufsbeamten und die Staatskrisen". Was haben die Herren Referenten unter dem Begriff „Staatskrisen" verstanden? Man hat allein das Schicksal Deutschlands bzw. Österreichs im Mai 1945 und in den folgenden Jahren im Auge gehabt. Die deutsche „Staatsperson" war Objekt der Staatskrisen, d. h. aber dann die „Gründung" und der „Untergang" von Staaten. Darüber wurde in Referaten und Diskussionen kaum hinausgegangen. Das scheint mir aber eine zu willkürliche Beschränkung des Themas zu sein. Die Staatskrisen, so verstanden, machen — so wie Geburt und Tod des Menschen — einen im Staatenleben durchaus natürlichen Vorgang aus. An der Substanz des Staates an sich — nicht des „historischen Staates" — wird hingegen nicht gerüttelt. Meines Erachtens liegt das Wesen der Staatskrisen anderswo. Heute, im 20. Jahrhundert, dort, wo die Grenzen zwischen Staat (=Recht) und Gesellschaft immer mehr verschwinden, sich die Gesellschaft des Staates bemächtigt und der Staat so — parteiisch — die Rechtsunterworfenen allmählich ihrer „politischen Freiheit" (vgl. Montesquieu) beraubt. Diese Krise ist unmittelbare Ursache der Krise der Stellung des Berufsbeamtentums — eine Wechselwirkung zwischen beidem scheint wohl gegeben. In dieser Staatskrise — Verschmelzung von Staat und Gesellschaft — wird der Beamte zum „hörigen" Beamten. Das scheint für mich die Krise des Berufsbeamtentums. Diese hat Herr Spanner zumindest angedeutet, ohne jedoch klare Auskunft über seine Vorstellung vom Inhalt des Begriffes „Staatskrise" zu geben.

Ich möchte zur Unterstützung der Ausführungen Herrn Naumanns, wonach öffentlich-rechtliche Dienstverhältnisse nach dem 8. Mai 1945 nicht untergegangen seien, auf folgendes hinweisen: Die Bonner Bundesregierung hat mit der Österreichischen Bundesregierung das als „Gmundener Abkommen" bezeichnete Abkommen (nicht publiziert) im Jahre 1953 abgeschlossen. Danach leistet die Bundesrepublik Deutschland an Österreich bestimmte Zahlungen für die Pensionen aus öffentlich-rechtlichen Dienstverhältnissen, die Personen deutscher Sprachzugehörigkeit mit dem Deutschen Reich, seinen Gebietskörperschaften usw. nach dem August 1938 abgeschlossen hatten und derzeit in Österreich leben. Aus welchem anderen rechtspolitischen Grunde hätte die Bundesrepublik schon Ursache, diese Lasten auf sich zu nehmen, wenn sie dem Fragenkomplex nicht mit der Überlegung gegenübersteht, daß zwischen dem deutschen Staatswesen vor dem 8. Mai und dem nach dem 8. Mai 1945 Kontinuität bestünde und die Beamtenverhältnisse zum szt. Reiche nicht spurlos untergegangen wären?

Wolgast-Nürnberg: Eine kurze Bemerkung zu beiden Verhandlungstagen. Gewiß hat nach unser aller Eindruck das Wissenschaftlich-Bewegendste beider Tage in den psycho-phänomenologischen Bemerkungen Herrn Dürigs bestanden, die sich auf die

Philosophie u. a. Husserls stützten. Mit Worten der 1920er Jahre aus der „Krisis der Staatsrechtslehre" gegen den Rechtspositivismus ausgedrückt, hat der Redner von einem „apriorischen Wissen um höhere Ordnungen" (E. Kaufmann) gesprochen. Uns dürfte erinnerlich bleiben, daß, was der Druck nicht wird wiedergeben können, eine ungewohnte Erkenntniserregung durch diesen Saal ging. Lassen Sie mich sagen, daß der Grund dafür nicht eigentlich in der angerufenen Philosophie lag, sondern in der mit dieser zugleich, wenn auch unbewußt, erfolgten Bezugnahme auf die „Gestaltlehre" oder besser: in einem Sprechen im Sinne der Lehre; Husserl gehört zu deren Vorläufern. Letztlich handelt es sich darum, daß — bemerkenswerterweise durch einen jungen Gelehrten — etwas von dem großen „Universalienstreit" angerührt wurde, der von Plato und Aristoteles über das Hohe Mittelalter bis auf unsere Tage dauert und in dem wir Deutschen durch das berühmte und doch wenig bekannte Goethe-Schiller-Gespräch über das Reale und das Ideale ausgezeichnet worden sind. Nur zu hohen Zeiten scheint das Universalien-Gespräch geführt worden zu sein. Daß es jetzt, der Jurisprudenz allerdings noch unbekannt, über die Welt hin in der Gestaltlehre wieder angehoben hat (Vershofen: „ein neuer Universalienstreit?"), wird vielleicht die Welt mit ihrem „Verlust der Mitte" hoffen lassen sowie unseren Kreis bewegen, sich mit der Lehre zu befassen und auf sie hin die Jurisprudenz, in Abwendung von ihrer atomistischen Art, ganzheitlich umzudenken, gemäß dem „Wissen um höhere Ordnungen". Im übrigen darf ich auf meine Ausführungen zur auswärtigen Gewalt auf unserer vorjährigen Tagung (Band 12 unserer „Veröffentlichungen", S. 221ff.) Bezug nehmen, die die Gestaltlehre breiter gezeichnet haben.

Spanner-Graz (Schlußwort): Ich glaube, daß die Diskussion des heutigen Nachmittags in einem noch größerem Ausmaß, als dies die Berichte am Vormittag tun konnten, die außerordentliche Aktualität des Themas erwiesen und bestätigt hat. Die zahlreichen Bemerkungen in der Diskussion waren sehr wertvoll, einmal deshalb, weil sie verschiedene Punkte, die behandelt worden sind, einer weiteren Klärung zuführen konnten, dann aber auch deshalb, weil sich die Berichte ja nur darauf beschränken konnten, den einen oder anderen Punkt herauszugreifen, so daß die Diskussionsbeiträge eine wesentliche Ergänzung der Berichte darstellten.

Ich möchte die Ausführungen der Herren Pfeifer und Ermacora besonders erwähnen, da sie eine nützliche Ergänzung zur Darstellung der österreichischen Rechtslage bildeten. Zu einzelnen Punkten aus der Diskussion Stellung zu nehmen, fehlt die Zeit. Ich möchte mir nur erlauben, ein paar Punkte ganz kurz zu erwähnen.

Mit Herrn Friesenhahn stimme ich durchaus überein, daß eine Verpflichtung des neuen Verfassunggebers zu einer Regelung beamtenrechtlicher Fragen in einem ganz bestimmten Sinn aus dem positiven Recht nicht begründet werden kann. Das Bundesverfassungsgericht hat dies nachdrücklich und klar ausgesprochen. Soweit solche Forderungen an den Gesetzgeber gestellt werden, handelt es sich nur um naturrechtliche Postulate. Besonders aber möchte ich zu den Ausführungen von Herrn Friesenhahn noch auf etwas hinweisen: er meint, formal sei das Beamtenverhältnis auch im nationalsozialistischen Staat im wesentlichen bestehen geblieben, in seinem Kern aber sei es etwas anderes gewesen. Man mag diese Auffassung vertreten, wiewohl auch eine andere Meinung durchaus möglich ist. Aber der Richter, der zu einer Entscheidung kommen muß, kann nicht sagen, formal sei das Rechtsverhältnis geblieben, im Kern aber sei es verändert worden, da er zu einer eindeutigen Entscheidung gelangen muß, wie ja auch das Bundesverfassungsgericht zu einer Entscheidung gekommen ist.

Herr Forsthoff hat zur Erwägung gestellt, ob man nicht von den herkömmlichen Regelungen des Berufsbeamtentums abgehen solle zugunsten der stärkeren Sicherungen, die das moderne Arbeitsrecht bietet. Er hat insbesondere auf den Schutz durch die Gewerkschaften verwiesen. Ich glaube, daß dieser Weg für den traditionellen Charakter des Berufsbeamtentums nicht unbedenklich wäre, da dann der Verpolitisierung in noch weiterem Maß Tür und Tor geöffnet wäre, als dies bisher schon der Fall ist.

Abschließend möchte ich nochmals für die Aufmerksamkeit danken, die Sie am Vormittag meinem Bericht entgegengebracht haben.

Naumann-Hamburg (Schlußwort): Nachdem Herr Spanner die wesentlichen Gesichtspunkte aus der Diskussion bereits zusammengefaßt hat, möchte ich mich auf wenige Worte beschränken.

Ich bitte es nicht als einen routinemäßigen Dank aufzufassen, wenn ich in unser beider Namen ganz besonderen Dank für die ungewöhnlich anregende Diskussion sage. Persönlich möchte ich auch hier nochmals Herrn Spanner danken, daß er es übernommen hat, den so wesentlichen Teil der grundlegenden Fragen zu erörtern, die ich sonst hätte mit behandeln müssen. Man muß sich ja, wenn man vor der Staatsrechtslehrertagung den ehrenvollen Auftrag zu erfüllen sucht, einen Bericht zu geben, darüber klar sein, daß man einen typischen Vortrag zu halten hat. Das heißt vor allem, daß man sich außerordentlich beschränken muß, wenn man nicht sowohl den Gegenstand wie auch die Zuhörer erschöpfend behandeln will. Man muß alles daran setzen, einige wenige Gesichtspunkte nachdrücklich herauszustellen, und ich bin mir bewußt gewesen, daß ich zu dem Zweck manches sehr zugespitzt habe, vor allem aber nicht so vollständig sein konnte, wie man es bei der allgemeinen Fassung des Themas vielleicht erwarten konnte. Daß das aber nicht zum Nachteil der Diskussion war, haben wir erlebt. Es ist mir selbst schwergefallen, das umfassende Thema „Die Berufsbeamten und die Staatskrisen" in einer sinnvollen Weise zu begrenzen. Aber ich hatte ja kein Buch zu schreiben, sondern einen Vortrag zu halten, und ich wollte ihn auf wirklich eine Stunde beschränken. Dabei schien mir der besondere Anlaß der Themenstellung wesentlich genug für starke Begrenzung.

Ich darf sagen, daß ich mir — weil es ja jedem aus unserer Vereinigung in der Regel nur ein einziges Mal vergönnt ist, hier zu berichten — ein schöneres Thema gewünscht hätte. Ich habe auch, das möchte ich gestehen, während der drangvollen Zeit der Vorarbeit für diesen Bericht das Thema manchmal verwünscht. Aber ich muß sagen: Nachdem wir heute Nachmittag diese außerordentlich lebhafte Diskussion miterlebt haben, bin ich doch innerlich froh, daß unser Vorstand auch dieses Thema auf die Tagesordnung gesetzt hat und daß ich es durch meinen Vortrag gewissermaßen mit einem Diskussionsbeitrag habe einleiten dürfen.

Kolibri 360 GmbH
Ferdinand-Jühlke-Straße 7
99095 Erfurt, Deutschland
produktsicherheit@kolibri360.de